중국사의
숨겨진 이야기

中國文化未解之謎

作者：楊飛

중국사의
숨겨진 이야기

양페이 · 종샤오밍 지음 | 심규호 옮김

파라북스

중국사의 숨겨진 이야기

2008년 11월 20일 초판 1쇄 인쇄
2008년 11월 25일 초판 1쇄 발행

지은이 | 양페이楊飛 · 종샤오밍種曉明
옮긴이 | 심규호
펴낸이 | 김태화
펴낸곳 | 파라북스

주 간 | 이성옥
기 획 | 조은주, 홍효은
마케팅 | 박경만
관 리 | 이연숙

등록번호 | 제313-2004-000003호
등록일자 | 2004년 1월 7일
전화 | 02) 322-5353
팩스 | 02) 334-0748
주소 | 서울특별시 마포구 서교동 343-12
홈페이지 | www.parabooks.com

ISBN 978-89-93212-05-1 (03910)

*값은 표지 뒷면에 있습니다.

저명한 과학자 데즈먼드 버널은 중국은 줄곧 거대한 인류 문화
와 과학의 중심 가운데 하나였다고 말한 바 있다. 그런데 중국은
오랜 역사를 지닌 만큼 후대 사람들에게 크고 작은 수수께끼를 남
겨놓았다.

예를 들어 한자의 기원이나 국보 화씨벽의 정체, 누란 고성의
미스터리, 정화의 원정 이유, 《금병매》의 진짜 작가 등은 아직까
지 정론이 없는 상태에서 여러 가설과 신비하고 낭만적인 이야기
를 낳고 있다. 이러한 수수께끼는 사람들의 호기심을 불러일으키
고 진실을 파악하려는 탐구 정신을 자극하기도 한다.

중국사에 숨겨진 이야기를 파헤치고 해석하는 일은 마음에 양
식을 줄 뿐만 아니라 지혜를 계발하는 데 도움을 주며 유쾌하고
재미있는 경험이 되기도 한다.

　이 책은 다양한 중국사의 수수께끼를 새로운 시각으로 연구하고 탐색해 나간다. 아득한 원시시대부터 현대까지, 정치와 과학, 풍속, 천문, 건축, 역사, 문학, 고고학, 지리, 민속, 군사, 종교 등 다양한 영역을 다루는 한편, 가능한 한 쉽고 생동감 있게 표현했다. 또한 많은 참고문헌과 고고학 자료 및 최신 연구성과를 수집한 후 과학적으로 분석하고 논증하면서 믿을 만한 결론을 도출하기 위해 노력하였다.

　아울러 전체 300여 장에 달하는 사진과 그림 자료는 중국의 진실한 모습에 다가설 수 있도록 돕고 무한한 상상력을 펼치며 문화적 시야를 넓히도록 이끌 것이다. 옛 명인들의 초상화나 오래된 서적, 최신 고고학 사진자료, 세월의 이끼가 잔뜩 배어나는 문물자료, 아름답고 웅장한 자연 풍광 등 다양한 모습을 담은 사진과 그림은 역사적 가치뿐만 아니라 예술·문화적 가치도 뛰어난 작품

이라 할 수 있다.

이 책은 기존 사료나 새로운 자료 및 실물 증거를 통해 중국사가 품고 있는 다양한 수수께끼의 장막을 벗겨 중국의 진면목을 발견하는 데 중점을 두었다. 독자들은 수수께끼를 파헤치는 흥미로운 과정을 통해 중국의 다채로운 매력을 느끼는 것은 물론, 무언가를 새롭게 발견하고 다시 한 번 생각해보는 즐거움을 맛보게 될 것이다.

| 차 례 |

머리말…5

1. 아득히 오래된 연원을 찾아서

한자는 정말 창힐이 만들어낸 것인가…14

요순 선양은 양보인가 찬탈인가…21

《추배도》는 도대체 무엇인가…28

팔괘에 담긴 본래의 뜻은 무엇인가…36

'만세'는 언제부터 황제만을 위한 호칭이 되었는가…42

《시경》은 정말 공자가 편찬한 것인가…50

중국 민족은 언제부터 '화하'라고 불렀나…57

최초로 서천에서 경전을 가져온 사람은 현장인가…64

2. 아득한 역사 속으로

서복이 바다 건너 동쪽으로 간 곳은…72

황학루라는 이름은 어디에서 연유한 것인가…80

마르코 폴로는 진짜 중국에 왔던 걸까…86

정화는 왜 일곱 번씩이나 출항했나…92

이자성이 최후를 마친 곳은 어디인가…99

효장태후는 정말 개가를 했을까…106

진비의 죽음은 서태후의 소행인가…114

3. 묻혀 있는 진실을 찾아서

달마는 정말 9년 동안 면벽 수행을 했을까…124

수묵 산수화를 처음 그린 사람은 누구인가…132

누가 진짜 태극권의 창시자 장삼풍인가…139

양귀비는 진짜 마외역에서 죽은 것일까…144

광서제가 갑자기 붕어한 진짜 이유는…152

4. 감춰진 비밀을 따라가다

《산해경》은 과연 어떤 책인가…162

악비가 〈만강홍〉의 작가인가…167

공자 출생에 얽힌 미스터리…172

맹강녀는 정말로 만리장성에서 목놓아 울었나…179

조식은 누구를 위해 〈낙신부〉를 쓴 것인가…186

《홍루몽》 속편의 저자는 조설근인가, 고악인가…192

도연명의 도화원은 과연 어디를 말하는 것인가…199

《금병매》의 진짜 작가는 누구인가…206

《수호지》의 원작자는 누구인가…213

5. 신비한 부호를 풀다

사모무정은 언제 만들어진 것일까…222

진시황 때의 12개 금인은 어디로 갔을까…229

조조의 능묘는 정말 72군데인가…235

돈황 장경동은 왜 만든 것일까…242

무측천이 무자비를 세운 이유는…250

화씨벽의 정체는 무엇일까…257

칭기즈칸의 능은 왜 말의 등에 있는 것인가…262

한혈보마는 왜 피처럼 땀을 흘리는가…269

6. 잃어버린 문명을 찾아서

북흉노가 이주한 곳은 어디인가…276

누란 고성은 왜 갑자기 사라진 것일까…284

삼성퇴 유적지의 수수께끼…292

목야 전쟁터는 어느 곳인가…300

부상은 식물 이름인가, 나라 이름인가…306

로프노르는 움직이는 호수인가…313

백두산 천지에는 괴물이 살고 있을까…319

알선동에는 누가 살았는가…324

7. 기묘한 풍속의 유래를 찾아서

단오절의 기원…330

열두 띠는 언제 만들어진 걸까…336

북인의 현관은 왜 낭떠러지에 걸려 있는가…341

춘련 풍습은 언제부터 시작되었나…347

문신의 유래…352

제야에 화약을 터뜨리는 이유는…358

제1부

아득히
오래된 연원을
찾아서

Chapter 01

한자는 정말
창힐이 만들어낸 것인가

한자는 그 형태나 용법이 독특한데
다 수천 년 전에 만들어진 후 현재까지 사용되는 거의 유일무이한
표의문자이다. 그렇다면 이런 한자는 어떻게, 그리고 구체적으로
누가 만든 것인가?

한자를 누가 만들었는지에 대해서는 여러 가지 의견이 분분하
지만, 그중에서 가장 보편적으로 알려진 것은 창힐이 창제했다는
설이다. 이와 관련해 전해져 내려오는 아름답고 재미있는 이야기
가 있다.

창힐은 원래 황제의 사관史官이었다. 4개의 눈을 가진 그는 위로
는 우주와 천체의 모든 현상을 살피고 아래로는 지리地理를 관찰
했는데, 우리 일반인들은 볼 수 없는 것까지 볼 수 있었다고 한다.
그 당시 사람들은 새끼 매듭으로 기호를 만들어 무언가를 기록하

곤 했다. 그런데 이 방법은 간단한 일을 기록하는 데
는 문제가 없었지만 복잡하고 다양하게 변화되는 여
러 가지 정황에 대해서는 기록이 불가능했
다. 사람들끼리 의견을 나눈다거나 전달하
는 데 힘이 들었을 뿐 아니라 농경생활에
도 많은 장애가 따랐다. 그래서 민생에
특히 관심이 많았던 황제는 창힐에게 다
른 좋은 방법을 찾아보라고 명했다.

창힐 상

성은 후강侯岡으로 남동 오촌 사람이
다. 나면서부터 신통했던 그는 4개의
눈을 가졌다. 황제의 사관으로서 새의
발자국을 보고 문자를 만들었는데, 그
가 문자를 만들자 하늘에서 곡식이 비
처럼 내려오고 밤이 되자 귀신들이 통
곡했다고 한다.

  황제의 명을 받은 창힐은 집안에 틀어
박힌 채 몇날 며칠을 고민하였다. 그러던 어느
날 집 앞에 있는 큰 나무 아래에 멍하니 서 있
던 그에게 돌연 봉황 한 마리가 날아오더니 발
밑에 무언가를 떨어뜨렸다. 창힐이 그것을 집어 살펴보니 과일처
럼 생긴 물건에 지금까지 본 적이 없는 도안이 그려져 있었다. 그
때 한 사냥꾼이 그의 앞을 지나다가 말하길, 이것은 다른 동물의
발자국과는 전혀 다른 비휴라는 동물의 발자국으로, 세상에는 수
많은 동물이 있지만 그들은 각기 발자국이 다르다고 하였다.

  그의 말에 창힐이 문득 깨닫는 바가 있었다. 자신이 지금까지
글자를 만들지 못한 가장 큰 이유는 문을 걸어 잠근 채 혼자 머릿
속으로만 생각하고 있었기 때문이라는 것이다. 그 길로 집을 나선
그는 여기저기를 돌아다니며 세상만물을 유심히 살펴본 후 그 생
김새를 그리기 시작했다. 이렇듯 사방을 돌아다니던 그는 해와
달, 그리고 별은 물론이고 사계절의 변화와 온갖 짐승과 식물을

알 수 없는 부호가 새겨진 신석기 시대 유물

산동성 거현 대문구大汶口 문화 유적지에서 출토되었다. 이외에도 이와 유사한 부호가 새겨진 유물이 강소, 안휘, 호북, 하남성 등지에서 출토되었다. 학자들은 중국에서 가장 오래된 문자로 평가하고 있다.

직접 접하는 과정에서 끊임없이 새로운 영감이 떠올랐다. 그리고 직접 보고 경험한 아름다운 사물과 온갖 기이한 짐승이나 식물의 모습을 바탕으로 마침내 최초의 상형자象形字를 만들어냈다. 전설에 의하면, 그가 처음 문자를 만들었을 때 하늘에서 곡식이 비처럼 내리고, 밤이 되자 온갖 귀신의 울음소리가 들렸다고 한다.

창힐은 자신이 만든 상형자를 황제에게 바쳤다. 황제는 그가 만든 문자를 보고 매우 만족해하며 그 즉시 구주九州의 추장들을 집합시켜 창힐이 만든 문자를 전수하였다. 구주의 추장들은 창힐이 만든 문자를 활용하기 시작하면서 생활면에서 여러 가지로 큰 도움을 받을 수 있었다.

이러한 전설과 관련된 기록은 여러 책에서 볼 수 있다. 한나라 회남왕 유안이 쓴 《회남자》에는, "창힐이 문자를 만들자 하늘에서 곡식이 비처럼 내리고 귀신이 밤마다 울어댔다"는 기록이 나온다. 또한 왕충의 《논형論衡·대작對作》에도 "처음으로 창작한 것이란 이전까지 없었던 것을 만들어내는 것을 말한다. 예를 들어 창힐이 문자를 창제한 것이나 혜중奚仲이 수레를 제작한 것이 바로 그러한 창작이다"라는 말이 나온다.

동한 때의 허신은 《설문해자》에서 창힐의 한자 창제에 대해 이렇게 기록하고 있다. "황제의 사관인 창힐이 새나 짐승의 발자국

16

창힐 문자 창제도(한나라)

서진의 위항은 《사체서세四體書勢》에서 이렇게 말한 바 있다. "옛날 황제 시절에 물건을 창제하였다. 저송沮誦과 창힐이 처음으로 문자를 만들어 새끼 매듭을 통해 기호로 나타내던 것을 대신하였는데, 새의 발자국을 보고 생각이 난 것이다. 이에 점차 늘어나니 이를 일러 '자字(글자)'라 하였으며, 만드는 방법으로 육의六義가 있다. 그 하나는 지사로서 '상上', '하下'가 그것이고, 두 번째로 상형은 '일日', '월月'과 같은 것이다. 세 번째로 형성은 '강江'이나 '하河'와 같은 것이고, 네 번째로 회의는 '무武'와 '신信' 같은 것이다. 다섯 번째는 전주인데, '노老'와 '고考'가 그것이다. 여섯 번째는 가차인데, '금令'과 '장長'이 그것이다.

갑골문(상나라)

3천여 년 전의 상나라 갑골문은 중국에서 가장 오래되고 체계적인 문자로 지금도 식별이 가능하다.

을 보고 모든 사물의 맥락이 각기 다르다는 것을 알고 비로소 처음으로 글자로 사물을 나타내었다." 또한 《연주속지兗州續志》에는, "풍익 출신의 창힐은 황제의 사관이었다. 태어날 때부터 눈이 4개였는데, 새의 발자국을 관찰하여 문자를 만들었다"라고 기록되어 있다.

이외에도 후대 사람들은 창힐의 글자 창제를 기념하기 위해 하남성 신정현 현성 남쪽을 창힐이 글자를 만든 곳으로 지정하고 '봉봉함서대鳳凰銜書臺'라고 불렀는데, 송나라 때 누군가가 그곳에 '봉대사鳳臺寺'라는 절을 건립하였다. 심지어 창힐이 묻혔다는 무덤도 여러 곳으로, 그 가운데 한 곳인 동성진 왕종탕촌에서 용산 문화의 유적지가 발견되기도 했다. 지금으로부터 4천여 년 전의 유적지인 그곳을 사람들은 '창왕분(창힐의 무덤)'이라고 부르기도 하는데, 창힐이 묻혔다는 무덤 앞에는 지금도 창왕사라는 절이 있다.

그러나 좀더 객관적이고 이성적으로 판단해볼 때, 한자처럼 복잡하고 변화가 많은 글자를 한 사람이, 그것도 그토록 단시간에 만들어낸다는 것은 아무래도 불가능해 보인다. 창힐이 살았던 시절은 원시사회로 가장 기본적인 생활환경조차 마련되어 있지 않았을 것이다. 그러므로 생산력은 물론이고 생활수준 또한 형편없었을 것이다. 이런 상황에서 창힐이라는 한 개인이 문화적으로 매우 높은 수준을 요구하는 문자를 만들었다는 것은 거의 불가능에 가까운 이야기다.

또한 학자들에 따르면, 초기의 문자는 체제나 모양이 다른 것이

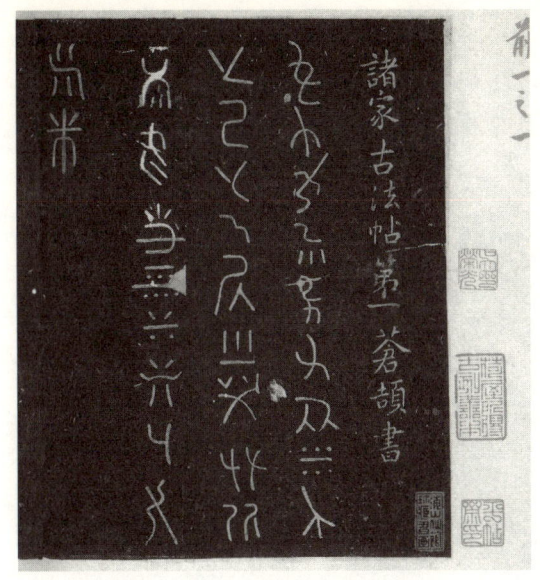

창힐첩倉頡帖
북송 태종 순화淳化 연간에 그대로 본떠 새긴 〈순화각첩淳化閣帖〉에 수록된 창힐의 서체이다. 대부분의 학자들은 이 글자를 후세에 날조된 것으로 간주하고 있다. 하지만 이 글자체가 전형적인 전서篆書 계통이라는 데에는 의견일치를 보고 있다.

많은데, 이는 그 당시 한 사람이 아닌 여러 사람에 의해 문자가 만들어졌다는 것을 의미한다. 따라서 창힐 한 사람이 문자를 만들었다는 것은 신빙성 없는 이야기이며, 다만 창힐이라는 사람이 실제로 존재했다면 아마도 기존의 여러 가지 문자 형태를 정리하는 작업을 했을 것이다. 순자도 옛날에 문자를 만든 사람이 많았기 때문에 문자는 여러 사람의 발명품이라고 보았다. 그래서 그는 창힐의 공로는 여러 가지 문자를 정리한 것일 따름이라고 주장했다.

한자 창제와 관련하여 흥미로운 고고학적 사실도 있다. 예전에 서안 반파半破 유적지에서 출토된 도기 가운데 글자를 구성하는 점이나 획이 간단한 모종의 부호가 그려져 있었다. 조사결과 지금으로부터 6천여 년 전의 것으로 판명되었는데, 그렇다면 창힐이 글자를 창제했다는 시기보다 1천 년이나 빠른 것이다.

기존의 책에서도 창힐 이외에 글자를 만들었다는 이들이 적지 않게 나온다. 예를 들어 전설에 나오는 신농씨는 수서穗書, 황제는 거서去書, 축융은 고문古文, 소호는 목봉서鷟鳳書, 조양씨는 과두문蝌蚪文, 조신씨는 선인서仙人書, 제요는 귀서龜書를 만들었으며, 대우는 구정九鼎을 만들어 종정문鐘鼎文을 만들었다고 한다.

이런 상황에서 많은 학자나 문인들이 2천여 년에 걸쳐 논란을 거듭하며 나름의 주장을 펼쳤지만 아무도 상대를 압도할 만한 논거나 확답은 제시하지 못하고 있다.

이렇듯 창힐의 문자창제설의 진상에 대해, 다시 말해 분명한 역사적 사실인지 아니면 아름다운 전설에 불과한지는 아직까지 정확한 해답이 없다. 그러나 중국의 문자, 즉 한자가 고대부터 지금까지 중국 민족의 유구한 문화전승에 필수불가결한 수단이자 어쩌면 목적이기도 했다는 점만은 분명한 사실이다.

Chapter 02

요순 선양은
양보인가 찬탈인가

어진 덕행을 실천한 군주로 널리
알려져 있는 요堯 임금은 삼황오제 가운데 네 번째 황제이다. 그는
자신의 직계가 아닌 능력과 재주를 가진 순舜에게 황제의 자리를
넘겨주었는데, 이것이 그 유명한 '요순 선양堯舜禪讓'이다.

그러나 이러한 이야기는 오래전부터 전해 내려오는 전설을 춘추
시대 때 누군가가 글로 기록한 것일 뿐 사실이 아니라고 주장하는
이들도 있다. 그래서 요와 순 임금의 권력이양에 관한 진실은 오랜
세월 밝혀지지 않은 채 지금도 여전히 의견이 분분하다. 그러나 비
록 쟁론이 있기는 해도 아직 풀리지 않은 수수께끼로 우리에게 아
름다운 전설을 남겨주고 있다.

대부분의 사람들은 권력이양과 관련해 '거현설擧賢說'을 인정하
고 있는 분위기다. 이는 '대공무사大公無私'(대중을 위하고 사사로운

요 임금 상

요 임금은 중국 고대 전설에 나오는 오제五帝 가운데 한 사람으로 성은 기祁, 이름은 방훈放勛이며, 호는 도당陶唐이다. 사서에서는 당요唐堯라고 칭하고 있다. 처음에는 기방冀方(지금의 하북성 당현)에 거주하였으며, 이후 진양晉陽(지금의 산서성 태원)으로 이주하였고, 평양(지금의 산서성 임분)에 도읍지를 세웠다. 곤鯀(우왕의 아버지)에게 물을 다스리도록 하고, 희와 화에게 역법을 제정토록 하였으며 백성들에게 때에 맞춰 농사짓는 법을 가르쳤다. 나이가 들어 각 부족의 수령들에게 현자를 추천토록 해 수령들이 순을 천거하자 그에게 섭정하도록 하고 3년 후 그에게 제위를 넘기니 이것이 바로 역사에서 말하는 '선양'이다.

이익을 구하지 않음)나 '유재시거唯才是擧'(재능만 있으면 천거함)의 전통을 반영하고 있기 때문이다.

전설에 따르면, 순의 아버지는 장님이고 어머니는 그가 어렸을 때 세상을 떠났다. 아버지가 새로이 맞이한 아내, 즉 순의 계모는 마음이 편협하고 표독스러웠다. 이후 계모는 아들을 낳아 이름을 상象이라고 지었다. 상은 허구한 날 게걸스럽게 먹기만 해대고 나태하기가 이를 데 없었으며 제멋대로 횡포를 부리곤 했다. 그리고 부모 앞에서 늘상 순에 대한 비방을 일삼아

순 임금 상

순 임금 역시 중국 고대 전설에 나오는 오제 가운데 한 사람으로 성은 요姚, 이름은 중화重華이며, 호는 유우씨有虞氏이다. 사서에서는 우순虞舜으로 칭하고 있다. 역산에서 농사를 짓고 뇌택(산동성 복현 남동쪽에 있는 연못)에서 고기를 잡았으며, 포판蒲阪에 도읍지를 세웠다. 그는 각 부족간의 관계를 정확하게 처리하는 한편 대우, 고요, 설, 후직 등을 선발하여 치수, 형벌, 교화, 농업 등의 임무를 맡김으로써 나라를 번창하게 만들었다. 그래서 후세 사람들의 마음속에 위대한 군주의 형상으로 오랫동안 남아 있다.

순의 아버지 역시 계모와 상과 한통속이 되어 순을 못살게 굴었다. 급기야 아버지와 계모는 기회만 되면 순을 없애버릴 생각이었다.

그러나 본성이 착하고 너그러운 순은 그들의 고의적인 핍박에도 전혀 개의치 않고 여전히 아버지에게 지극 효성을 다할 뿐 아니라 계모와 동생 상에게도 잘했다.

당시 요 임금은 이미 86세의 고령이었다. 그는 자신이 늙고 기력이 쇠했음을 알고 어질고 능력 있는 사람을 천거받아 자신의 후계자로 삼고자 했다. 사람들은 너 나 할 것 없이 순을 천거하였다. 여러 사람이 순을 천거하자 요 임금은 우선 그의 덕성과 능력을 시험해보기로 마음먹었다. 그래서 자신의 두 딸인 아황과 여영을 순과 혼인시킨 다음 순을 각지로 보내 그곳 사람들과 함께 생활하도록 했다.

순은 처음에 역산 기슭에 있는 마을에서 농사를 짓게 되었다. 순이 그곳에 오기 전 마을사람들 간에는 경작지 문제로 다툼이 끊이질 않았다. 그러나 순이 마을사람들을 교화하고 인도하자 오랜 갈등을 풀고 겸양을 배우게 되었으며, 상부상조하면서 이전보다 많은 곡식을 수확할 수 있었다.

다음에 순이 간 곳은 도기 굽는 마을이었다. 원래 그곳 도공들은 기술이 뛰어나지 않아 제품이 좋지 않았다. 그러나 순이 그곳 도공들을 잘 지도하고 열심히 일하게 한 결과 품질 좋은 도기가 생산되기에 이르렀다.

이렇듯 순이 가는 곳마다 사람들 모두가 그를 높이 받들고 존경하여 좋은 결과를 낳았다. 당시는 부계사회로 이미 사유재산이 인

정되어 순은 자신의 재능과 업적을 통해 많은 재산을 소유
할 수 있었다.

순이 역산에서 농사짓는 모습을 형상화한 조각품

송나라와 대치하고 있던 북방의 금나라는 중원 한문화
의 많은 영향을 받았다. 위 조각품은 '이십사효二十四孝'
에 일부로 묘실墓室에서 출토되었다. 요 임금이 순을 역
산에 파견하여 농사짓게 했을 당시의 모습을 형상화한
것이다.

순의 눈먼 아버지와 동
생은 순이 부자가 되었다
는 소식을 듣고 또다시
계략을 꾸몄다. 그의 아
버지는 순을 불러들여
곡식 창고의 순이 지붕
을 수리하라고 했다. 사
닥다리를 타고 지붕 위
로 올라가자 아래에서
기다리고 있던 상이 창

고에 불을 질렀다. 이번 기회에 아예 불에 태워죽일 작정이었다.
순이 창고에 불이 난 것을 알고 사닥다리를 찾았으나 이미 못된
동생과 아버지가 치워버린 후였다. 당시 순은 햇빛을 가리는 큰
삿갓모자를 쓰고 있었다. 마침내 순은 기지를 발휘하여 새가 날개
를 펼친 것처럼 삿갓을 두 손으로 잡고 뛰어내려 상처 하나 없이
땅에 내려올 수 있었다. 그러고는 계획적으로 불을 질렀다는 것을
알고 있으면서도 동생이나 아버지를 전혀 책망하지 않았다.

그러나 상과 아버지는 처음 계획이 어그러지자 또 다른 모의를
했다. 그러던 어느 날 아버지는 순에게 우물을 파라고 시켰다. 순
이 아버지의 말에 따라 우물을 파느라 땅속 깊이 들어가자 아버지
와 동생은 주변에 있는 돌무더기를 우물 속으로 집어던져 우물을

효자도(북위)

순은 한위漢魏 남북조시대 유가와 민중들에 의해 가장 많이 칭송되던 사람 중의 하나로, 분묘에 매장된 조
각품이나 묘실의 벽면 그림에 많이 등장한다. 이것은 북위 시절 귀족 분묘의 석관에 새겨진 그림의 일부
로, 후대 사람들이 상상하던 요순 시절의 모습이다.

막아버렸다. 아예 산채로 매장하겠다는 것이었다. 그러나 총명한
순은 이미 우물을 팔 때 옆에 만들어 둔 길을 따라 우물 속에서 빠
져나왔다. 이렇듯 부모와 동생은 끊임없이 순을 못살게 굴었지만
순은 여전히 온화한 얼굴로 그들을 대했다. 결국 부모와 동생도
그의 한결같은 마음에 감동하여 순에게 잘못을 빌고 가족 모두 화
목하게 살게 되었다.

　요 임금은 순이 이처럼 도량이 넓고 너그럽다는 이야기를 듣고
는 크게 마음을 놓을 수 있었다. 그래서 길일을 택하여 경성 남쪽
교외에서 성대한 선양의식을 거행하였다. 요 임금이 권력을 상징

채도신인神人문호, 마가요 문화

요순 시절은 중국 신석기시대의 도기가 가장 절정에 이른 시대이다. 그 가운데 채도는 앙소 문화와 마가요 문화가 대표한다. 앙소 문화의 채도에서는 화판문(꽃잎 문양)과 성형문(별 모양의 문양)이 많이 보인다. 이에 비해 마가요 문화는 수파문(물결 문양)이나 와문渦紋(소용돌이 문양), 와문蛙紋(개구리 형태의 문양), 인신문 등이 대표적이다. 이 항아리는 마가요 문화에서 마광 유형 가운데 신인 문양의 채도로 가장 전형적인 것이다. 항아리에 그려진 신인 문양은 고대인들의 풍부한 상상력을 잘 모여주고 있다. 신인 문양은 개구리와 인간을 합해놓은 형태이다.

하는 황장皇枚을 순에게 건네주었다. 순이 황장을 받는 순간 백성들은 우레와 같은 환호성을 질렀다. 이것이 바로 사서에서 말하는 '요순 선양'이다. 이는 일반 백성들이 추대하여 요 임금이 권한을 넘겨주었다는 점에서 '거현설'이라고 부르기도 한다.

또 다른 설은 '옹립설'이다. 전하는 바에 따르면, 요 임금은 나이가 들어 제위를 넘겨주어야 할 때가 되었으나 순에게 물려줄 생각이 전혀 없었다. 또한 요의 아들 단주丹朱는 자신이 아버지의 대권을 계승코자 하는 마음이 있었지만 순의 명성이 자자해 섣불리 나서지 못하고 있었다. 결국 순은 요 임금이 죽은 후 아들 단주와의 충돌을 염려하여 남쪽으로 내려갔다. 그러나 당시 모든 부족 수령들은 단주를 알현하는 것이 아니라 남쪽으로 내려간 순을 찾아 알현하였다. 또한 송사가 생겨도 단주가 아닌 순을 찾아갔고, 단주 대신 순을 찬양하는 노래를 불렀다. 결국 주변 수령들과 백성이 이처럼 순을 따르고 추대하자, 순도 그 뜻을 받들어 제위를 이어받았다.

이는 특히 순자와 맹자의 견해를 따른 것인데, 순자는 순이 제위에 오를 수 있었던 것은 오로지 그 자신의 도덕성 때문이라고 한 반면, 맹자는 하늘의 지지와 백성의 추대에 따른 것이라고 하였다.

그러나 '요순 선양'에 관해 근본적으로 부정하는 사람들도 있다. 그들은 선양이란 단지 후대 학자들의 신성화되고 미화된 정신적 가치를 추구하는 취향에 따른 것일 뿐, 실제로는 순이 요 임금의 대권을 탈취한 것이라고 주장한다. 이것이 바로 '찬탈설'이다.

사학자들은 《사기》의 내용을 근거로 순이 행정관리의 대권을 잡은 후 일련의 조직개편을 시작했다고 믿고 있다. 예를 들어 순은 요 임금이 오랫동안 권력 중심에서 배제시켰던 '팔개'와 '팔원'을 불러들였다. 이것이 바로 16명의 상을 천거했다는 '거십육상擧十六相'이다. 또한 요 임금이 신임하던 혼돈, 궁기 등은 자리에서 쫓아냈다. 이렇듯 순은 요 임금의 신하들을 내쫓고 자신의 친위세력을 포진시켰다. 몇 번의 인사개혁을 통해 마침내 대세가 기울어 요 임금은 비참한 말로를 맞이하게 된다.

《괄지서》에 인용된 〈죽서기년〉의 기록에 따르면, 요 임금은 순에 의해 연금되었으며 이후 자식은 물론 어느 누구와도 만날 수가 없었다. 이런 상황에서 요 임금은 순에게 제위를 넘겨줄 수밖에 없었고 요 임금의 아들 단주 역시 핍박을 받아 단수丹水로 쫓겨나고 말았다.

이렇듯 요순의 권력이양이 평화로운 선양인지, 아니면 핍박에 따른 양위인지에 대해서는 지금까지 명확한 결론을 내리지 못한 채 미궁에 빠져 있다.

Chapter 03

《추배도》는
도대체 무엇인가

인류문명의 발전역사는 이미 5천
년이 지나고 있다. 역사의 수레바퀴는 끝없이 앞으로 굴러가고 있
고, 현대문명이 급속도로 변화·발전하면서 인류는 여러 가지 해
결된 문제와 아직 해결하지 못한 난제들에 직면해 있다.

특히 아직 오지 않은 미래에 대해서는 누구나 궁금해하고 때로
는 두려워하기도 하는데, 만약 어떤 사람 또는 어떤 사물이 알 수
없는 미래의 오묘한 비밀을 보여줄 수 있다면 사회적 반응이 어떠
할지는 능히 짐작하고도 남는다.

지금도 각국의 과학자나 관련 전문가들은 계속 앞날에 대한 예
측을 시도하고 있으며, 많은 이들이 이에 관심을 표명하고 있다.
할리우드에서 미래예측과 관련된 대형 영화가 제작되어 절찬리에
상영되는 것은 바로 이러한 세상사람들의 관심과 우려가 반영된

것이다.

중국에도 이미 오래 전부터 이른바 미래를 예측하는 예언서가 적지 않았다. 그 가운데 비교적 많은 이들에게 알려져 있고 지극히 복잡하고 어려운 책은 지금으로부터 1300여 년 전인 당나라 정관貞觀 연간에 원천강袁天罡과

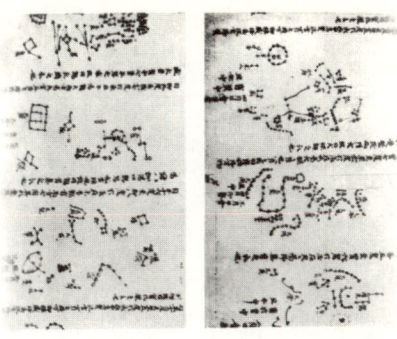

돈황의 성도(당나라)

당나라 때는 천문학 분야에서 큰 성과를 거두었는데, 뛰어난 천문학자와 예언자도 많이 배출되었다. 그 가운데 대표적인 인물이 바로 이순풍과 원천강이다. 돈황 장경동에서 발견된 이 성도는 당나라 때의 천문학 수준을 보여주는 좋은 증거이다.

이순풍李淳風이 함께 지은 《추배도推背圖》일 것이다.

시와 그림이 함께 들어가 있는 《추배도》는 중국의 일곱 예언서 가운데 가장 영향력있는 책으로 손꼽힌다. 이것은 당나라 초기 사천감司天監이었던 이순풍과 술사 원천강이 함께 편찬한 것으로, 전체 60폭의 그림과 매 그림마다 기록되어 있는 예언의 말과 함께 '송왈頌曰'로 이어지는 율시로 구성되어 있다.

주요내용은 당나라 이후에 발생할 중요한 역사적 사건이다. 지역적으로는 중국은 물론이고 외국의 주요사건까지 포함되어 있는데, 예를 들어 38상象인 서합괘噬嗑卦는 제1차 세계대전을 예언한 것으로 알려져 있다.

《추배도》의 판본이 여러 가지인 이유는 청나라 군대가 산해관을 넘어온 후 사람들이 청나라의 미래를 예측할 것을 우려한 청 조정에서 《추배도》의 순서를 마구 뒤섞어 제작한 판본을 민간에

유통시켰기 때문이다.

그런데 이 《추배도》의 기원에 관한 이야기도 매우 신비스럽다. 전하는 말에 따르면, 이순풍은 달이나 별 등을 통한 예측에 정통해 있었는데, 어느 날 우연히 자미성紫微星을 관찰하며 미래를 내다보던 중 머지않은 장래에 무측천이 나라를 어지럽힐 것이라는 예감을 얻었다. 그가 감정을 추스르지 못한 채 계속 미루어 짐작하고 있을 때 갑자기 술사인 원천강이 뒤에서 그를 밀치며 소리쳤다.

당 태종 상
민간전설에 따르면, 당 태종은 이순풍에게 천기를 얻고자 하였으나 스스로 하늘의 명을 거역할 수 없음을 깨닫고 그만두었다고 한다.

"천기天機는 절대 누설해서는 안 되네!"

깜짝 놀라 정신을 차린 이순풍은 그제야 하던 작업을 멈추었다. 그러나 이미 1천 년 이후의 일까지 미루어 짐작한 후였다. 이순풍은 자신이 내다본 천기로 시가詩歌를 지어 그림과 함께 책으로 편찬한 다음 원천강을 통해 당 태종에게 바쳤다. 이는 국가기밀에 속한 사안이기 때문에 절대로 다른 사람들이 알아서는 안 되는 일이었다. 그런데 어찌된 연유인지 이 비밀이 새어나가 민간에까지 알려지게 되었다. 그것이 바로 현재 우리가 볼 수 있는 《추배도》이다.

《추배도》는 수백 년간의 당나라 일은 물론이고 이후 송, 요, 금, 원, 명, 청대의 정치적인 혼란이나 흥망성쇠에 대해서도 예측하고 있는데, 이것이 한치 어긋남이 없었다. 과연 이전에 제갈량이 없었다면 유백온도 존재하지 않았으리라!(유비에게 천하를 삼분하자

고 제안한 제갈량은 천문과 음양술수 등에
능해 《마전과馬前課》라는 예언서를 지은 바
있다. 유백온은 명나라 주원장에게 진우량
과 장사성을 멸망시킬 전략을 제시한 전략
가이다. 전설에 따르면, 유백온이 어느 날
낡은 사당에서 제갈량이 예언한 내용이 담
긴 팻말을 발견하였는데, 그 안에 제갈량
이 500년 후의 유백온의 존재를 알았다는
내용이 적혀 있었다)

《추배도》의 일부
신비한 색채로 넘쳐나는 《추배
도》는 매 왕조 때마다 금서로
지정되어 시판이 금지되었다.
송나라와 청나라 통치자들은
책 내용을 섞어버려 전혀 이해
할 수 없도록 만들었으며, 이를
통해 민심을 통제하고 통치를
강화하고자 했다.

   뿐만 아니라 더욱 놀라운 일은 삽화를
통해 당나라 이후 1천여 년에 걸친 국내
외 복식까지도 예측했다는 점이다. 그
안에는 청나라 때의 화령마괘花翎馬褂(화
령은 청나라 때 황족 또는 고관들에게 하사한 모자 뒤에 드리우는 공작의
깃이고, 마괘는 만주족 남자들이 말을 탈 때 장포 위에 입는 허리까지 오

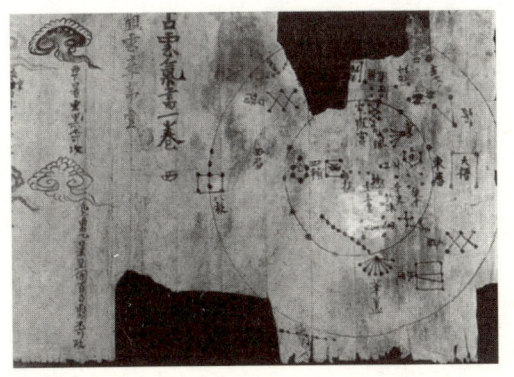

돈황의 성도(당나라)
비록 완전한 형태는 아니지만
일부 그림에서 별의 분포도를
쉽게 알아볼 수 있다. 시공을
초월하여 그 당시 별천지를 상
상한 것이다.

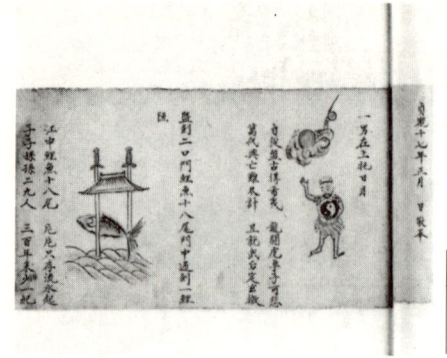

《추배도》의 일부
《추배도》는 시와 그림이 함께 수록된 신비스러운 책이다. 문자는 기이하고 그림은 심오하다.

는 짧은 상의)나 심지어 서양인들의 양복이나 구두 등에 대한 예언까지 들어 있었다. 이러한 면에서 본다면, 당나라 때의 점술가들이 어떻게 미래의 일을 예측할 수 있었으며, 후대 청조의 통치자들이 《추배도》의 신묘함을 두려워한 나머지 결국 원본을 파기함으로써 자신들의 통치권을 유지할 수 있었음을 이해할 수 있다.

전하는 바에 따르면, 당시 어떤 예언가는 《추배도》의 예언에 따라 당나라 시절 무측천과 양귀비의 일을 정확하게 예측했다고 하는데, 《추배도》 제2상象에는 다음과 같은 글이 나온다.

큰 과일이 겹겹이 쌓여 있어 그 숫자를 모르겠다.
한 과일의 알맹이 하나가 새롭고도 오래되었다.
이에 찬송하여 말하기를,
만물은 흙에서 생겨나는데, 이구가 먼저 열매를 맺었다.
통일을 이뤄 중원을 평정하니, 음이 성하여 양이 먼저 마른다.

연구자들에 따르면, 제2상의 예언은 당나라 군주가 여색에 빠

져 국사를 그르친 것에 관한 것이다. 1개의 과일은 이씨 자손이라
는 과실을 말한다. 당나라가 이씨 왕조이므로 당나라를 의미하는
것이고 '이구二九'는 당나라가 289년 동안 존속한다는 것을 말한
다. '음이 성하다'는 것은 무측천이 여황제가 되어 나라를 통치함
으로써 정사를 어지럽히는 것을 말한다. 또한 원나라 현종 때 양귀
비로 인해 나라가 멸망의 위기에 몰린 것을 말하기도 한다. 그래서
'음이 성하여 양이 먼저 마른다'라고 한 것이다.

  이와 같이《추배도》의 예언 내용과 관련해 실제 증거를 찾는 일
은 그다지 어렵지 않다. 그래서 사람들은 더욱 더《추배도》를 신비
한 책으로 여기고 귀하게 다루었다.

무측천 보련도步輦圖, 장훤(당나라)
이순풍은 당나라 때 여자 때문에 화가 닥쳐오
리라는 것을 예언했다. 그 첫번째 주인공이 바
로 무측천이다. 그녀로 인해 당 왕조는 거의 망
국의 지경까지 이르렀다.

앞서 말한 대로 《추배도》는 여러 사람들의 마음속에 신비한 책으로 자리잡아 일종의 하늘의 계시가 담겨 있는 책으로 여겨졌다. 미래를 예측한다는 말에 사람들은 그 책 속에 '천기'가 들어 있다고 굳게 믿으며 더욱 더 빠져들었다.

만약《추배도》에 담긴 내용이 정말 미래를 예측하는 것이라면, 이순풍이란 사람 역시 신기하기는 마찬가지이다. 그렇다면 이순풍은 어떤 특별한 재능을 지녔기에 미래를 예측하는 책을 썼던 것일까?

《구당서》,《신당서》에 그에 관한 전기가 실려 있다. 그는 당나라 태종 때의 사람으로 박학다식할 뿐 아니라 특히 천문, 역학, 산술, 음양학에 정통했다. 그는 혼천의(천체의 움직임과 위치를 관측하는 기계)를 제작해 별을 관측했으며, 인덕력麟德曆(당나라 고종 인덕 2년에 만든 태음력)을 만들어 이미 사용하고 있던 무인력戊寅曆을 대치하기도 했다. 이렇듯 그는 당나라 때의 저명한 천문학자이자 과학자로 이름을 날렸다.

이외에도 그는 사서에서는 예언가로 알려지기도 했는데,《패관야사》에 보면 이승과 저승을 자유자재로 넘나들면서 저승의 일까지도 판단하는 반半 신선의 신통력을 지닌 인물로 그려지고 있다.

후에 그가 무측천이 당나라를 어지럽힐 것이라고 예언한 바를 들은 당 태종이 격분하여 그를 죽였다고 한다. 이로 볼 때 예언서 작가로서의 그의 모습은 주로 문학가들에 의해 보태지거나 수정된 것이라 할 수 있다. 그 때문에 그의 본래 모습에서 더욱 멀어져 신비감이 더해졌을지도 모른다.

게다가 오랜 세월《추배도》는 금서로 지정돼 시중에서는 구할 수 없고 몰래 소장하거나 복사하여 비밀리에 전해져 내려왔다. 사람들은 누구나 금지된 것에 대해 더욱 호기심을 갖게 마련이다. 금지되면 될수록 흥미는 더욱 늘어나고 그럴수록 신비감이 더해진다. 이렇게 세월이 흐르면서 사람들마다 정말로 《추배도》에 천기가 숨어 있다는 느낌을 지니게 되었을 것이다. 물론 그 안에 진짜 천기가 들어 있는지는 알 수 없는 일이지만…….

Chapter 04

팔괘에 담긴
본래의 뜻은 무엇인가

상고시대부터 전해져 내려오는 팔괘
도八卦圖와 관련해서는 아직까지 풀리지 않은 채 수수께끼로 남아
있는 문제들이 많이 있다. 전설에 따르면, 팔괘도는 고대 성인인
복희씨가 창제한 것으로 알려져 있다.

《역경》에 의하면 복희씨 시대에 용마가 기이한 도안을 등에 지
고 황하에서 노닐다가 복희에게 이를 전했다고 하는데, 그것이 바
로 〈하도河圖〉이다. 또한 낙수에서 발견된 거북이의 등껍데기에 신
비한 부호가 적혀 있었는데, 그것이 바로 〈낙서洛書〉라고 한다. 복
희씨는 〈낙서〉와 〈하도〉를 얻은 후 깊이 연구한 끝에 마침내 크게
깨달아 팔괘를 만들었으며, 이를 활용하여 역법을 추산하고 길흉
을 예측했다고 한다.

팔괘도에는 극히 심오한 이치가 숨어 있는 것으로 알려져 있다.

이를 통해 천명을 헤아리고 미래를 예측할 수 있다고 하여 팔괘 안에 천성적으로 모든 사물이 정해진 바가 있다는 숙명론적인 내용이 끼어들게 되었다.

물론 후대 학자들은 이러한 미신과 다를 바 없는 관점을 부정하고 팔괘

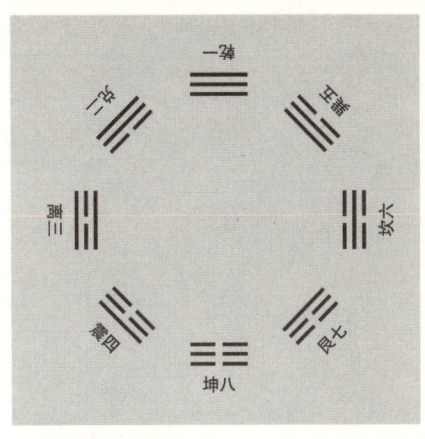

| 복희씨의 선천 팔괘도

에 관한 이야기는 단지 전설이자 불확실한 추측에 불과하다고 주장하고 있다. 하지만 바로 이러한 이유 때문에 많은 사람들이 팔괘도에 대해 궁금하게 여기는 것이다.

팔괘도의 모양은 정팔각형으로, 그 안에는 여덟 가지 특수한 부호가 그려져 있다. 그 부호는 각기 우주의 여덟 가지 중요한 물질을 대표하는데, 건乾, 곤坤, 진震, 손巽, 감坎, 이離, 간艮, 태兌가 그것이다.

팔괘도는 '선천先天'과 '후천後天'으로 구분된다. 선천 팔괘도는 복희 팔괘도라고 부르는데, 건곤이 하늘과 땅을 대표하여 중추적인 경선經線(날줄)에 자리잡고 감과 이는 물과 불을 대표하여 횡축으로 위선緯線(씨줄)을 이루고 있다. 후천 팔괘도는 문왕 팔괘도라고 부르기도 하는데, 진괘를

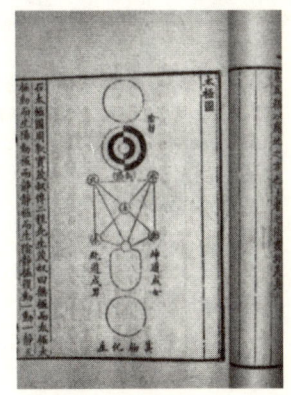

| 복희씨의 선천 팔괘도

태호 복희씨 상

복희씨는 중국 고대전설에 나오는 삼황오제의 첫 번째 황제로 성은 풍風이다. 사람 얼굴에 뱀의 몸을 가진 그는 여동생 여왜와 부부가 되어 인류의 시조가 되었다. 복희는 천지만물의 음양변화를 참고하여 팔괘를 창제하였으며, 사람들에게 그물을 만들어 고기 잡는 방법을 가르쳐주었다. 고대 동이족의 수령이다.

동쪽에 놓고 이를 시발점으로 삼는다. 시계방향 순서대로 손괘가 동남쪽에 자리하고, 이괘는 남쪽, 곤괘는 서남쪽, 태괘는 서쪽, 건괘는 서북쪽, 감괘는 북쪽, 간괘는 동북쪽에 자리한다.

일반적으로 선천 팔괘도는 이론적인 자료에 불과하지만 후천 팔괘도는 실제로 운용하는 데 사용되고 있다. 예를 들어 천간天干(육십갑자의 위 단위를 이루는 요소. 갑, 을, 병, 정, 무, 기, 경, 신, 임, 계)이나 지지地支(육십갑자의 아래 단위를 이루는 요소. 자, 축, 인, 묘, 진, 사, 오, 미, 신, 유, 술, 해), 오행상극 등의 배치는 모두 후천 팔괘도를 참고한 것이다.

그렇다면 팔괘가 반영하고 있는 것은 무엇인가? 오경五經과 《주역》의 기록에 따르면, 팔괘는 태극에서 미루어 판단하여 연역한 것이다. 《주역》의 〈계사상전〉에는, "역에 태극이 있어 양의를 낳고 양의가 사상을 낳으며 사상이 팔괘를 낳는다. 팔괘는 길흉을 정하고 길흉은 대업을 만든다"라고 기록되어 있다. 이는 다시 말해 태극이 운동함으로써 음과 양의 두 가지 속성을 지닌 물질이 생성되며, 음양의 물질이 끊임없이 분화 또는 조합하여 다시 사상四象과 팔괘를 만들어낸다는 뜻이다.

여기서 '사상'이란 태양, 태음, 소양, 소음을 뜻하고, 팔괘는 우주를 구성하는 여덟 가지 중요물질, 즉 천天(건), 지地(곤), 뇌雷(진), 풍風(손), 수水(감), 화火(이), 산山(간), 택澤(태)을 말한다. 따라서 팔괘에 대한 가장 일반적인 관점은 팔괘가 '천도天道'와 '지도地道', 그리고 '인도人道'를 반영하고 있다는 것이다.

천도가 반영하는 것은 우주 만물의 생성과 발전, 변화 및 사멸의 규율인데, 음과 양의 상호보완이 이러한 변화의 중요한 특징이다. 예를 들어 계절의 변화나 해와 달의 뜨거나 기움 등과 같은 것이다. '인도'가 반영하는 것은 인간과 자연간의 관계이다. 이는 인간의 생존과 변화는 자연과 밀접한 관련을 맺고 있기 때문에 마땅히 자연의 규율에 따라야 한다는 것을 설명하고 있다. 고대의 저명한 학자인 소옹은《황극경세》〈천상수〉제2에서 이렇게 말하고 있다.

"하늘과 땅이 위치를 정했다는 말은 복희가 팔괘를 만들었음을 밝힌 것이다. 팔괘는 서로 섞여서 64괘를 이룬다. 지나간 것은 순順이라고 하였는데, 하늘에 순응해 왼쪽으로 도는 것으로 이미 이루어진 괘를 말한다. 그래서 수왕數往, 즉 지나간 것을 셈한다고 말한 것이다. 앞으로 올 것을 아는 것은 역逆이라고 했는데, 하늘에 거슬러 행하여 오른쪽으로 도는 것으로 아직 생겨나지 않은 괘를 말한다."

나아가 그는 또 선천과 후천 팔괘도를 조합해 선천 팔괘도로 후

| 《주역설략(周易說略)》

팔괘정

섬서성 기산현 주공묘에 있다. 장엄한 조형미와 장식이 아름답기로 유명하다.

천 팔괘도를 해석하였다. 그는 《황극경세》에서 선천 팔괘도와 후천 팔괘도에 대해 이렇게 말하고 있다. "건괘와 곤괘는 위아래 자리를 정하고, 이괘와 감괘는 왼쪽과 오른쪽 문을 열었으니, 천지가 닫히고 열리는 곳이자 해와 달이 나가고 들어오는 곳이다. 이로써 봄여름가을겨울, 그믐과 초하루, 밤낮의 길고 짧음 등 이로 말미암지 않은 것이 없다."

근대에 들어와서는 팔괘에 대한 해석이 넘쳐났다. 한용韓勇은 팔괘는 태양의 운동을 반영한 것이라고 하면서 이렇게 주장하고 있다.

"선천 팔괘는 태양이 지구의 회전운동에 상응하여 순환하는 규칙을 반영한 것이다. 그 운동방향은 달이 지구에 상응하여 회전하는 방향과 정반대이니, 전자는 시계방향이고, 후자는 시계 반대방향이다. 그래서 태양의 운동을 나타내는 방향은 진, 이, 태, 건, 손, 감, 간, 곤의 순서이다. 후천 팔괘의 방위도에서 제帝가 가리키는 것은 태양이다. ……이는 태양이 남방의 건괘 자리에 있으면 날씨가 가장 더울 때이고, 손괘에 이르면 태양이 아래로 떨어지기 시작할 때이며, 서방의 감괘 자리에 도달하면 태양이 땅 아래로 떨어짐, 즉 서산에 해가 지는 것을 말한다."

복희 상

태호 복희씨는 지금의 하남성 저양인 진에 도읍지를 건설하였다. 전설에 따르면, 그의 어머니 화서는 큰 연못에서 우레 신이 남긴 발자국을 보고 호기심에 따라갔는데, 이후 복희를 잉태했다고 한다. 그는 사람 대신 동물을 희생양으로 삼도록 하여 포희庖羲라고 칭하기도 한다.

이외에도 팔괘를 외계인의 비밀스러운 부호라고 주장하는 이들도 있고 새끼 매듭을 지어 글로 나타내던 시절의 부호였다고 말하는 이들도 있다.

팔괘도와 관련된 흥미로운 이야기가 있다. 오늘날 컴퓨터에서 사용하는 이진법은 독일의 철학자이자 수학자인 라이프니츠가 창안한 것이다. 그런데 라이프니츠는 북경에 살고 있는 친구에게 '복희 64괘 순서도'와 '복희 64괘 방위도'를 얻은 후 팔괘가 곤괘에서 건괘까지 8개의 자연수로 이루어진 완전한 이진법의 형태를 갖춘 것에서 힌트를 얻었다고 한다.

팔괘도는 과연 누가 만든 것이며 그것은 무슨 역할을 하는 것인가? 그리고 이것을 창제한 목적은 과연 무엇인가? 언젠가 이 모든 수수께끼가 풀리기를 기대해본다.

Chapter 05

'만세'는 언제부터 황제만을 위한 호칭이 되었는가

중국 봉건사회에서 '만세'라는 말은 최고 통치자의 대명사처럼 쓰였다. 다시 말해 황제만을 위해 사용되는 호칭이라는 뜻이다. 그렇기 때문에 황제 이외에는 그 누구도 자신에 대해 '만세'를 외칠 수 없다.

전하는 바에 따르면, 북송 때의 대신 구준이 출행하는 길에 어떤 미친 사람이 그를 향해 '만세'를 외쳤다고 한다. 이를 본 그의 정적이 고발하여 구준은 그 즉시 파직되었다고 한다.

명나라 때 민간은 물론 조정까지 뒤흔들 정도의 막강한 권력을 장악하고 있던 위충현도 감히 '만세'라는 말은 쓰지 못하고 '구천세九千世'로 만족해야 했다. 이렇듯 '만세'라는 말은 황제만이 독점할 수 있었고, 일반 사람들은 결코 사용할 수 없는 것이었다. 하지만 '만세'가 처음부터 황제의 전유물이었던 것은 아니다.

사실 '만세' 라는 말은 아주 오랜 옛날 사람들이 내심 기뻐하며 경축할 때 사용하는 환호성의 일종이었다. 춘추시대 때 사람들은 일상적으로 '만수무강' 이라는 말로써 기쁨이나 축복을 전하곤 했다. 예를 들어 중국 최초의 시가총집인《시경》에 나오는 '만수무강' 이라는 말은 한 해 동안 농사를 짓느라 고생한 후에 함께 모여 잔치를 벌이면서 환호할 때 쓰는 말이다. 당시만 해도 '만

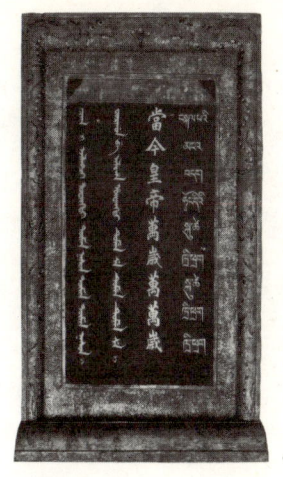

장생 위패(청나라)
포달라궁 삼계전 안에 있는 건륭제의 상 앞에 있는 장생長生을 기원하는 위패이다. 장생패는 처음 강희제를 위해 만든 위패로 장藏, 한漢, 만滿, 몽豪 등 네 민족의 언어로 씌었으며, 서장의 정교 중심지인 포달라궁에 오랜 세월 안치되어 지금까지 보존되고 있다.

강희 남순도南巡圖(청나라)
이것은 강희제가 남쪽으로 순행하는 모습을 그린 그림의 마지막 부분이다. 강희제 일행이 남순을 마치고 경사京師로 돌아오는 광경을 묘사하고 있는데, 황제 일행의 대오가 영정문에서 북쪽으로 정양문을 거쳐 자금성으로 들어가고 있다. 그림에서 많은 이들이 '천자만년天子萬年' 이란 글자를 만들어 만세야 강희제의 만수무강을 기원하고 업적을 칭송하고 있다.

한 고조 유방의 장릉長陵
최초로 '만세'로 호칭된 사람은 바로 한나라 고조 유방이다. 그는 거대한 능묘를 세워 사후세계에서도
호화로운 생활을 영위하며 만세토록 장생하기를 원했다.

세' 라는 말은 황제에 대한 칭송이나 찬송의 뜻으로 사용된 것이
아니라 후손 대대로 이어짐을 뜻하는 말이었다. 이후 세월이 흐르
면서 이러한 여러 가지 송사나 축복에 관한 말이 점차 '만세' 라는
말로 통합되기 시작했다. 특히 전국시대에 들어서면서 '만세' 라
는 말이 빈번하게 사용되기 시작했는데, 그때까지만 해도 이 말이
어떤 신분을 상징하는 게 아니었기 때문에 위로는 제후 왕에서부
터 아래로는 일반 백성들까지 모두 사용할 수 있었다.

　또한 각기 다른 장소에서 서로 다른 뜻으로 사용되기도 했는데,
'만세' 가 '사死', 즉 죽음을 뜻하는 단어로 사용된 것이 그 한 예
이다. 《전국책》에 보면, 초나라 왕이 운몽雲夢에서 노닐다가 하늘
을 바라보고 웃으며 "과인이 만세萬歲, 천추千秋 후에는 누구와 더
불어 이를 즐기겠는가?"라는 말이 나온다. 여기서 '만세', '천추'

44

는 죽음의 뜻으로 사용된 것이다.

또한 사서의 기록에 따르면, 맹상군은 자신의 식객인 풍훤을 봉읍지인 설에 보내 빌려준 돈의 이자를 받아오도록 했다. 그러나 당시 돈을 빌린 사람들은 매우 가난하여 빚을 갚을 능력이 없었다. 이에 풍훤이 주장하길 "차용증을 불태워 없앤다면 백성들이 만세를 외칠 것입니다"라고 하였다. 여기서 나오는 '만세'는 분명 환호성이라고 할 수 있다.

그렇다면 이렇게 사용되던 말이 언제부터 황제만을 위한 호칭이 된 것인가? 이에 대해서는 아직 의견 통일을 보지 못한 채 여러 가지 설이 있다. 어떤 사람은 진한秦漢 이후로 신하들이 황제를 알현할 때 언제나 '만세'를 외쳤지만 그렇다고 황제 한 사람에게만 한정된 것은 아니었다고 주장한다. 예를 들어 한나라 의례 규정에 따르면, 황태자에게도 만세라고 부를 수 있었다고 한다. 당시 황족 가운데는 만세를 이름에 넣은 경우도 있었는데 화제和帝의 동생인 '유만세劉萬歲'가 그 좋은 예다.

한나라에서부터 당나라까지 여러 역사자료에 자주 등장하는 '만세'라는 호칭 또한 황제에게만 국한된 것이 아니었다. 그러던 것이 송나라 때에는 황제 이외의 다른 사람에게는 만세라는 칭호를 사용할 수 없도록 하였다.

현재 대부분의 사람들은 '만세'가 황제 고유의 호칭으로 정해진 것은 유방, 즉 한나라 고조 때라고 보고 있다. 본래 빈민 출신이었던 유방은 황제 자리에 오른 후 무언가 별도의 방법을 통해 자신의 공덕과 위엄을 드러내야 한다고 생각하고 있었다. 당시 유

방의 생각을 간파한 눈치 빠르고 영리한 신하 숙손통은 어느 날
이렇게 고했다.

"황상, 아뢸 말씀이 있사옵니다. 생각건대 황제께옵서는 황제만
이 사용할 수 있는 예의제도를 제정하시어 천자로서의 존엄을 천
하에 밝히시는 게 좋을 듯하옵니다."

유방은 그의 제안에 크게 기뻐하며 즉시 되물었다.

"어떻게 해야 되겠는가?"

숙손통은 자신의 의견을 조리 있게 아뢰었다. 그 가운데 하나가
바로 황제는 천명에 의해 지목된 하늘의 아들이기 때문에 조회는

물론 기타 행사에서 모든 이들이 '만세'를 불러 축복과 경외를 표해야 한다는 것이다. 물론 만세는 황제에게만 사용할 수 있는 호칭으로 일반인들은 쓸 수 없다고 했다. 왜냐하면 오로지 황제만이 만세토록 영원할 자격이 있기 때문이다. 유방은 그의 제안을 받아들여 즉각 예의제도를 마련토록 하였다. 이후 매번 조회 때마다 "조정의 모든 신하들이 만세를 불렀으며", 조정의 상하 서열이 질서정연하게 마련되었다. 물론 유방 역시 크게 만족하여 이렇게 말했다.

"오늘에서야 비로소 황제가 귀한 줄 알겠노라."

이렇게 '만세'라는 호칭은 유방 때부터 줄곧 조정에서 이루어지는 의례와 밀접한 관련을 맺게 된다.

하지만 이에 대한 또 다른 의견도 있다. 한나라 무제가 오직 유가의 학문만 존중하는 정책을 실시한 후 유가들이 '만세'를 황제의 전유물로 만들었다는

무자비無字碑, 한나라

산동성 태산 옥황전 대문 서쪽에 세워져 있다. 높이 6m, 너비 1.2m, 두께 0.9m로 예스럽고 소박한데, 아무 글자도 적혀 있지 않기 때문에 이런 이름이 붙었다. 이 무자비에 대해서는 다음 두 가지 설이 있다. 하나는 진시황의 '분서갱유'로 인해 한 글자도 새겨 넣지 않았다는 것이고 다른 하나는 한 무제가 봉선을 위해 태산에 올랐을 때 자신이 "천명을 받았으며", "공덕이 천하를 덮을 만하다"는 뜻을 보여주기 위해 세웠다는 설이다. 사서에서는 이를 '입석立石'이라고 칭하는데 아직까지 정설이 없다.

것이다. 어느 날 한 무제가 순유를 떠나 웅장한 화산에 이르렀다. 산 정상까지 올라 어느 절 앞에서 휴식을 취하고 있는데, 갑자기 어디선가 "만세! 만세! 만세!"라는 둔중한 목소리가 들렸다. 놀란 시종들이 사방을 돌아다니며 살펴보았으나 황실 사람들 이외에 아무도 보이지 않았다. 황제가 출행하는 곳에는 일반 백성이 출입할 수 없었기 때문에 아무도 없는 것은 당연한 일이었다. 참으로 괴이하게 여기고 있던 차에 절의 주지가 다가와 말했다.

"방금 들린 만세 삼창은 산신이 부른 것입니다. 천자께서 여기까지 올라오셨으니 신하로서 복종한다는 뜻입니다."

한 무제는 매우 기뻐하며 즉시 조령을 내려 천하 신민들은 이후 황제만을 위해 만세를 부를 수 있을 뿐 함부로 사용치 말 것을 명하였다. 《한서》에 보면 원봉 원년에 무제가 내린 조서가 실려 있다. 그에 따르면 절 옆에서 모든 벼슬아치들이 만세를 세 번 부르는 소리를 들었다는 기록이 나온다.

15년 후에도 한 무제는 이전 일을 다시 상기하면서 산신이나 산석山石조차 모두 만세를 부르는데, 어찌 백성들이 만세를 부르지 않느냐고 해 이후 궁궐 앞에서 '만세' 소리가 끊이지 않았다는 기록이 있다.

이러던 것이 송나라에 들어와서는 '만세'는 '만세야萬歲爺', 즉 황제의 존칭으로 굳어져버렸다. 황제를 제외하고 그 어떤 이도 만세라는 말을 들어서는 안 되는 것이다. 일반 백성은 물론이요 대신들조차 어느 누구도 '만세'를 부르게 되면 그 결과를 감당키 어려웠다. 북송 시절 대장군 조이용의 조카인 조눌이 술에 취해 사

람들에게 만세를 부르도록 했다가 고발을 당해 태형에 처해져 결
국 죽고 말았다.

이런 과정을 통해 '만세'라는 말은 서서히 봉건 제왕만의 호칭
으로 자리잡았던 것이다.

Chapter 06

《시경》은 정말
공자가 편찬한 것인가

중국의 가장 오래된 시집인 《시경》
은 중국 문학사의 찬란한 출발점이자 현실주의 문학의 시작이라
할 수 있다. 처음에는 《시》 또는 《시삼백》으로 불리던 것이 당나라
때에 와서 오경의 하나에 포함되면서 《시경》으로 불렸다.

'시詩'라는 말의 어원이기도 한 《시경》의 편찬자는 후세에 '공
성인孔聖人'으로 불렸던 공자라는 설이 가장 유력하다. 지금으로부
터 2천여 년 전인 춘추전국시대는 제후들이 할거하면서 중원의
패자가 되기 위해 각축을 벌이고 있었다. 제후국 간의 전쟁이 한
창일 때 공자는 자신의 정치·문화적 신념을 전파하기 위해 제자
들과 함께 여러 나라를 두루 돌아다니고 있었다.

그러나 그는 모국인 노나라에서도 자신의 이상을 펼칠 수 없었
고, 제나라에서도 벽에 부딪치고 말았다. 그러니 진이나 채 등 작

은 제후국은 말할 필요조차 없을 정도였다. 그는 이런 와중에 위나라 위령공의 도움으로 그곳에 비교적 오랜 기간 머물다가 그의 나이 69세 때 노나라로 돌아오게 된다.

늙은 나이에 자기 나라로 돌아온 그는 통치자들이 여자와 술에 빠져 사람으로서 해야 할 도리조차 행하지 않는 모습에 실망하여 《시》,《서》,《예》,《악》 등 여러 고대 문헌을 정리하는 작업과 함께 제자 양성에 심혈을 기울였다. 당시는 이미 예법과 음악은 물론, 시를 읊는 기풍마저 사라진 후였지만, 그럼에도 불구하고 공자는 《시》에 담겨 있는 의미와 교류의 효용을 각별히 중시하여 시를 통한 교육을 귀족 계층에게 반드시 필요한 과목으로 간주하였다.

당시 전해 내려오던 대부분의

공자 상

자는 중니仲尼이며 춘추시대 노나라 추읍鄒邑(지금의 산동성 곡부) 사람이다. 그의 선조는 송나라 귀족이었으며, 이후 변란으로 인해 노魯로 이주하였다. 가난한 어린 시절을 보낸 공자는 이미 소년시절에 학문에 뜻을 두고 20세에 관직에 나아가 작은 벼슬을 맡았다. 노나라 정공定公 시절에 중도재中都宰(지방관리)를 거쳐 대사구大司寇(형부상서에 해당하는 관직)에까지 올랐다. 그러나 당시 노나라의 실권을 장악하고 있던 계환자季桓子의 소행에 불만을 품어 사직한 후 위, 송, 진, 채, 초 등 여러 나라를 돌아다니면서 '인'과 '예'를 바탕으로 한 자신의 정치적 주장을 펼쳤다.
만년에 노나라로 돌아온 그는 교육에 뜻을 두고 제자들을 가르치는 한편 《시》, 《서》 등 고대 문헌을 정리하고 중국 최초의 편년체 역사서로 노나라의 사관이 쓴 《춘추》를 정리하였다. 전하는 바에 따르면, 《시경》을 처음으로 정리한 사람이 바로 공자이며, 지금 우리가 보고 있는 《시경》이 바로 그가 편찬한 것이라고 한다.

시는 "왕의 관리가 채집한 것"이었다. 이른바 '채시采詩'는 왕실에서 파견한 관리가 농번기에 도처를 돌아다니며 민요를 채집한 것을 말하는데, 이렇게 채집한 민요를 정리하여 천자에게 올렸다. 이

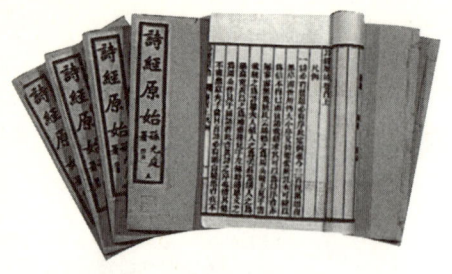

《시경원시詩經原始》의 모습

《시경원시》는 청대 만옥윤萬玉潤이 편찬한 책이다. 만옥윤은 자가 석우石友이며 호는 홍몽자로 사천 사람인데, 이후 운남으로 이사하여 그곳에 정주하였다. 여러 차례 과거에 응시하였으나 급제하지 못해 어쩔 수 없이 군인이 되었다. 만옥윤의 만년 작품인 이 책은 《시경》을 순수 문학작품으로 연구했다는 점에서 기존 학자들의 연구와 차이가 있다. 또한 몇 가지 논점에 대해 의문을 제시할망정 견강부회한 해석은 하지 않았다.

는 백성들의 정황을 살피기 위함이었다. 그러나 당시 채집한 민요에는 좋고 나쁜 것이 있었고, 심지어 음란하거나 반역적인 내용까지 있었다. 그래서 공자가 3천여 편의 옛 시를 크게 손보아 305편만을 남겼다는 것이다.

그는 "시를 배우지 않으면 더불어 대화를 할 수 없다"고 했으며, 시를 암송하여 "사방으로 사신으로 나아가" "상대와 대응할 수 있어야 함"을 강조하였다. 공자는 제자들에게 《시》를 배워야 할 뿐 아니라 특히 실용적인 면에서 능숙하게 활용할 수 있어야 한다고 강조했다.

《시경》에 수록된 시는 모두 305편으로, 별도의 6편은 제목만 있을 뿐 내용이 없는데, 이는 '생시笙詩'라고 부른다. 시가는 세 부분으로 나뉘는데, 풍시風詩가 160편으로 가장 많고, 아시雅詩가 105편, 그리고 송시頌詩가 40편이다.

풍시는 2천여 년 전 중국 민족의 아주 오랜 조상들이 황하를 중심으로 여러 지역에서 질박한 목소리로 부르던 민요가 주종을 이룬다. 그 안에는 일상생활이나 노동을 통해 느끼는 여러 가지 즐거움이나 고단함이 숨쉬고 있으며, 애정을 추구하는 대담하면서도 진실한 심경이 그대로 녹아 있다.

《논어》에는 '공자산시'에 관해 이렇게 적고 있다. "위나라에서 노나라로 돌아온 후 아雅와 송頌의 시가가 제대로 분류되었다." 이외에도 수많은 문헌에 이와 관련된 기록이 보이는데, 그 중에서도 《사기》의 기록이 비교적 완전하다고 볼 수 있다. 사마천은 〈공자세가〉에서 이렇게 말하고 있다.

"옛날에는 시가 3,000여 편이었으나 공자에 이르러 중복된 것을 빼고 예의에 활용할 수 있는 것만 취했다. 위는 설契(전설에 나오는 상나라 시조)과 후직后稷(주나라 시조)에 관한 시이고, 중간은 은과 주나라의 성대함을 노래한 시이며, 아래는 유왕幽王(서주의 마지막 왕)과 여왕(서주의 천자)의 실정에 관한 시에 이르렀다. ……이로부터 예와 악이 회복되어 서술할 수 있게 되었으며, 이로써 왕도가 갖추어지고 육예六藝가 완성되었다."

후세의 문헌들은 대부분 이러한 내용을 부연한 것이다.

시경도, 마화지馬和之(남송)

《시경》은 역대로 많은 예술가들이 표현하고자 했던 제재 가운데 하나이다. 그 가운데 회화 작품이 다수를 차지하는데, 그 중에서도 남송시대 마화지가 그린 《시경도책詩經圖冊》이 가장 유명하다. 그의 그림은 《시경·주송周頌·호천유성명昊天有成命》에 나오는 내용을 소재로 그린 것이다. 인물묘사가 생동감이 있고, 필법이 예스럽고 소박하다. 《시경》에 나오는 문학소재를 또 다른 예술로 재창조한 뛰어난 작품이다.

공자 산시刪詩, 정례定禮(명나라)

이는 명대에 그려진 성적도책聖迹圖册의 일부분이다. 그림 화제의 내용을 살펴보면 다음과 같다. 공자 나이 43세에 노나라 소공昭公이 사망하고 정공이 왕위에 올랐다. 신하에 의해 나라의 운명이 좌우되자 공자는 사직하고 관직에서 물러났다. 이후 공자는 시서詩書를 편찬하고 예악을 정리했다. 두루 통하여 천하에 질서를 세우겠다는 뜻이 막혀 노나라로 돌아오자 황량하여 도가 행해지지 않으니 가슴속에 자신의 뜻을 숨길 수밖에 없었다. 이에 시서를 편찬하고 예악을 바르게 정리하였으니, 군자는 시기를 따라 응대하는 법이다.

그러나 후대에 와서 과연 공자가 《시》를 정리했는가에 관해 의문을 제기하는 사람들이 적지 않다. 《좌씨전》에 보면, 공자가 10세 이전에 이미 정리된 《시경》을 보았다는 말이 나온다. 또한 당대 학자인 공영달孔穎達은 《사기》에서 말한 것처럼 공자가 정리하기 전에 훨씬 많은 시가 있었던 것은 사실이지만 《시경》에 수록된 시로 볼 때 그다지 많은 분량이 삭제된 것은 아니라고 하였다. 또한 그는 《사기》에서 10분의 9 정도를 삭제했다고 하였으나, 이는 가능하지 않은 일이라고 주장했다. 송나라 주희 역시 이와 유사한 의견을 펼친 바 있다. 어떤 이가 주희에게 공자의 산시설刪詩說에 대해 묻자 그는 이렇게 대답하였다.

"성인께서 붓을 들고 이것은 빼고 저것은 남겨두었다고 할 수 있겠는가? 아마도 전설을 믿는 것뿐일 터이다."

청나라 사학자 최술崔述도 《논어》, 《맹자》, 《좌씨전》, 《예기》 등 여러 책에 근거해볼 때 공자 이후에 없어진 시는 10분의 1도 되지 않는다고 보았다. 그는 "이를 통해 공자는 시를 정리한 적이 없다"라고 단언하였다. 위원魏源 역시 "부자(공자)는 음악을 바르게 한 공적은 있지만 시를 정리한 일은 없다"고 하였다.

《좌씨전》 양공 29년에는 오나라의 공자라 할 수 있는 계찰이 노나라에서 주나라 음악을 들은 적이 있다고 기록되어 있다. 당시 그를 위해 연주한 것은 국풍, 소아, 대아, 그리고 송이었다. 그 내용은 지금의 《시경》에 나오는 순서와 같을 뿐더러 15개국의 국풍을 배열하는 순서 또한 기본적으로 《시경》의 것과 똑같다. 당시 공자는 7~8세의 어린아이였으니 《시경》에 담긴 시들은 공자가 정리하기 이전에 이미 그 형태를 갖추었다는 것을 알 수 있다. 그

빈풍도豳風圖의 7월 박조剝棗, 오구吳求(청나라)

빈풍도는 《시경 · 국풍》에서 가장 오래된 시가내용을 표현하고 있다. 빈풍은 주로 주공周公과 관련이 있다. '빈'은 원래 주나라 선조인 공류公劉가 거주하던 곳으로 현재 섬서성 순읍현과 빈현 일대이다. 주인周人은 농경민족으로 농업을 중시했기 때문에 빈시豳詩에는 농사와 관련된 내용이 많다. 이 그림은 《시경 · 빈풍 · 7월》의 내용을 표현한 것으로, 음력 8월 대추가 익을 무렵 농민들이 대추를 수확하는 풍경을 담고 있다. 《빈풍 · 7월》의 내용은 다음과 같다.
"6월에는 아가위랑 머루랑 먹고, 7월엔 아욱과 콩을 삶는다네. 8월에는 대추를 따고, 10월에는 벼를 수확하니, 이것으로 봄술을 빚어 노인네 장수를 빌리라. 7월에는 오이 먹고 8월에는 박을 타고, 9월에는 삼씨 줍게나. 씀바귀 캐고 가죽 나무 장작을 삼아, 우리 농부 먹여나 보세."

렇다면 공자는 아예 시를 정리하지 않았거나 설사 했다고 할지라도 크게 바꾼 것은 아니라고 볼 수 있다.

공자가 《시경》을 엮은 게 아니라는 의견은 근대에 들어와 고사변古史辨 운동(고서에 기록된 사실들은 대부분이 후세에 위조된 것이라는 주장, 이런 운동을 주도한 사람들을 의고학파라 한다)이 고조되면서 극단으로 치닫게 된다.

전현동錢玄同은 심지어 공자와 육경의 관계조차 근본적으로 부정하고 있다.

"공자는 육경을 정리하거나 제작한 적이 없습니다.······《시》, 《서》, 《예》, 《역》, 《춘추》는 본래 각기 서로 다른 책이며(《악경》은 아예 없었음)······육경을 하나로 묶은 것은 전국시대 말엽의 일입니다."

이렇듯 전현동은 유가 경전 자체에 대해 의문을 제기했다. 고사변 운동이 유가 경전을 의심한 것은 2천년에 걸친 중국 문화와 학술·정치의 핵심적인 부분이자 신성불가침의 영역이었던 '경전'에 대한 최후의 일격이라 할 수 있다. 이렇게 성인이나 경전을 비판하고 옛것을 멸시하는 의고학파의 태도는 비록 시대적 요구에 부응한 것이기는 해도 현실을 무시한 지나치게 이론적인 평가라는 지적 또한 적지 않다.

결론적으로 《시경》을 누가 편찬했느냐의 문제뿐만 아니라 유학의 체계 안에서 《시경》이 어떤 자리매김을 하고 있으며, 연원은 무엇인가에 대한 문제 역시 좀더 진지하고 심도 있는 논의를 기다려야 할 것으로 보인다.

Chapter 07

중국 민족은 언제부터 '화하' 라고 불렀나

한족의 형성과 발전은 화하華夏가 주체가 되어 다른 이민족을 융합하여 끊임없이 이어진 결과이다. 5천 년의 중국 문명이 서서히 발전하는 과정 속에서 각 민족의 경제와 문화가 서로 왕래, 교류하면서 통일된 중국 민족-화하 민족을 형성하기에 이르렀다.

'화하' 는 중국 민족을 부르는 칭호이다. 오늘날 중국에는 전체 56개의 소수민족이 살고 있는데, 그들 모두가 '화하 민족' 이다.

중국인들은 자신을 '화하 민족', '화하 자손' 으로 부르는 것을 영광으로 생각한다. 이처럼 중국인들이 이 호칭을 자랑스럽게 여기고 있기는 해도 정작 '화하' 라는 말이 언제부터 사용된 것인지에 대해서는 여러 의견이 분분하다.

'화하' 의 유래와 관련해 상고시대부터 전해 내려오는 전설이

황제 상

황제의 본래 성은 공손公孫이었으나 나중에 희성姬姓으로 바꿨다. 수구에서 소전少典의 아들로 태어나 유웅에 도읍지를 세웠다. 삼황오제의 한 사람으로 중국 민족의 조상 가운데 한 사람으로 추앙받고 있다. 황제는 지금의 섬서성 서부 감숙성 동남부에 위치한 서북 고원에서 살았는데, 나중에 중원지역으로 이주하였다. 당시 이웃하고 있던 염제의 부족과 판천(지금의 하북성 탁록 동남쪽)에서 일전을 벌여 그들을 격퇴시켰다. 이후 황제와 염제는 서로 연합하여 치우가 이끄는 동방 구려족과 탁록에서 전투를 벌여 치우를 죽였다. 이후 황제는 화하 여러 민족의 수령이 되었다. 후세 사람들은 양잠, 문자, 수레, 역법 등이 황제 시절에 발명된 것이라고 믿고 있다.

있다. 치우蚩尤는 원래 염제炎帝의 신하로 자못 야심만만한 인물이었다. 그는 천하의 패권을 차지하려는 욕심으로 묘씨와 연합하여 염제를 남방에서 탁록으로 내쫓고 자칭 남방 대제南方大帝가 되고자 했다.

마침내 패권을 둘러싼 일전이 탁록 들판에서 벌어졌다. 치우는 장검을 들고 선봉에 서서 사병들을 이끌고 염제 진영으로 쳐들어 갔다. 염제 측의 열세가 점점 분명하게 드러났다. 염제는 한편으로는 쳐들어오는 치우 군대를 막으면서 다른 한편으로는 퇴로를 찾아 도망치기에 바빴다. 그리고는 황제에게 달려가 구원을 요청했다. 이미 치우의 군대는 탁록 들판으로 진군해 있었다. 그러자 황제는 대오를 정비하고 치우의 군사와 대치하였다.

황제는 염제와 협력하여 싸운다면 능히 치우를 물리칠 수 있을 것이라고 생각했다. 그러나 그것은 치우의 능력을 너무 과소평가한 것이었다. 치우는 자신의 법력을 이용하여 요술을 부리기 시작

| 황제와 치우의 전쟁도

했다. 갑자기 사방에 짙은 안개가 끼면서 자신의 손가락조차 보이지 않을 정도로 어두워지기 시작했다. 아무것도 보이지 않는 상황에 처한 황제의 군대는 연전연패의 늪에서 헤어나지 못했다.

자기 고집만 세우며 전쟁을 일삼아 백성을 괴롭히는 치우에 대항하여 계속 밀리기만 하던 황제는 분연히 마음을 다잡고 새롭게

염제 상

염제, 즉 신농씨는 성이 강姜이며 호는 열산, 또는 여산으로 황제와 마찬가지로 소전의 아들이다. 염제는 처음에 강수(기수岐水) 유역에 거주하였으나 점차 동쪽으로 세력을 넓히면서 중원으로 들어갔다. 전하는 말에 따르면 그는 사람들에게 농경을 가르쳤으며, 나무 보습법을 알려주었다고 한다. 또한 하루에도 여러 차례 중독되는 위험을 무릅쓰고 온갖 약초를 직접 먹어보아 마침내 약초를 활용할 수 있게 되었다고 한다.

일전을 치를 준비를 하였다. 그는 우선 염제를 찾아가 작전을 세우는 한편, 치우 진영에 밀정을 보내 정황을 탐지하였다. 그 결과 치우가 또다시 요술을 부릴 것이라는 첩보를 입수했다.

사전에 기밀을 알게 된 황제의 군대는 치우가 또다시 쳐들어오자 비밀리에 군대를 이동하여 치우의 군대를 포위하였다. 북소리와 함께 황제와 염제 연합군이 치우를 공격하기 시작했다. 사기충천한 병사들은 용맹무쌍하게 적진으로 달려갔다. 마침내 주도권을 잡게 된 황제와 염제 연합군은 치우의 진영 깊숙이 파고들어 적진을 무너뜨리고 치우를 포로로 잡았다. 투항을 거부한 치우는 황제의 명령에 따라 참수되고 말았다.

이후 황제와 염제의 부락은 일치단결하여 마침내 중원을 통일하였다. 중원의 여러 수령들은 황제를 공주共主로 추대하고 염제와 황제의 부락 사람들도 황제를 따라 합쳐져서 화하 민족으로 성장하였다. 이것이 바로 '화하'의 유래이다.

그러나 또 다른 설도 있다. 대우가 수년간에 걸친 치수사업에 성공하여 순 임금의 후계자로 대를 이었다. 그는 이후 분명한 역사시대를 열게 된다. 당시 우를 대표로 하는 하후족은 막강한 세력으로 홍성기를 맞이하고 있었다. 이 하후족은 화산을 본거지로 삼고 있었기 때문에 화하족으로 불리었다. 이것이 바로 대우의 아들이 세운 최초의 왕조가 하夏인 원인이다.

지금도 화하의 유래에 대한 논란은 끊이지 않고 있다. 학자들의 여러가지 견해는 대략 두 가지로 정리해볼 수 있다. 첫 번째는 '화하'를 민족의 명칭으로 보는 것이다. 중국 고대에 '하'는 종족의

황제의 능묘

황제의 능묘는 섬서성 황릉현 성 북쪽 교산에 있다. 전설에 따르면 이곳이 바로 중국 민족의 선조인 헌원 씨의 묘소라고 한다. 사마천의 《사기》에 따르면, 황제가 붕어하자 교산에서 장례를 치렀으며, 역대로 황 제들이 능묘를 알현했다고 한다. 황제의 능묘는 한대(기원전 206~서기 220년)에 만들어졌으며, 972년(송 개 보寶順 5년) 현재의 자리로 이장되었다. 역대로 능묘에 대한 수리와 증축이 이루어져 붉은 기둥에 비취빛 처마를 갖춘 제사용 정자가 마련되었으며, 그 안에 '황제릉黃帝陵'이라고 적힌 비석이 세워져 있다. 능묘 의 높이는 3.6m, 둘레는 4.8m이다. 이외에 별도의 비정碑후이 마련되어 있으며 그 안에 '교산용어橋山龍 馭'라는 글자가 새겨져 있다. 그 앞에 '고헌원황제교릉古軒轅黃帝橋陵'이라고 적힌 석비가 세워져 있다.

산 아래 황제묘에는 14개의 오래된 측백나무가 있는데, 그 가운데 나무 하나를 '헌원백軒轅柏'이라고 부 른다. 전설에 따르면 황제가 직접 심은 나무의 후손이라고 한다. 황제묘 안에 있는 정자에는 돌로 만든 비석 70여 개가 남아 있는데, 명청대에 세워진 것으로 주로 역대 황제의 제문이 새겨져 있다. 대전 정중 앙에는 '인문초조人文初祖'라는 큰 편액이 걸려 있다.

명칭이었다. "화하족은 화산 인근, 하수 부근에 거주하고 있었기 때문에 이런 이름이 붙었다." 다시 말해 '하수' 근처에 살았기 때문에 '하'라는 명칭이 붙었다는 것이다.

중국 민족은 각기 다른 소수민족이 융합하여 거대한 하나의 민족으로 형성된 것이다. 비록 단일민족은 아니었지만 오랜 역사 속에서 하나의 핵심민족으로 성장하였으며, 점차 다른 민족을 동화시키면서 이른바 '단원적인 다원화 민족'을 구성하였다. 이것이 바로 지금의 중국 민족이다.

선진시대에는 이들을 화족華族 또는 하족夏族이라고 불렀다. '화'라고 한 것은 화산에 거주하며 장미꽃을 토템으로 삼았기 때문이다. '하'는 지금의 장강 중하류에 거주했기 때문인데, 그래서 하족의 선조를 가르켜 하후씨夏后氏라고 한다. 화하 민족이라는 이름은 바로 여기에서 유래한 것이다.

두 번째는 '화하'가 어떤 민족 호칭이 아니라 단지 지역문화 개념이라는 주장이다. 이렇게 주장하는 이들은 다시 두 부류로 나뉘는데, 그 중 한 부류는 다음과 같이 해석하고 있다.

아주 먼 옛날 중국 민족의 선조들은 세 집단으로 나뉘어 있었는데, 화하와 동이, 그리고 묘만苗蠻이다. 그들은 전쟁을 통해 끊임없이 세력을 다툰 결과 황제가 마지막 패권을 차지하였다. 그가 이끄는 화하 집단은 당시 문화나 정치적 주류로 성장하여 동이나 묘만은 그들의 신하로 복속되면서 화하 문명의 울타리로 들어갈 수밖에 없었다는 것이다.

또 한 부류의 생각은 이와는 조금 다르다. 아주 먼 옛날에는 문화적 높낮이로 이름을 정했다. 그래서 비교적 문화 수준이 높아 주례周禮가 통용되는 지역은 '하夏'라고 불렀고, 마찬가지로 문화적으로 수준이 높은 민족은 '화華'라고 불렀다. 그래서 '하'와 '화'

를 합쳐 '화하'라는 명칭으로 중국을 칭하게 되었다는 것이다.

이와는 달리 화하 주변의 민족들은 문화적으로 낮은 수준에 머물러 있었기 때문에 '동이東夷', '남만南蠻', '서융西戎', '북적北狄'으로 칭하게 된 것이다. 이후 화하 민족이 부단히 성장하여 거대한 나라가 되자 주변 민족들도 화하 문화를 받아들이면서 전통적인 화하 민족의 범주에 포함된 것이라고 한다. 그 결과 화하는 점차 중국 문명의 상징이 되었다는 주장이다.

이렇듯 아직까지 화하의 유래에 대한 명확한 답변은 나오지 않았지만 '화하 자손'이란 명칭이 중국 민족에게 자긍심을 주는 호칭임에는 틀림이 없다.

Chapter 08

최초로 서천에서
경전을 가져온 사람은 현장인가

《서유기》는 남녀노소를 불문하고 모든 이들이 알고 있는 소설책이다. 당나라 승려인 삼장법사와 손오공 등이 서천西天에서 경전을 들여오는 과정을 줄거리로 삼아 그들이 오가는 과정에서 이러저러한 괴물들과 지혜와 용기를 다투며 승리를 쟁취하는 이야기가 주된 내용이다. 소설 속에서는 손오공이 무예가 뛰어나고 지혜로우며 못된 요괴들과 싸워 승리하면서 불경을 모셔오는 데 큰 공을 세운 것으로 묘사되고 있다. 이에 반해 그의 사부로 나오는 승려는 겁이 많고 우유부단하며 무능한 인물로 묘사된다.

그러나 실제로 당승의 원형으로 알려진 현장玄奘 법사는 중국은 물론이고 세계 불교사에 큰 공헌을 한 인물로 고대 서천을 다녀온 여러 승려들 가운데 가장 고명하고 영향력 또한 대단한 스님이다.

그런데 서천에서 불경을 가져 온 첫 번째 인물이 바로 현장법 사인가에 대해서는 서로 다른 시각 이 존재한다.

| 현장 상

관련서적에 따르면, 현장은 온갖 위험과 어려움을 무릅쓰고 서역으로 경전을 구하기 위해 떠났다. 당시 동행한 승려가 여럿 있었으나 그들이 모두 중도에 포기하는 바람에 혼자서 고행을 계속해야만 했다. 당 태종 정관 3년(629년), 장안으로 출발한 그는 고장姑藏을 지나 돈황에 도달하였으며, 다시 그곳에서 지금의 신강을 거쳐 중앙아시아 각국을 지나 오랜 고난과 험난한 여정 끝에 마침내 중인도中印度에 도착하였다. 그곳에서 그는 불교 성지를 돌아다니며 공부를 하는 한편, 수많은 불교경전들을 수집하였다. 그가 장안으로 되돌아왔을 때가 정관 19년(645년)이었으니 장장 17년에 걸친 오랜 여정이었던 셈이다. 그는 5만 리(2만여 Km)가 넘는 길을 걸었으며, 중간에 거친 나라만 해도 130여 국이나 되었다.

그는 중인도에서 대량의 범문 불경을 가져왔을 뿐만 아니라 자신이 직접 보고 들은 내용을 바탕으로 《대당서역기》를 지었다. 그

당나라 승려가 경전을 구해오는 이야기를 묘사한 사기로 만든 베개(원나라)

현장은 불교도이자 위대한 학자, 번역가이며 또한 7세기 가장 위대한 여행가이기도 하다. 그는 10여 년의 오랜 세월 동안 막막한 사막과 눈 덮인 파미르 고원을 넘어 남북 인도를 종주하면서 마침내 많은 불경을 가지고 돌아왔다. 그는 만년에 자신의 경험을 바탕으로 《대당서역기》를 썼다. 그가 보여준 불굴의 정신과 아득한 서역에 대한 일반 사람들의 호기심이 어울려 그에 관한 전설이 민간에 널리 전해져 내려오고 있으며, 당나라 말기부터 원명에 이르기까지 많은 이들이 이야기를 덧붙여 이후 《서유기》의 원형이 되었다.

는 이 책에서 인도 각지의 풍토와 인정 및 종교에 관해 자세하게 소개하고 있다. 《대당서역기》는 역사연구에 없어서는 안 될 귀중한 자료이자 특히 고고학 연구에 중요한 근거로 활용되고 있다.

그러나 이러한 관점을 비판하는 이들도 적지 않다. 불교교의에

현장 묘탑

이것은 지금의 섬서성 서안시 남쪽에 있다. 현장은 중국 불교 유식종唯識宗의 창시자이다. 세속에서의 성은 진陳이며 낙주(지금의 하남성 언사 남쪽) 사람이다. 민간에서는 그를 당승唐僧이라 부르기도 하며 삼장법사라 존칭하기도 한다. 13세에 출가하여 여러 불경을 두루 공부하였으며, 정관 3년(629년) 장안을 출발한 그는 천축까지 긴 구법여행을 마치고 수많은 불경과 사리를 가지고 장안으로 돌아왔다. 그는 황제의 명에 따라 자신이 가져온 불경과 사리를 홍법사에 안치하고 대은사에서 10년간 역경사업을 진행하였다. 그가 쓴 《대당서역기》는 남아시아와 중앙아시아 여러 지역을 연구하는 데 중요한 역사자료가 되고 있다.

따르면, 서천은 때로 진리가 존재하는 궁극적인 세상의 대명사처럼 사용된다. 불교는 기원전 5~6세기 인도 갠지스강 유역에서 창립된 후 여러 나라로 전파되기 시작했다. 한나라 때 장건이 서역으로 나아가 이른바 비단길을 개통한 이래로 불교의 전파가 가속화되었다. 불교는 인도 서북부에서 동쪽으로 총령을 넘어 비단길을 따라 중국으로 전래되었는데, 최초로 불교를 전래한 사람은 인도 승려가 아니라 독실한 불교도인 중앙아시아 여러 나라의 서역 승려들이다.

중국에 전래된 최초의 불경은 중앙아시아 고대 언어로 번역된 것이라고 한다. 또한 그 당시 경전 대부분은 번역본으로, 서역의 사상이나 습관에 따랐기 때문에 중국인들이 받아들이기에 불편한 게 많았다. 또한 초기 불경의 원본은 서역을 통해 간접적으로 수입됨으로써 경전 일부가 떨어져 나가거나 잘못 번역하여 본질이 흐려진 경우도 있었다. 심지어 전달되는 과정에서 자체 모순을 불러일으킨 부분도 적지 않았다.

이후 불교가 성행하자 일부 불교도들은 이러한 상황을 바로잡고자 직접 인도로 가서 구법활동을 시작했다. 이것을 시작으로 불교가 성행한 양진(동진과 서진)이나 당대에는 구법을 위해 인도로 떠나는 이들이 끊임없이 생겨났다. 의정義淨이 쓴《대당서역구법고승전》에 따르면, 이때 인도에서 구법활동을 한 승려는 모두 60여 명에 달했다.

당시는 아무래도 생활수준이 낮은데다 교통이 극히 불편한 상황이어서 육로는 물론이고 해로로 간다고 해도 몇 년 몇 개월이

소요되었다. 또한 가는 길마다 여러 난관에 가로막혀 심지어 목숨을 잃는 경우도 적지 않았다. 때문에 길을 떠난 구법승들이 수백 수천 명이라 하더라도 목적지에 도달하여 끝까지 학업을 마치고 귀국하는 사람은 소수에 불과했다. 이렇게 볼 때 현장법사는 행운을 얻은 몇 안 되는 구법승 가운데서도 가장 성공적인 인물이라 말할 수 있다. 그렇다 하더라도 그가 꼭 첫 번째 인물이라고 단정할 수는 없는 일이다.

그렇다면 서천에서 경전을 가져온 최초의 인물은 누구란 말인가? 현존하는 사료에 의하면, 삼국시대 위나라의 승려 주사행朱士行이 서천에서 불경을 가져온 첫 번째 사람이라고 한다. 영천에서 태어나 어린 시절에 출가한 그는 가평(249~253년) 연간에 승려가 되었다. 257년 낙양에서 《도행반야경》을 풀이하다가 번역된 문장이 난삽하여 말이 통하지 않고 때로는 삭제된 경우도 있어 이해하기가 어렵다는 것을 깨달았다. 결국 그는 자신이 직접 서역으로 가서 불경 원본을 찾겠다고 마음먹었다.

260년 주사행은 장안을 출발하여 갖은 고생끝에 마침내 대승경전이 많이 소장되어 있다는 우전(지금의 신강성 화전 일대)에 도착하였다. 그는 20여 년 동안 그곳에 머물면서 범어로 된 원본 《방광반야경》 40장(대략 60여 만자)을 찾을 수 있었다. 경전 원문을 찾은 후 곧장 귀국하려고 하였으나 현지 학자들의 방해로 뜻을 이루지 못하고 282년 제자인 불여단弗如檀 등 10여 명에게 부탁하여 그것을 낙양으로 보냈다. 그러나 주사행 자신은 끝내 귀국하지 못한 채 우전에서 80세의 나이로 열반에 들었다.

당승취경도唐僧取經圖에 나오는 옥기부인玉肌夫人, 왕진붕王振鵬 (원나라)

당나라 승려 현장이 불경을 얻기 위해 서쪽으로 여행한 이야기를 묘사한 그림이다. 현장이 겪은 이야기는 후대에 점점 확대, 발전하여 《서유기》의 토대가 되었다. 왕진붕은 자가 붕매鵬梅이며 절강성 영가(지금의 온주) 사람이다. 원나라의 저명한 화가로 조운천호의 관직을 거쳐 궁내 비서감에 올랐다. 그림이 세밀하여 일가를 이루었다는 평가를 받고 있다. 원나라 인종이 그의 그림을 감상하고 '고운처사孤雲處士'라는 아호를 하사하였다.

주사행과 당나라 승려의 취경取經을 소재로 한 부조작품

절강성 항주시 비래봉에 자리하고 있다. 좌측에 삼국시대 위나라 승려인 주사행이 불경을 얻기 위해 서역으로 가는 모습을 묘사하고 있다. 세 사람이 두 마리 말을 끌고 있는데, 세 사람의 형태나 행장 등이 《서유기》에 나오는 손오공, 주팔계(저팔계), 사승(사오정)의 그것과 그다지 차이가 없다. 주사행은 나중에 《서유기》에 나오는 저팔계로 표현되기도 했다. 조각 오른쪽에 있는 승려는 당나라 승려 현장으로 《서유기》에 나오는 삼장법사이다.

당시 가지고 온 불경은 291년 무라차無羅叉와 축숙란竺叔蘭 등이 번역하여 20권으로 발간하였다.

비록 주사행이 구해온 경전은《방광반야경》의 일부이고 번역도 완벽한 것은 아니었지만 그 당시 상당한 영향을 끼쳤다. 이에 감명을 받은 수많은 학자들, 예를 들어 백법조, 지호룡, 축법온, 강승연, 축법태, 우법개 등은《방광반야경》을 통해 반야학을 널리 알렸다. 특히 후인들 가운데 한 사람은 주사행의 이름을 빌려《주사행한록》이란 책을 펴내기도 했다. 허나 애석하게도 그 책은 수대에 이르러 분실되었다.

제2부

아득한
역사 속으로

Chapter 01

서복이 바다 건너
동쪽으로 간 곳은

　　　　　서복徐福은 정말 신선의 섬 봉래에
간 것일까? '봉래蓬萊'는 진시황이 방사 서복에게 동남동녀童男童女
3천 명을 이끌고 불로장생 약을 찾아오라고 한 데서 얻은 이름이
다. 당 개원 연간에 그곳은 '봉래향蓬萊鄕'이라 불렸고, 풍광이 수
려한 '해상 선경'을 아름답게 이르는 이름이 되었다.

　전하는 말에 따르면, 진시황은 신선초인 '양신지養神芝'를 먹고
신선이 되어 천지와 더불어 오랜 세월 영원하기를 갈망했다고 한
다. 그래서 제나라 출신의 서복으로 하여금 바다 건너 동쪽으로
가서 늙지 않는 선약을 찾아오라는 명을 내렸다.

　《사기·진시황본기》에는 서복에 대해 유가의 서적 외에도 음양
오행이나 연단煉丹 등과 관련된 서적을 많이 읽어 학식이 풍부한 독
서인讀書人이라고 설명하고 있다. 그는 교우관계도 상당히 넓어 제

나라 후생侯生이나 연나라 노생盧生 등과도 가깝게
지냈다고 한다.

그런데 서복이 동쪽으로 바다를 건너간 곳이
과연 어디인가에 대해서는 중설이
분분하다. 누군가는 일본으로 갔다
고 하기도 하고 남양南洋, 또는 해남도
로 갔다는 사람도 있다. 심지어 아메리
카 대륙으로 갔다고 주장하는 사람까
지 있다. 그 가운데 비교적 목소리가
높은 것은 일본으로 갔다는 설이다.

가장 권위적인 역사서인 《사기》와 《한
서》에 서복이 일본으로 갔다는 기록이
나온다는 점에서 '서복의 일본행 설'이
상당한 설득력을 가지고 있다.

이외에 오대 후주後周 시기에 의초 화
상이 쓴 《의초육첩義楚六帖》에도 이와 관
련된 기록이 나온다. "일본은 왜국이라
부르기도 하는데 동해에 자리하고 있다.
진나라 시절 서복이 동남동녀 500명을

진시황 상

진시황(기원전 259년~기원전 210년). 기원전 246
년부터 210년까지 재위하였다. 중국의 첫 번째
황제로 당시 여섯 나라를 평정하여 천하를 통일
하였으며, 서복이 이끄는 선대를 동방으로 보내
불로장생 약을 구해오도록 하였다. 그러나 그는
시황 37년(기원전 210년) 제 5차 순행길에 나섰다
가 사구沙丘 평대平臺에서 죽고 말았다. 그의 시
신은 가마로 함양까지 운송되었으며, 얼마 후 여
산驪山 능묘에 안장되었다.

이끌고 그 나라에 이르렀다. 그래서 지금도 그곳 사람들은 장안 사
람들과 똑같다. 동북쪽으로 1천여 리 떨어진 곳에 있는 부사富士산
은 일명 봉래산이라고도 한다. 서복이 도착한 곳을 봉래라 하고 지
금 자손들은 모두 진민秦民이라고 부른다."

| 서복의 출발지

| 일본 아스카 신사 안에 있는 서복궁徐福宮

　이 역시 서복이 동쪽으로 간 곳이 바로 일본이라는 설을 증거하고 있다.

　송대 구양수나 사마광의 문집에도 이와 유사한 기록이 남아 있는데, 그들 역시 서복이 동쪽으로 바다를 건너 일본으로 갔다고 주장하고 있다. 또한 명나라 초엽 일본 승려 공해空海가 남경에 왔을 때 태조에게 써서 바친 시 구절 중 일본의 서복사徐福寺에 대한 내용이 들어 있다. 이외에도 서복이 동쪽으로 나아간 것과 관련하여 민간에 떠도는 전설들이 많이 남아 있다.

　서복이 동쪽 바다 건너 일본으로 간 것은 기원전에 일어난 일로, 중국 역사상 대단한 장거가 아닐 수 없다. 진시황은 세 차례나 서복을 파견하여 불로선약을 찾아오도록 하였다. 그러나 끝내 선약을 구하지 못한 서복은 결국 일본으로 도피해버렸다. 그러나 이를 통해 당시 진제국의 뛰어난 조선술과 항해기술은 물론이고 정치제도, 문화예술, 생활방식 및 야금기술, 농경, 건축, 의약, 문자, 화폐, 종교, 무술, 복식, 자기 등이 일본으로 전해졌다.

　또한 당시 서복 일행이 가지고 간 양식과 종자 등은 일본 생산

74

력이 크게 발전하는 계기가 되었다. 그리고 적어도 3천여 명에 달하는 진나라 사람들이 일본 땅에서 뿌리를 내리고 살게 되었으며, 그들을 통해 일본에 중국 전통문화가 그대로 전파되었다.

실제 일본에는 이와 관련해 상당히 많은 사료가 남아 있다. 《부사고문서富士古文書》의 기록에 따르면, "진시황의 명을 받은 서복 일행은 부사산富士山(후지산)에서 불로장수 선약을 찾으면서 거주하게 되었다." 《국문통고國文通考》에도 다음과 같은 기록이 보인다. "지금의 웅야熊野 근처에 진주秦住라는 지역이 있다. 토착민들의 말에 따르면, 그곳이 옛날에 서복이 거주하던 곳이라고 한다. 그곳에서 7~8리 떨어진 곳에 서복을 모시는 사당 서복사가 있다."

이외에도 다음과 같은 상당히 설득력 있는 이야기도 있다.

서복이 동쪽으로 가기 위해 출발한 곳은 천동진千童鎭이다. 그곳에서는 매우 유명한 '신자信子'라는 연희가 열리는데, 중국 천지에 오직 이곳에서만 이런 연희가 행해지고 있다. 게다가 일본에는 아직까지 '시자尸子'라는 이름으로 이와 유사한 연희가 남아 있다. 또한 서복의 묘지와 사당이 있는 일

옥배(진나라)
진시황의 탁월한 공적과 장생불사의 몽상은 신하들의 송가에 힘입어 더욱 고양되었다. 결국 시황제는 장생불사의 염원을 이룩하기 위해 큰 바다를 건너 선약을 구하려 사람을 파견하기에 이른다. 전국시대 옥으로 만든 제품은 주로 의례나 순장에 사용되었으나 진대의 옥배는 상층부 귀족들의 감상용이나 실용품으로 사용되었다. 연회에 사용되던 옥배는 사진에서처럼 잔이 깊고 곧으며 나지막한 다리가 부착되어 있어 안정감이 있었다.

│ 일본에 있는 서복 사당

본의 신궁시新宮市에서는 매년 서복과 관련있는 제례의식이 행해
지고 있다.

이외에 어떤 이는 고대 중국과 일본의 해상왕래, 그리고 선박의
규모 및 고대문물의 발굴을 통해 서복이 일본으로 건너온 항로를
추론하기도 한다.

서복은 일본에서 상당히 높은 지위를 가지고 있다. 구주九州에
서 본주本州까지 거의 20여 곳에서 서복의 상륙지점, 활동유적, 사
당이나 분묘 등과 관련된 전설이 전해지고 있으며, 동일한 유적이
여러 곳에서 중복해 보이기도 한다.

또한 서복은 민간신앙의 중요한 숭배대상이 되었는데, 어떤 곳
에서는 서복을 '왕'으로 칭하기도 하고, '야요이 문화의 기수'로
존중하고 있는 지역도 있다. 현재 일본에는 서복의 능묘가 5곳,
사당이 37곳이며 서복이 올랐다는 봉래산의 이름을 가진 산은 모

76

시황제의 상천대上天臺(진나라)

섬서성 서안시 서쪽 교외에 있는 아방촌阿房村 남쪽에 있다. 전체 둘레는 약 31m, 높이는 약 20m이며 흙을 달구어 만든 대이다. 현지 농민들은 이를 '시황상천대'라고 부르는데 진시황 시절의 관상대로 보인다.

두 13곳이나 된다. 이외에 각종 유적이나 출토문물은 셀 수 없을 정도로 많고 각지에 전승되거나 근현대에 들어와 건립한 서복기념관이나 연구소가 90여 곳, 매년 50여 곳에서 제사의식이나 제전이 개최되고 있다. 이외에 진秦이나 서徐를 성씨로 삼고 있는 경우도 17개나 된다.

일본의 좌하佐賀, 신궁新宮, 부사길전富士吉田 등 세 지방에서는 서복이 백성들의 중요한 신앙이자 문화·여행산업의 모체가 되고 있다.

서복이 일본으로 건너가게 된 역사적 사건은 중일학계에 비상한 관심을 모으고 있다. 특히 해외문헌에서는 서복의 일본행이 중국과 일본의 문화교류에 중대한 공헌을 했다는 점에 대해 긍정적인 평가를 내리고 있다.

그러나 일부 중국과 일본 학자들은 서복의 일본행에 의문을 품

소전체小篆體 12글자가 새겨진 벽돌(진나라)
진시황의 강대한 제국 건립을 나타내는 진나라
벽돌이다. 전체 12글자로 진이 천하를 통일하였
으니 하늘 아래 모든 사람이 신하이고 대대손손
부국안민하여 배를 주리는 이가 없을 것이라는
내용이 적혀 있다.

고 있다. 그들의 주장에 따르면, 진시황이 여섯 나라를 멸망시키
고 천하를 통일한 후 수많은 중국인들이 폭정을 견디지 못하고 해
외로 도피하였는데, 특히 일본으로 건너간 사람들이 적지 않았다.
그러나 그들 가운데 서복이나 그가 함께 데리고 갔다는 동남동녀
는 존재하지 않는 것으로 보아 서복 이야기는 그저 민간에 떠도는
전설에 불과하다는 것이다. 그들이 이런 주장을 펼치는 이유는 무
엇보다도 서복에 관한 일을 증명할 만한 신뢰할 수 있는 역사문헌
이 없다는 것이다.

특히 어떤 학자는 서복의 일본행은 10세기 무렵 일본에서 만들
어진 전설로, 서복이 그 당시 도착한 곳은 발해만에 자리하고 있
는 섬이며, 현재 일본에 있는 서복의 사적이나 유적, 묘지 등은 모
두 후대 사람들이 조작한 것이라고 주장하고 있다.

이와 유사하게 신궁시에 있는 서복의 묘지와 기타 유적들 역시
후대 사람들이 날조한 것이라고 주장하는 이들도 있다. 그들은 이

를 뒷받침하기 위해 현지조사까지 실시했다고 한다. 서복의 전설은 한당漢唐 이후에 일본 승려들이 중국을 오가면서 퍼트리거나 진위를 알 수 없는 내용을 서책에 기입해 이후 마치 사실인 양 믿게 되었다는 것이 그들의 주장이다.

이외에 서복이 동쪽으로 간 것은 사실이지만 도착한 곳은 일본이 아니라 아메리카라고 주장하는 학자도 있다. 첫째 서복이 출발한 시기가 아메리카의 마야문명이 흥기하던 때와 일치하고, 둘째 하와이 호놀룰루에서 전서체로 새겨진 방형의 암석이 발견되었으며, 셋째 샌프란시스코 인근에서는 전서체가 새겨진 옛날 화살 등의 문물이 출토되었는데, 이는 모두 서복을 포함한 진나라 사람들이 지나가면서 남겨놓은 흔적이라는 것이다.

짙은 안개가 자욱하게 낀 것처럼 서복이 간 곳이 일본인지 아니면 다른 어떤 곳인지 미궁에 빠진 채 풀리지 않은 수수께끼로 남아 있다.

Chapter 02

황학루라는 이름은
어디에서 연유한 것인가

옛 사람은 황학 타고 날아가버리고,

떠난 자리에 황학루만 쓸쓸히 남았네.

한번 떠난 황학은 다시 돌아오지 않고

흰 구름만 천년 세월 부질없이 떠다니네.

개인 날 강가 저쪽엔 한양의 나무 뚜렷한데

앵무주에는 방초만이 무성하구나.

날은 저무는데 고향은 어디메인가?

안개 자욱한 강물결 바라보며 시름에 젖는구나.

昔人已乘黃鶴去, 此地空餘黃鶴樓.

黃鶴一去不復返, 白雲千載空悠悠.

晴川歷歷漢陽樹, 芳草??鸚鵡洲.

日暮鄉關何處是, 煙波江上使人愁.

80

이것은 당나라의 위대한 시인 최호崔顥(704?~754년)가 황학루에 올라 느낀 점을 토로한 시이다. 이후 시선으로 불리던 이백이 황학루에 올라 멀리 초나라 땅을 바라보니 감회에 젖어 시흥이 도도해졌다. 필묵을 꺼내 호방한 감정을 쓰려고 하는 찰나 문득 최호가 쓴 시〈황학루〉가 눈에 들어왔다. 순간 자괴심을 느낀 이백은 잠시 망설이다 결국 이렇게 읊조렸다.

"눈앞에 펼쳐진 광경 말로는 다하지 못하겠는데, 최호는 앞서 시로 다 써버렸네."

황학루

황학루는 호북성 무한시 사산蛇山 황곡黃鵠 부두에 자리하고 있다. 앞으로 장강이 흐르고 있는 이곳은 '천하절경'이라는 영예를 얻고 있다. 또한 호남성 악양루, 강서성 등왕각과 더불어 '중국 3대 명루'로 불린다. 전설에 따르면 황학루는 삼국시대 오나라 황무黃武 2년(223년)에 손권이 무武로 나라를 다스려 번창하게 만든다(무창武昌이란 도시 명칭은 여기에서 유래했다)는 자신의 이상을 실현하기 위해 건립한 것이라고 한다. 또한 이곳은 사방을 관측할 수 있어 초기에는 군사목적으로 활용하기도 했다.
당대 이후로 수많은 문인이나 묵객들이 이곳을 찾아와 유람하고 적지 않은 시문을 남겼다. 특히 당대 시인 최호가 읊은〈황학루〉가 유명하다.

이렇게 황학루는 최호가 시를 짓고, 그 시를 본 이백이 붓을 내려놓았다는 일화로 인해 더욱 유명해졌다.

황학루는 삼국시대 때 세워진 이래 여러 차례 파손되고 복구되기를 거듭했다. 청나라 동치 7년(1868년)에 재건되었으나 광서 10

| 황학 동상

년(1884년)에 다시 훼손된 이후 100여 년 동안 그대로 방치되었다. 이후 1981년부터 1985년 6월까지의 중건사업을 통해 갖춰진 현재의 모습은 기본적으로는 청대 동치시절의 양식을 따르고 있으나 그보다 더욱 웅장하고 장대하다.

우선 다섯 층의 비첨은 하늘을 찌를 듯하고, 지붕에는 황금색 유리기와를 올렸으며, 지붕 꼭대기는 뾰족하다. 누각 밖에는 동으로 만든 황학 조형물과 보탑, 패방, 주랑, 정각 등 보조 건물이 늘어서 있어 황학루를 더욱 장대하고 화려하게 부각시키고 있다.

그런데 이런 황학루라는 누각 이름의 유래에 대해서는 정론 없이 중설이 분분하다. 그나마 유래라고 알려진 내용도 대부분이 신화나 전설들이다. 그중에서도 가장 널리 알려진 것은 최호의 시 첫구절에 나오는 "옛 사람은 황학 타고 날아가버리고(昔人已乘黃鶴去)"와 관련이 있다. 이 구절에 나오는 '석인昔人'이 황학선인黃鶴仙人이라는 것인데, 이 황학선인이 누구인지와 관련해 황학루라는 이름의 유래에 대해 세 가지 설이 있다.

첫 번째는 자안子安이라는 신선이 황학을 타고 지나갔기 때문에

82

황학루라는 이름을 얻게 되었다는 것이다. 두 번째는 촉나라 사람 비위費禕가 신선이 된 후에 황학을 타고 이곳에서 쉬어 갔기 때문에 이런 이름이 붙었다는 것이다. 마지막은 순숙위荀叔偉가 선인을 보고 내려와 이곳에서 주연을 베풀었기 때문에 황학루라는 이름이 붙게 되었다는 것이다.

그러나 이런 전설은 모두 황학루가 왜 건립되었는가를 이야기 할 뿐 누구에 의해 세워졌는지에 대해서는 설명되지 않는다. 이에 대해서 비교적 분명하게 설명하고 있는 것이 '신씨辛氏 주점'의 전설이다.

옛날에 신씨 성을 가진 여인이 산머리에서 주점을 운영하고 있었다. 언제부터인가 한 도사가 그곳에 들러 술값도 내지 않고 술을 마신 후 돌아가곤 했다. 그녀 역시 굳이 술값을 채근하지 않고 잘 대접하였다.

그러던 어느 날 또다시 그곳을 찾아

황학루 송별도, 구영仇英(명나라)
이 그림은 이백의 다음 시를 묘사한 것이다.

옛 친구는 서쪽에서 황학루를 떠나,
꽃 피는 3월 양주로 내려가네.
외로운 돛대 저 멀리 아스라히 푸른 공중으로 사라지는데,
장강은 일망무제 하늘가로 흐른다.

온 도사는 술을 한잔 하고는 그간의 고마움에 대한 보답으로 술집 벽에 황학 한 마리를 그려주었다. 그리고 말하기를, 손님들이 박수를 치면 학이 벽에서 내려와 춤을 출 것이라고 했다. 이렇게 말한 후 도사는 종적도 없이 사라졌다. 그런데 도사의 말은 정말 효험이 있어 그녀의 작은 주점은 항시 문전성시를 이루었고, 그녀는 순식간에 큰 부자가 되었다.

10년 후 도사가 다시 그곳을 찾았다. 그가 철로 만든 피리를 불자 흰 구름이 일며 벽에 그려져 있던 학이 춤을 추며 내려왔다. 그러자 도사는 황학 위에 올라타 하늘 높이 날아갔다. 신씨는 이를 기념하기 위해 그곳에 누각을 짓고 '황학루'라는 이름을 붙였다.

하지만 일부 전문가들이나 학자들은 황학루의 유래에 대해 다른 주장을 하고 있다. 그중 대다수는 황학루가 지명에서 연유한 것이라고 주장하고 있는데, 이는 황학루가 소재하고 있는 곳을 '황곡산' 또는 '황곡기黃鵠磯'라고 부르기 때문이다. 누군가의 고증에 따르면, 황곡산이 바로 황학산이라고 한다.

당나라 헌종 때의 재상 이길보李吉甫는 《원화군현지》에서 "강하 (지금의 무한) 성 서남쪽 모서리가 '기磯', 즉 물가이기 때문에 누각의 이름을 황학루라고 지었다"고 했다.

그러나 황학루는 지명이 아닌 인명에서 따온 것이라고 주장하고 있는 사람도 있다. 원대 오사도吳師道는 《오례부시화吳禮部詩話》에서 최호가 자신의 시 제목 아래 "황학은 인명이다"라고 주석 달아놓은 것을 인용하여 그런 주장을 펼치고 있다.

이외에 어떤 이는 황학루라는 이름은 지명도 인명도 아닌 누각의 형태에 따라 지어진 것이라고 주장하고 있다. 황학루를 옆에서 보면 마치 황학이 날개를 펴고 날아오를 듯한 형상이기 때문에 황학루라는 이름이 붙었다는 뜻이다.

이렇듯 오랜 세월 황학루의 명칭을 둘러싼 이러저러한 주장이 전개되었다. 사람들마다 각기 다른 관점을 제시하고 있는데 그럴수록 황학루는 더욱 기묘하고 신비한 분위기를 띠는 듯하다. 마치 최호의 시 구절처럼 "흰 구름만 천년 세월 부질없이 떠다니는" 그윽한 정회와 아름다움을 간직한 채…….

Chapter 03

마르코 폴로는 진짜
중국에 왔던 걸까

마르코 폴로Marco Polo는 이탈리아 상인이자 여행가로 중서문화의 소통을 이룩한 인물로 널리 알려져 있다. 그의 저서 《세계의 기술Divisament dou Monde》(흔히 《동방견문록》으로 알려져 있다)은 인류 여행사에서 상당히 중요한 의미를 지니고 있다. 그는 저서에서 자신이 직접 중국에 살면서 보고 느낀 내용과 고향인 이탈리아로 돌아올 때까지의 여정에 대해 자세하게 묘사한다.

1254년 이탈리아 베네치아의 상인 집안에서 태어난 마르코 폴로는 사서에 기록된 사람들 가운데 중국을 방문한 최초의 외국인이다. 그의 집안은 오랫동안 중동지역에서 교역을 하면서 몽고제국의 쿠빌라이 칸과 우호적인 관계를 맺고 있었다.

그는 1271년 교황 그레고리우스 10세의 신임장을 받고 몽고제

국으로 떠나는 부친과 삼촌 및 2
명의 수사를 따라 중국으로 향했
다. 2명의 수사는 중도에 여행을
포기하고, 폴로 가족은 옛 비단길
을 따라 육로로 시리아와 티그리
스강과 유프라테스강 유역을 지
나 파미르 고원을 넘고 타클라마
칸 사막 남쪽 오아시스 케르만,
타브리즈, 야르칸트, 차르찬 등지
를 지나 중국 하서지방에 이르러

| 마르코 폴로 상

감주甘州에서 1년을 머물렀다.

　이후 장장 3년에 걸친 여정을 끝으로 1275년 당시 원나라 황제
의 피서 행궁이 있던 상도上都(지금의 내몽고 다륜)에 도착하여 원
세조 쿠빌라이를 알현하였다. 그 후 마르코 폴로는 중국에 17년
동안 거주하면서 중국 각지를 여행하며 뛰어난 관찰력과 기억력
으로 상세한 기록을 남겼다. 특히 그는 각지의 상업활동이나 경제
수준, 풍토, 종교 등에 깊은 관심을 가졌으며, 지리적 특징이나 교
통상황에 대해서도 상세하게 기록하였다. 그러나 그는 자화자찬
을 즐기고 기록내용에 과장하는 경우가 적지 않았다.

　마르코 폴로는 1292년 중국을 떠나 1295년에 고향인 베네치아
로 돌아갔다. 얼마 후 베네치아와 제노바 해전이 발발하자 베네치
아 해군의 고문관으로 참전한 마르코 폴로는 포로가 되어 제노바
감옥에 갇히는 신세가 되었다. 감옥에서 그는 작가 루스티첼로를

징세도

이 그림은 마르코 폴로가 쓴 《세계의 기술》에 실린 것으로, 원나라 세조 쿠빌라이 칸 시절의 세리가 세금을 징수하는 모습이다. 몽고 통치자들이 가장 중시했던 세금은 염세와 당세鑛稅, 그리고 매세煤稅, 즉 석탄세이다.

만나 자신이 동방에서 보고 들은 내용을 구술해주었다. 이것이 바로 마르코 폴로의 여행기인 《세계의 기술》, 즉 《동방견문록》이다.

그러나 마르코 폴로가 《동방견문록》에서 이야기하고 있는 내용에 대해 역대로 많은 이들이 의심과 조소를 멈추지 않고 있다. 심지어 마르코 폴로가 중국에 갔다온 적이 없으며, 선교사나 상인들을 통한 세간에 떠도는 이야기와 아랍인들의 책에 나오는 내용을 베껴서 편집한 것에 불과하다고 주장하는 사람도 있다. 또한 마르코 폴로가 중국 각지를 여행했다는 확실한 증거도 찾을 수 없으며, 그가 이야기한 내용은 그 당시 역사적 사실과 우연히 일치하는 것뿐이라고 말한다.

그들이 이렇게 생각하는 데는 나름대로 이유가 있다. 우선 《동

대원진공보화비大元進貢寶貨碑(원나라)

당시 각국에서 원나라 조정에 바친 공물을 기록한 비문이다. 공물은 마노, 유리, 안식향, 산호, 금은 기물 등 매우 다양했다.

방견문록》에는 중국의 차나 여인들의 전족, 인쇄술, 장성長城 등 당시 중국인들의 생활에서 특히 중요한 사물에 대한 이야기가 전혀 나오지 않는다. 또한 한자는 물론 서양사람에게 낯선 젓가락에 대해서도 언급하지 않는다. 그리고 엄청나게 많은 중국문헌 중에 마르코 폴로의 활동에 관한 기록이 전혀 없다는 것도 의심하는 이유 가운데 하나이다.

이외에 잘못 기록되거나 사실과 다른 내용이 적지 않다는 것이다. 예를 들어 양양성襄陽城 공략에 관한 내용이나 새로운 화포에 관한 기록에는 잘못된 내용이 있으며, 그가 양주揚州에서 3년 동안 관직에 있었다는 부분도 믿기 어렵다는 것이다.

그러나 원사元史나 몽고사를 연구하는 대다수 학자들은 마르코 폴로가 분명 중국에 왔었다고 확신하고 있다. 특히 양지구楊志玖 교수는 이 문제에 대해 나름대로 확고한 신념을 가지고 문헌증거를 제시하고 있다. 그에 따르면,《영락대전·참적》에 원대 공문이 실려 있는데, 그중 한 편의 공문에 서아시아 몽고제국의 칸이 다

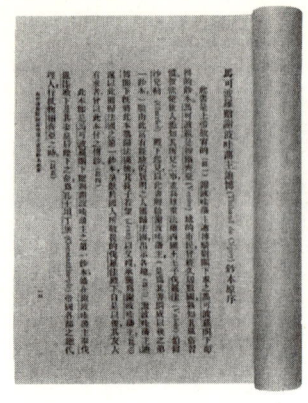

마르코 폴로의 《세계의 기술》의 일부

스리는 나라 가운데 하나인 이리 한국伊利汗國의 사신들이 천주에서 배를 타고 귀국했다는 기록이 나온다.

특히 주의를 끄는 것은 문서에 나오는 페르시아 사신의 이름이나 귀국 일자가 《동방견문록》에 나오는 마르코 폴로의 기록과 완전히 일치한다는 점이다. 공문에 마르코 폴로의 이름이 없는 것은 당시 그의 직위가 그다지 높지 않았기 때문이라고 설명한다.

또한 책에 차나 젓가락, 장성 등에 대한 기록이 없는 것은 다음과 같은 이유 때문이라고 한다. 첫째, 마르코 폴로의 구술내용이 모든 것을 포괄할 만큼 구색을 갖추지는 않았다는 것이다. 그는 고등교육을 받지 못했을 뿐 아니라 감옥에서 남의 손을 빌려 저술한 내용이기 때문에 중요내용이 누락되는 경우도 있을 수 있다.

유리유백화용문반琉璃釉白花龍紋盤(원나라)

중국의 청화靑花 기술은 당대 삼채三彩 기술을 바탕으로 서아시아 이슬람 지역의 청화 기술을 수용하면서 더욱 발전, 특히 원대 중엽 성숙기에 이른다. 청화는 착색력이 강해 비교적 안정적으로 색깔을 나타낼 수 있으며 색채가 선명하다. 특히 도자기를 굽는 가마 내부의 분위기에 민감하고 절대 퇴색되는 일이 없다. 백색 바탕에 푸른색을 띠어 깨끗하고 소박한 느낌을 준다.
백화는 나오자마자 세계적인 명성을 얻어 주요 수출품이 되었으며, 청화의 원산지인 서아시아 이슬람 지역까지 역수출되었다. 중국의 청화는 중국 도자기의 대명사로 칭해지면서 큰 영향을 끼쳤다.

90

둘째, 그가 차에 대해 언급하지 않은 것은 당시 몽고인들이나 색목인들은 차가 아니라 말젖이나 포도주, 또는 과실주를 마셨기 때문이다. 셋째, 마르코 폴로는 한족들과 접촉한 경우가 많지 않아 한자를 이해하지 못했을 것이다. 그렇기 때문에 책에서 한자나 서법, 또는 인쇄술에 대해 전혀 언급하지 않았다는 것이다.

이상에서 볼 수 있듯이 양쪽 주장 모두 나름대로 일리가 있어 과연 어느 쪽 의견이 정설인지는 결론 내리기가 쉽지 않다. 그러나 그의 《동방견문록》이 그 당시 서아시아나 중앙아시아에 대해 비교적 자세히 언급하고 있다는 점과 콜럼버스의 아메리카 대륙 발견의 계기가 되었다는 점만은 모두가 인정하는 사실이다.

마르코 폴로가 정말 중국에 왔는가 안 왔는가에 관한 문제는 아무래도 상당히 오랜 기간 풀리지 않는 수수께끼로 남아 있을 듯하다.

Chapter 04

정화는 왜
일곱 번씩이나 출항했나

정화鄭和(1371~1435년), 흔히 삼보태감으로 칭해지던 그는 중국 명나라 초기 위대한 항해가였다. 본래 성은 마馬 씨이며 운남성 곤양昆陽(지금의 운남성 진녕) 사람이다. 1382년 운남성이 명나라에 정복되자 어린 시절 명나라 군대의 포로가 되어 황궁으로 들어왔다. 20년 동안 환관으로 일하던 그는 영락제가 즉위하는 데 결정적인 역할을 해 태감으로 발탁된 후 정鄭 씨 성을 하사받았다. 명나라 영락제가 그를 발탁한 것은 그가 능력이 있을 뿐더러 무슬림이었기 때문이다.

1405년 정화는 첫 번째 항해를 시작했다. 길이 122m, 너비 52m에 달하는 62척의 대규모 선단에 2만 7천여 명이 탑승하였으니, 그 규모만으로도 전대미문이었다. 1405년부터 1431년까지 정화는 사상 최대의 선단으로 일곱 차례에 걸쳐 원양으로 항해하여 동남아

시아와 서남아시아를 거쳐 30여 개
의 나라와 지역을 방문하였다. 그가
도착한 곳 중 가장 남쪽은 인도네시
아 자바 섬이며, 서북쪽으로 페르시
아만과 홍해, 서쪽으로 아프리카 동
해안에까지 이르렀다. 역사적으로
이처럼 광범위한 해양탐험을 시도
한 이도 결코 많지 않다.

명대 나침반
해상교통에 매우 중요한 도구 가운데 하
나인 나침반은 중국 고대 4대 발명품
가운데 하나이기도 하다. 정화가 일곱 차
례에 걸쳐 해양원정을 나섰을 때 나침반
이 지극히 중요한 역할을 했다.

　당시 정화의 선단은 대량의 중국 자기, 구리그릇, 금은 기물 및
각종 비단을 포함한 견직물 등 중국 문명의 정수를 싣고 갔으며,
돌아올 때는 후추, 상아, 보석, 향신료, 심지어 기린이나 표범과
같은 진귀한 동물 등 각국의 특산물을 가지고 왔다. 이로써 정화
는 중국과 아시아 및 아프리카 국가간의 경제교류를 촉진하였다.

　그런데 정화가 그토록 오랜 세월 일곱 차례에 걸쳐 원양까지 항
해한 진짜 이유는 무엇인가? 이 문제에 관해 많은 이들이 쟁론을
벌인 바 있으나 아직까지 일치된 견해를 보이지 않고 있다.

　여러 가지 관점 중에 가장 오래 전부터 널리 전해져 내려오는
것은 정치적인 이유 때문이라는 것이다. 《명사·정화전》에 따르
면, 정화가 원양으로 파견된 것은 "성조가 건문제의 해외망명을
의심하여 그 종적을 찾기 위함이자 이역에 정예병사의 위용을 떨
쳐 중국의 부강함을 보여주기 위함이다."

　다시 말해 성조 주체朱棣(영락제)가 정화를 서양으로 파견한 것
은 건문제가 있는 곳을 찾아내 정치적 후환을 없애기 위해서라는

것이다. 이름이 주윤문朱允炆이고 혜제로 칭해지는 건문제는 명 태조 주원장의 장손이다. 주체는 정난지변을 일으켜 조카인 건문제에게 황위를 빼앗았다. 이후 주윤문은 피살을 모면하고 도피하였는데 어디로 갔는지 아는 이가 없었다.

그렇지 않아도 의심이 많은 주체에게 이는 크나큰 우환거리가 아닐 수 없었다. 잔인했던 주체는 정난지변 이후 건문제의 신하 수만 명을 살육하였으며, 건문제 또한 그대로 놔둘 수가 없었다. 그러나 아무리 찾아봐도 건문제를 찾을 수가 없었다. 결국 해외로 도피했을 것이라고 본 주체는 혹시라도 건문제가 살아 돌아오면 황제 자리를 위협받을 것으로 여겨 정화를 파견하여 그의 종적을 찾아 후환을 없애버리려 했던 것이다.

그러나 일부 학자들은 의견을 달리하고 있다. 그들의 견해에 따르면, 건문제는 사람됨이 온후하고 유약하여 제위에서 쫓겨난 후 설사 해외로

정화

정화鄭和(1371~1435년), 자는 삼보三保, 회족 사람으로 운남성 곤양에서 태어났다. 경나라 초 환관이 된 후 내관감의 태감이 되어 정씨 성을 하사받았다. 영락 3년(1405년) 어명을 받들어 부사 왕이홍王景弘 등과 함께 출항하였다. 그는 마지막 일곱 번째 원항을 마치고 귀국한 후 남경에서 병사하였다.

도피했다 할지라도 더 이상 재기할 수 없었을 것이니 주체가 굳이 엄청난 비용을 들여가며 건문제의 행방을 좇을 필요가 없었다는 것이다. 게다가 당시 정황으로 볼 때 건문제는 남경이 함락되기 전에 이미 죽음을 맞이했을 가능성이 많아 주체가 그를 찾고자 노력했다는 것은 이유가 되지 않는다는 것이다. 그래서 그들은 정화가 원양을 항해하여 건문제를 찾고자 했다는 설은 견강부회의 혐의에서 벗어날 수 없다고 주장하고 있다.

삼보三保 사당
정화의 원항을 기념하는 사당으로 인도네시아 자바섬에 있다.

또 다른 관점은 《명사》의 기록대로 "이역에 정예병사의 위용을 떨쳐 중국의 부강함을 보여주고" "다른 민족을 교화하여" 여러 나라들이 "중국에 복종케 하기 위함"이라는 것이다.

명 성조 주체가 황제의 자리에 올랐을 때는 명나라가 건립된 지 이미 20여 년이 지난 후였다. '정난지변'이 있었기는 해도 그것이 당시 농업생산이나 일반 백성들의 생활에 좋지 않은 영향을 끼친 것은 아니었으며, 오히려 중국 광주 등 연해지역 대도시들은 상당한 번영을 구가하고 있었다. 이러한 상황에서 해외 여러 나라와의 무역이야말로 현실적이면서도 상당히 절박한 일이었다.

다른 한편 주체는 역대 봉건 황제들과 마찬가지로 개인의 이익과 공명을 추구하는 일종의 공리주의자로서 스스로 천명을 받들어 천하의 주인이 되고자 했다. 그래서 해외 각국 사절들이 찾아와 조공을 바침으로써 국위를 선양하고 해외에 막강한 국부를 자랑하고자 했다. 이처럼 대외적인 활동을 통해 자신의 명성과 세력을 과시하기 위해 성조 주체는 대규모 선단을 조직하여 '서양' 여러 나라를 순방토록 했던 것이다.

과연 정화는 대규모 선단을 이끌고 여러 나라를 방문하여 명나라의 막강한 재부와 위엄을 과시할 수 있었다. 나아가 성조 주체는 이를 통해 국내의 소란과 불만을 적절하게 잠재우고 제거할 수 있었다.

한편 정화의 원양항해는 경제적인 이유 때문이라고 주장하는 사람도 있다. 기존에 차단되어 있는 외교관계를 개선하여 경제적으로 상호실리를 도모할 수 있는 대외무역을 활성화함으로써 명나라 자체의 경제력을 강화시키기 위해서라는 것이다.

명나라는 개국 초부터 주변 나라들로부터 조공을 받기 시작했다. 일반적으로 번국은 물품으로 조공을 바쳤는데, 이에 대해 명나라는 받은 물품보다 많은 양을 하사해야 했다. 따라서 조공이 많아질수록 경제적으로 손실일 수밖에 없었다.

이에 명 태조는 조공을 제한하여 1년에 한 번씩 실시하던 것을 3년에 한 번으로 바꾸었고, 일부 나라의 경우에는 10년에 한 번으로 제한하기도 했다. 이런 이유 때문에 명조의 대외관계나 대외무역은 거의 단절된 상태와 다름없었다. 결국 밀수 등 사무역이 창궐하면

서 명나라의 대외
적인 위신은 날로
땅에 떨어졌다.

명 성조는 이러
한 상황을 하루빨리
개선하기 위해 대외
관계를 발전시키고
무역왕래를 확대하
는 한편, 정화를 파
견하여 해적세력을
소탕하는 등의 대외

영파선(명나라)

명대에는 특히 중일무역이 번성해 일본인들은 중국의 선박을 두루 관찰하면서 《당선지도唐船之圖》라는 책을 만들기도 했다. 그들은 이를 통해 당시 중국의 조선기술과 배의 모양 등을 세밀하게 기록하였는데, 사진에 나오는 영파선은 그 가운데 하나이다.

무역에 불안정한 요인을 제거하고, 명조가 이
미 정치적 혁신을 통해 새롭게 자리매김했다는
것을 선포하였다. 아울러 주변 각국 군주들의
직위를 인정해주고 우호적인 왕래를 통해 각
국 사신의 조공을 받아들였다.

나아가 정화에게 대규모 선단을 이끌고 '서
양'으로 항해토록 한 것은 중국의 여러 가지
물품을 여러 나라의 토산품과 교환함으로써
중국 물품에 대한 각국의 흥미와 관심을 유도
하여 결국 중국과의 무역왕래를 원하도록 만
들기 위함이었다.

정화 비석

정화가 다섯 번째 출항에 앞서 복건성 정주시 오산吳山에 있는 이슬람 사원에 가서 향을 올리며 무사귀환을 기도할 당시에 세운 비석이다.

그러나 근래에 정화의 발자취를 탐색하면서 얻은 결론에 따르면 기존의 주장과 다른 점을 발견할 수 있다. 무엇보다 정화의 원양항해 목적과 임무가 때에 따라 달랐다는 점이다. 정화의 첫 번째 출항은 인근의 크고 작은 나라들을 위무하기 위한 목적이 있었다. 다시 말해 주변 민족이나 나라들이 명나라의 침략이나 압력에 대한 위협에서 벗어나도록 하기 위함이었다. 하지만 이후 몇 차례에 걸친 항해 목적은 주로 외교관계를 발전시켜 명조와 주변 각국의 우호적인 왕래를 촉진하는 데 있었다.

정화가 어떤 이유로 일곱 차례씩이나 원양으로 항해하였는지는 아직도 불분명하다. 그러나 어떤 이유에서든지간에 정화의 항해는 중국과 다른 나라간의 문화 · 경제적 교류를 촉진했을 뿐만 아니라 더욱 많은 나라들이 중국을 이해하고 중국의 존재를 직시하는 계기가 되었다는 것은 분명한 사실이다. 그의 장거는 중국 항해사뿐만 아니라 세계 항해사에서도 특기할 만한 사건이었던 것이다.

Chapter 05

이자성이 최후를 마친 곳은 어디인가

　　　　　　　　　명나라 말기 농민군의 지도자 이자
성李自成(1606~1645년)은 만력 34년(1600년) 섬서성 연안부 미지현
이계천채에서 태어났으며, 자는 홍기鴻基이다. 그는 용맹하고 지모
가 있는데다 대의를 중시했다. 천계天啓 6년 은천에서 역졸로 근무
하다 이후 군졸이 되었다.

　숭정 3년(1630년) 전국 도처에서 농민들이 의병을 일으키자 이
자성은 병사들을 이끌고 반란에 참가하여 틈왕闖王이라 칭해지던
고영상의 수하로 들어갔다. 고영상은 용맹하고 전투에 능한 이자
성을 환영하면서 휘하 장군으로 삼았다. 이후 사람들은 이자성을
틈장闖將이라고 불렀다.

　숭정 17년(1644년) 이자성은 서안에 대순大順 정권을 세우고 연
호를 영창永昌으로 정했다. 그해 이자성은 수십만 명의 농민군을

| 이자성 화상

이끌고 북경을 향해 파죽지세로 진격하였다. 연전연승을 거둔 그의 군대는 마침내 북경에 입성하여 무능하고 무도한 명나라 숭정제로 하여금 스스로 목숨을 끊게 만들었다.

그러나 이후 산해관을 지키던 명나라 장군 오삼계가 청에 투항해 청군과 함께 공격해오고, 휘하 장병의 반란으로 말미암아 이자성은 북경을 버리고 퇴각할 수밖에 없었다. 그는 하남, 섬서를 거쳐 호북으로 패퇴하였는데 그 이후의 향방이 묘연하다. 그 때문에 이자성의 최후에 대해 정설이 없이 여러 가지 설이 분분하다.

그의 최후와 관련해 지금까지 논의된 내용은 다음 몇 가지로 정리해볼 수 있다.

첫째, 통성通城 구궁산九宮山에서 죽었다. 둘째, 검양黔陽 나공산羅公山에서 죽었다. 셋째, 진주辰州 구궁산에서 죽었다. 넷째, 통산通山 구궁산에서 죽었다. 다섯째, 석문石門 협산夾山에서 죽었다. 여섯째, 광서 협산峽山에서 죽었다. 이상 여섯 가지 설 가운데 비교적 설득력 있는 것은 호북성 통산현 구궁산에서 살해됐다는 설과 호남성 석문 협산에서 승려가 되었다는 설이다.

그중에서도 이자성은 패퇴 후 석문 협산에서 승려가 되어 그곳

영천사에서 늙어죽었다는 설이 가장 널리 알려져 있다. 호남성 석문현의 옛 이름은 풍양으로 풍주라 부르기도 한다. 청 건륭 연간에 편찬된 《풍주지림》에는 하린의 《이자성전》이 수록되어 있다.

| 이자성이 입었던 황색 비단옷

이에 따르면, 이자성은 패배 후 석문의 협산사로 숨어들어 승려가 되었으며, 법명은 '봉천옥화상奉天玉和尙'이다. 협산사는 석문현 동쪽으로 15km 떨어진 삼판교에 위치해 있는 당대의 고찰이다. 문헌기록에 따르면, 하린은 협산을 찾아가 섬서성 출신의 봉천옥화상을 모신 적이 있다는 70여 세의 늙은 승려를 만났다고 한다. 그는 봉천옥화상은 순치 초년(1644년)에 절로 들어왔다고 하면서 그의 화상을 보여주었는데, 그 그림이 사서에 기록되어 있는 이자성의 모습과 흡사하였다.

1981년 석문 협산에서 이자성이 지었다는 목판본 《매화백운》이 발견되었고, 봉천옥화상의 묘지에서 뼛가루와 벽돌에 새겨진 탑명이 발견되었다. 묘지에서 발견된 봉천옥화상의 제자인 야불野拂이 지었다는 비문과 일부 관련된 문물 역시 하린이 책에서 말한 내용과 서로 부합하였다. 전하는 말에 따르면, 야불은 이자성의 친조카인 이과李過라고 한다. 이를 통해 볼 때 야불이 정성으로 받들어 모신 봉천옥화상이 바로 이자성이었을 것이다.

또한 협산에서는 '영창통보永昌通寶'와 함께 '영창 원년'이라고

북경 고궁의 무영전武英殿
농민군을 이끌고 북경으로 들어온 이자성은 이곳에서 정무를 보았다.

새겨진 대나무 부채살과 청동으로 만든 향로 등도 발견되었다. 이
외에 이자성이 이끌던 대순大順 병사들 일부가 풍양에서 6~7년간
웅거하면서도 무슨 이유에선지 전체 병사를 이끄는 대장을 선출
하지 않았다. 이 역시 당시 이자성이 협산에서 승려로 생활했다는
증거로 볼 수 있을 것이다.

협산에서 승려 생활을 했다는 또 다른 증거는 이자성의 출가가
당시 정세에 따라 명과 협력하여 청에 저항하기 위함이었다는 것
이다. 이자성이 이끄는 대순군의 가장 큰 적은 명이 아닌 청나라
의 통치자였다. 그러므로 당시 무장세력들은 서로 연합하여 청에
항거하는 것이 무엇보다 급선무였다.

그러나 청에 대항하기 위해 연합할 만한 무장세력은 오직 호남
의 하등교何騰蛟가 옹립한 당왕唐王 주율건朱聿鍵(남명南明 황제로 명 태

102

조의 9세손이다. 즉위 이전에 당왕으로 봉해졌다)뿐이었다. 하등교는 이자성의 휘하부대를 자신이 지휘하고자 했다. 그러나 하등교는 당왕의 신하일 뿐이나 이자성은 황제의 자리에 있었던 사람이니 이것은 쉽게 받아들일 수 있는 제안이 아니었다. 게다가 이자성은 숭정제를 죽음으로 몰고 간 당사자이니, 청조뿐만 아니라 명조 통치자에

공정부둔전청리사결工政府屯田淸吏司契 동인銅印

이 동인은 높이 8.9cm, 각 변의 길이 7.9cm로 1959년 5월 북경시 왕부정王府井에서 출토되었다. 이것은 이자성의 대순 정권 때 주로 둔전업무를 전담하는 관리의 인장으로 판명되었다. 인장 안에는 '공정부둔전청리사결'이라는 글씨가 적혀 있으며, 인장 등쪽 왼쪽에는 해서체로 '영창원년사월□일조永昌元年肆月□日造', 오른쪽에는 '공정부둔전청리사결'이라고 새겨져 있다. 그리고 왼쪽 손잡이 벽에는 '우자오백이십팔호右字伍百貳拾捌號'라고 새겨져 있다.

게도 우환거리이자 원수가 아닐 수 없었다. 결국 이자성은 잠시 시간을 벌기 위해 이미 죽었다거나 속세를 떠나 승려가 되었다는 등의 소문을 내고 몸을 감출 수밖에 없었던 것이다.

이렇게 함으로써 조카인 이과를 통해 하등교와 연합하여 남명 왕조의 적의를 해소시키고 함께 청에 대항하도록 하는 한편, 청 조정이 대순군의 몰락으로 안심하고 있는 틈을 타 재기할 수 있는 발판을 마련코자 했다는 것이다.

이외에 자못 드라마 같은 이야기도 전해지고 있는데, 이는 모두 이자성의 '선은지설禪隱之說'(은거하여 불가에 귀의하다)과 관련이 있다.

한편 '선은지설'이 전혀 근거없는 날조라고 주장하는 이들도 적지 않다. 그들은 이자성은 호북성 동남쪽에 있는 통산현 구궁산

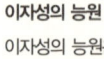

이자성의 능원

이자성의 능원은 지금의 호북성 통산현 구궁산 서쪽 우적령에 있다. 이자성은 북경에서 퇴각한 후 패배를 거듭하자 휘하 남은 병사들을 이끌고 호남성으로 도피하였다. 순치 2년(1645년) 5월 초 호북성 통산현 구궁산을 향해 가다가 현지 무장세력에 의해 죽임을 당했다.

에 묻혔으며, 구궁산 서쪽으로 수십 리 밖에 있는 우적령牛迹嶺에 그의 묘소가 있다고 주장한다.

이자성이 구궁산에서 죽었다는 최초의 기록은 청조 정원대장군 아제격의 상주문과 남명 병부상서 하등교가 당왕에게 올린 상주문에서이다. 이에 따르면, 부상을 입은 이자성은 친위대 20여 명을 이끌고 구궁산으로 도피하였으나 인근 마을사람들에게 포위되어 결국 스스로 목숨을 끊었다고 한다.

이외에 다음과 같은 기록도 있다. 청 순치 2년(1645년) 5월 초이튿날, 동쪽으로 원정을 나간 이자성은 강남에서 청군과 일전을 벌였으나 대패하고 호북 쪽으로 퇴각했다. 그곳 산속 동굴에 몸을 숨길 생각이었으나 뜻밖에도 정구백의 수하부대에게 포위되어 결국 전사했다는 것이다. 구궁산 능묘에서 발견된 말 등자는 형태가 특수하고 영창이란 연호가 있는 것으로 보아 틈왕의 유물이 분명하다는 것이다.

이외에 사료 가운데 〈주사마적〉 역시 이자성이 통산현 구궁산에서 죽었다는 것을 증명하고 있다. 〈호북순안마조규게첩〉과 〈형주총병정사유게첩〉 등의 자료에는 '틈역이제闖逆已除', 즉 '역도 틈왕이 이미 제거되었다' 라고 분명히 기록되어 있다.

더욱 설득력 있는 것은 이자성이 죽었다는 사실이 공포된 이후 더 이상 사료에서 이자성의 활동에 관한 기록이 보이지 않는다는 점이다. 또한《명사·도윤석전》에서 이과가 이자성을 일러 '선제先帝' 라고 한 것도 이자성이 그 당시 이미 세상을 떠난 후라는 것을 알려주는 증거인 셈이다.

Chapter 06

효장태후는
정말 개가를 했을까

효장태후孝莊太后, 망망한 초원에서 자라 야성이 충만한 여인, 천하의 주인이었던 두 남자를 정복했던 여인, 정치라는 위태한 칼날 위에서 제국의 기반을 마련한 지혜로운 여인. 그녀의 일생은 이렇듯 한편의 낭만적인 소설 같은 분위기로 가득 차 있다.

그런데 청조 300년 역사에서 가장 흥미로우면서도 격렬했던 논쟁 가운데 하나는 이런 효장태후가 다이곤多爾袞(도르곤)에게 하가下嫁, 즉 직위가 낮은 사람에게 개가를 했는가에 관한 일이다.

효장문황후(효장태후)는 박이제길특씨博爾濟吉特氏로 몽고 과이심科爾沁(커얼친) 패륵 채상의 차녀로 명 만력 41년(1613년)에 태어났다. 이후 청 태조 누르하치 천명 10년(1625년) 그녀는 오빠 오극선을 따라 후금의 수도인 성경(지금의 심양)에 도착, 누르하치의 여

106

덟 번째 아들이자 그녀보다 20살 많은 친고
모부인 황태극(홍타이지)에게 시집을 가서
측복진側福晉이 되었다.

숭덕 원년 황태극이 연호를 바꾸
고 황제를 칭하자 그녀는 장비莊妃
로 책봉되었다. 당시 책문冊文
에는 이렇게 적혀 있다.

천운을 받들어 관대하고 온유
하며 어질며 지덕이 뛰어난
황제께옵서 말씀하시길, 개벽
이래로 영명한 군주가 있으면
반드시 광윤廣胤(널리 후사를 잇
는다는 뜻)한 비妃가 있게 마련이
다. 그러나 책명을 하사하고 명분을
정하는 것은 실로 황제의 으뜸 되고
중요한 일이다. 지금 그대 본포태本布
泰(효장태후의 본명)는 몽고 과이심의

효장태후 상

효장태후(1613~1687년), 명 천계天啓 5년(1625년, 천명 10
년), 청 태종 황태극(홍타이지)과 혼인했다. 명 숭정 11년
(1638년, 숭덕 3년) 아홉 번째 황자 복림을 낳았으니 그가
바로 청 세조 순치제이다. 강희 26년(1687년) 75세의 나
이로 세상을 떴다.

여식으로 일찍이 인연이 되어 중매를 맺게 되었는데 훌륭한 자질과 성
품을 지녔다. 이어서 황후의 자리에 오르니 옛 제도를 따라 그대를 영복
궁永福宮 장비로 책봉한다.

사학가들이 태후의 개가에 대해 관심을 가지게 된 것은 명대의

| 대청 수명지보受命之寶(청나라)

유신인 장황언張煌言의 〈건이궁사建夷宮詞〉 10수 가운데 한 구절 때문이다. "축수연에 성혼을 위한 축하의 잔을 드니, 자녕궁 문전마다 사람들 북적이네. 춘관(예부)이 어제 새로운 예의격식을 올리니, 태후의 혼례가 있기 때문일세."

장황언의 시는 순치 7년(1650년)에 쓴 것인데, 당시 다이곤은 이미 '황부섭정왕'으로 불리고 있었다. 시에 나오는 자녕궁은 효장태후의 침궁이다. 인용시에 따르면, 많은 이들이 자녕궁에 모여 혼례를 거행한다고 했으니 이는 효장태후가 다이곤에게 개가한 일에 대한 묘사라는 것이다.

이외에도 태후의 개가를 주장하는 이들은 다이곤의 '황부'라는 호칭 또한 개가를 증명하는 또 다른 증거라고 말하고 있다. 다이곤은 드러내놓고 황제 순치제의 부친임을 자처하면서 스스로를 '황부섭정왕'으로 칭했다. '황부'라는 호칭은 황제의 모친과 혼인해야만 비로소 불릴 수 있는 것이다.

당시 다이곤은 조정에서 막강한 권세를 휘두르고 있었다. 게다가 효장태후에 매혹되어 연정을 품은 지 오래였다. 당연히 다이곤에게 아첨하는 이들이 황태후의 개가를 부추겼을 것이다. 또한 이렇게 할 경우 순치제를 쉽게 통제할 수도 있었다.

이러한 제의가 대다수 대신들의 지지를 얻게 되면서 복림福臨(순치제)도 다이곤의 권세에 눌려 어쩔 수 없이 동의할 수밖에 없었다. 이렇게 되자 태후는 정식으로 다이곤과 혼인하여 그의 처가 되었다.

태후의 개가는 당시 순치제와 효장태후가 마치 외로운 고아나 과부처럼 정치적으로 난감하고 험악한 상황에 처해 있었음을 반증하는 것이다.

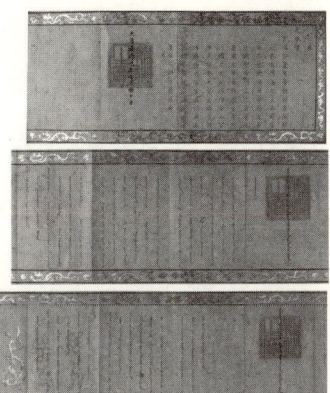

장비 책봉에 사용된 책문 册文(청나라)
명 숭정 9년(1636년) 청 태종 황태극은 그녀를 서궁西宮으로 책봉했다. 사진은 영복궁 장비의 책봉 당시 책문이다.

청말 순치제 시절 태후가 황부섭정왕과 혼인한 '순치 유조順治遺

소서릉昭西陵
효장태후의 능묘로, 지리적으로 소릉의 서쪽에 위치하고 있기 때문에 소서릉이라고 불렀다.

詔'가 발견되었는데, 만약 유조에 적힌 내용이 사실이라면 태후의 개가는 결코 의심할 바 없는 진실일 것이다.

혹자는 태후의 개가는 황태극 사망 후 귀족 내부의 권력투쟁이 격렬해지면서 제위 계승에 따른 논쟁이 격화되는 상황에서 태후와 다이곤의 상호이익을 위한 타협의 결과라고 주장하고 있다.

그들에 따르면, 당시 다이곤과 황태극의 장자 호격豪格은 권세가 비등하여 서로 제위를 차지하기 위해 투쟁을 마다하지 않았다. 당장이라도 칼을 빼들 것만 같은 위태로운 상황에서 효장태후는 다이곤을 찾아가 협상카드를 내밀었다. 다이곤이 복림의 즉위를 옹호해주는 조건으로 다이곤을 섭정왕으로 임명하겠다는 내용이었다. 득실을 따져본 다이곤은 복림의 황제 옹립에 동의했다.

그러나 당시 복림은 겨우 6세의 어린 아이에 불과했다. 예친왕 다이곤은 조정의 군정 대권을 장악함으로써 그의 말 한마디에 모든 일이 이루어졌다. 심지어 황제의 권력 상징인 '옥새' 마저 다이곤의 거처인 예왕부로 가져다가 사용할 정도였다.

이렇듯 다이곤이 섭정하여 천하를 통치하는 상황에서 어린 황제는 언제라도 폐위될 수 있었다. 그래서 사람들은 효장태후가 황제 순치의 옥좌를 보호하기 위해 자신에 대한 다이곤의 애정을 이용하여 그와 혼인한 것이라고 주장하고 있다.

어떤 이들은 만주족이 독특한 혼인풍습을 가지고 있다는 사실에 착안하여 효장태후의 개가설을 뒷받침하고 있기도 하다. 만주족은 형이 사망할 경우 동생이 형수를 취하는 풍습이 있기 때문에 설사 하가下嫁일지라도 윤리도덕에 위배되는 것이 아니다. 또한 부

110

친이 사망하는 경우 아들이 서모를 아내
로 맞이하기도 한다. 그렇기 때문에
청나라 초기에는 형제간이나 숙
질간에 처와 첩을 서로 바꿔 취
하는 것이 일반적인 일로 받아
들여졌다.

| 황태극(홍타이지)의 상

이러한 역사적 배경에서 본다
면 성년의 효장과 장년의 시동
생인 다이곤의 결합은 당연한
이치로 볼 수 있다. 그렇다면
태후의 개가설도 나름대로 일리가
있는 셈이다.

그러나 태후 개가설을 부정하는 사학자나 학자들도 적지 않다.
청사清史 전문가인 맹삼孟森 선생은 《태후의 개가 고찰》이라는 책
에서 태후 하가설의 여러 가지 논점을 일일이 반박하며 강하게 부
정하고 있다.

그에 따르면, 장황언은 명나라의 유신으로 평소 청조에 대해 적
의를 품고 있었기 때문에 그가 쓴 시 또한 비방 일색으로 믿을 수
없다는 것이다. 또한 순치제가 다이곤을 '황부섭정왕'이라고 부
른 것은 사실이지만, 이는 고대 중국에서 황제가 늙은 신하를 '중
부仲父' 또는 '상부尚父'라 부른 것과 같은 의미일 뿐 개가설의 증
거로 삼기에는 부족하다는 것이 그의 주장이다.

이외에 그는 '태후 개가'에 관한 이야기는 주로 야사에서만 보

소릉 융은전隆恩殿
청 태종 황태극의 능묘를 소릉이라고 부른다. 지금의 요녕성 심양시 북부에 있으며, 속칭 북릉이라고 부르기도 한다. 상례에 따르면 효장태후도 소릉에 묻혀야 하나 별도의 능묘를 마련하여 안장하였다.

일 뿐 청사고淸史稿에선 전혀 언급되지 않고 있다는 사실도 지적하고 있다.

사실 청조는 효장태후가 사망한 후에도 근 200여 년간 지속되었다. 만약 태후의 개가설이 진실이라면 청나라 조정은 이를 치욕으로 여겼을 것이고, 그 결과 그녀에 대한 사후 평가나 대우 또한 형편없었을 것이다. 그러나 청조는 그녀가 죽은 후에도 각별히 존중하였으며, 그녀의 공덕을 높이 찬송하였다. 심지어 능침에서 제사 지낼 때도 그녀에 대한 제사가 우선일 정도였다. 따라서 태후개가설은 그저 야사에 떠도는 이야기에 불과하다는 것이다.

그렇지만 맹삼 선생의 주장도 아직까지 정설로 받아들여지고 있는 것은 아니다. 예를 들어 중국 고전의 대가이자 북경대 교수인 호적胡適 선생은 맹삼의 《태후의 개가 고찰》을 읽은 후 그에게 힐난하는 편지를 보내기도 했다.

태후의 개가 여부와 관련된 이야기는 여전히 중설이 분분한 채 역사의 의안으로 남아 있다. 하지만 그것의 사실 여부와는 상관없이 효장태후가 걸출한 여인이었다는 점만은 의심할 바 없는 사실이다.

Chapter 07
진비의 죽음은
서태후의 소행인가

　　총명하고 영특한 진비珍妃는 가무에 능했을 뿐만 아니라 꽃처럼 아름다운 여인이었다. 그런 그녀가 25세의 젊은 나이에 우물에 빠져 자신의 아름다운 삶을 마감해버렸다. 흔히 얘기하듯 그녀가 우물에 빠져죽은 것은 자희(서태후)가 시킨 일인가, 아니면 알려지지 않은 또 다른 사정이 있었기 때문인가? 역사적으로 진비의 죽음을 둘러싼 비밀은 지금까지 정론 없이 여전히 논쟁이 계속되고 있는 미스터리이다.

　　진비는 타타랍씨他他拉氏로 광서 2년(1876년)에 태어났다. 그녀의 조부는 일찍이 남방 여러 성의 순무, 총독 등을 역임하면서 수십 년간 관직에 있었다. 부친의 이름은 장서로, 진비는 그의 1남 2녀 중 둘째 딸이다.

　　광서 14년(1888년) 정월 서태후는 광서제의 혼사를 위해 장서의

두 딸 모두를 선발하여 1년 후 입궁토록
했다. 아울러 자신의 조카딸을 황후로
삼고 장서의 두 딸을 나이순에 따
라 근빈과 진빈으로 삼았다. 광서
20년(1894년) 근빈과 진빈은 모
두 한 등급 올라 근비와 진비에
봉해졌다.

진비는 광서제가 가장 아끼는
비였지만 서태후는 오히려 가장 미
워했다. 매우 아름다운 그녀는 성격이
활발하고 특히 서화에 능했다. 또한
시끄럽게 떠들고 노는 것을 좋아했는
데, 때로 황제의 옷을 입고 광서제로
분장하거나 태감의 옷을 빌려 입고
태감 흉내를 내기도 했다. 사진 찍기
를 좋아해 틈만 나면 궁궐 안에서 여
러 가지 옷을 갈아입고 사진을 찍곤
했다.

진비 상
청 광서제의 비로 광서 14년(1888년) 진빈이 되었다.
총명하고 재주와 학문이 뛰어나 광서제의 총애를 받
았으며, 이후 진비에 올랐다. 광서제의 친정을 돕고
변법운동을 적극 지지했지만 이 때문에 서태후의 미
움을 사고 말았다. 무술정변이 일어나자 태감 섭팔
십과 구연재를 궁 밖으로 보내 변법파에게 소식을
전했으나 결국 냉궁에 감금되고 말았다. 광서 26년
(1900년) 8개국 연합군이 북경으로 진격하자 서태후
는 자금성을 탈출하면서 진비를 궁궐 안 우물에 빠
뜨려 죽게 만들었다.

광서제는 음악을 좋아하였는데 노래를 잘 부르는 진비와 항시
함께 어울리면서 음악을 듣거나 서화를 감상하곤 했다. 이외에도
그녀는 양심전에서 광서제를 모시면서 광서제의 친정을 적극 도
모하기도 했다.

그녀의 이러한 행동은 서태후의 조카딸인 융유황후의 시기와 질

체화전體和殿 관황지람료채도복화구
화분款黃地藍料彩陶鹽花口花盆(청나라)

체화전은 익곤궁의 후전이다. 익곤궁
은 사륙궁四六宮 가운데 하나인데, 청
나라 광서제 때 앞에 있는 저수궁과
연결된 담장과 궁문을 철거하고 하나
로 연결되는 궁전으로 만들었다. 그
리고 철거된 궁문 앞에 양쪽 궁전을
연결하는 천당전을 지었는데, 이것이
바로 체화전이다. 체화전은 서태후가
만년에 식사를 하거나 차를 마시던
곳이다. 도화桃花는 장수를 뜻하고 박
쥐 복蝠은 행복의 복福 자와 같은 의
미이다. 따라서 이 기물에 그려진 도
안은 '만수만복萬壽萬福', '복산수해福
山壽海'의 뜻을 지녔다고 할 수 있다.

투를 불러일으켰다. 융유황후는 서태후 앞에서 항상 진비에 대한 험담을 늘어놓았고, 그렇지 않아도 진비의 치기어린 행동과 정사 관여를 못마땅하게 생각하던 서태후는 더욱 그녀를 미워하게 되었다.

1898년 강유위康有爲, 담사동譚嗣同 등이 여러 분야의 개혁을 주장하자 광서제는 그들 변법파의 의견을 받아들여 새로운 정치를 추진하였다. 광서제는 변법파와 지속적으로 접촉하면서 비로소 나라의 안위가 심각한 지경에 이르렀음을 깨닫는 한편, 자신의 책임이 막중함을 새삼스럽게 느끼고 있었다.

사면이 높은 담장으로 가로막힌 궁궐에서 막중한 책임감과 함께 외로움을 느낄 수밖에 없는 젊은 황제에게 진비야말로 유일한 안식처였다. 황제는 조정에서 물러나온 후에는 항시 진비 처소에서 담소를 즐겼으며, 평소 광서제의 정견에 깊이 찬동하고 있던 진비 역시 적극적으로 변법자강책을 응원하였다. 진비의 이러한 모습은 서태후의 더 큰 불만과 미움을 사게 되었다.

광서 24년(1898년) 광서제의 변법자강책 실시에 대해 서태후는 수구파를 중심으로 하여 쿠데타를 일으켜 변법파를 살해하고 광서제를 영대瀛臺 함원전涵元殿에 감금하였다. 의지할 데가 없어진 진비도 장형을 받고 자금성 내 종수궁 뒤편에 있는 북삼소 北三所에 갇히는 신세가 되고 말았다.

그로부터 2년 후 광서 26년(1900년) 8개국 연합군이 북경 성을 공격하자 백성들은 사방으로 피난을 가기 시작했다. 서태후 역시 광서제와 황후, 황태자, 그리고 소수의 왕궁 대신과 태감, 궁녀들을 거느리고 피난길에 나섰다. 궁을 나서기 바로 직전 서태후는 이제 겨우 25세가 된 진비를 죽이고 말았다.

진비정珍妃井
진비가 빠져죽은 우물

그런데 진비가 서태후에게 죽임을 당한 원인에 대해서는 여러 가지가 거론되고 있다. 그 가운데 가장 유력한 의견은 처음부터 진비를 못마땅하게 여기고 있던 서태후가 8개국 연합군이 쳐들어오자 봉건시대의 정절 전통을 내세워 진비가 스스로 죽게 만들었다는 것이다.

이에 따르면 서태후는 진비를 냉궁冷宮에서 나오게 한 후 이렇게 말했다.

"몸을 더럽히느니 차라리 자진하는 것이 낫느니라."

독서하고 있는 광서제(청나라)

아직 젊은 나이의 진비가 혹시 외적에게 능욕이라도 당하면 대청제국의 국체에 오점이 될 것이니 차라리 스스로 우물 속으로 뛰어들어 순절하라는 말이었다.

진비에게 서태후의 말은 청천벽력과 같았다. 2년 만에 감금에서 풀려나 처음 대면한 사람이 사랑하는 이가 아니라 자신을 죽음으로 몰고 가려는 태후란 말인가? 그녀는 서태후의 말을 받아들일 수 없었다. 그녀는 오로지 광서제를 보고 싶은 생각뿐이었다.

"어찌 이리도 저를 핍박하시옵니까?"

당시 양심전에 있던 광서제는 이러한 사실을 까마득히 모르고 있었다. 서태후는 속전속결하기로 마음먹고 대내감大內監의 총관이었던 최옥귀崔玉貴에게 진비를 강제로 우물 속에 집어넣으라고 했다. 나중에서야 이 사실을 알게 된 광서제는 생전의 그녀 모습을 그리며 홀로 눈물을 흘릴 수밖에 없었다.

또 다른 문헌에는 이와는 다른 내용이 기록되어 있다. 서태후가 서쪽으로 몽진을 떠나려고 할 때 진비도 데리고 가기 위해 사람을 시켜 그녀를 불렀다. 그러나 진비가 산발한 채로 불려 나오자 노

118

기를 띤 서태후는 매섭게 그녀를 다그쳤다.

"아직까지도 이 모양이냐? 이러고 있다가 양인洋人들이 들이닥
치면 살아남지 못할 것이니라."

그러나 진비는 전혀 미동도 하지 않은 채 자못 정색을 하며 말
했다.

"황제께옵서는 일국의 군주이시니 국가 사직을 중하게 여기셔
야 하옵니다. 태후께옵서는 당연히 난을 피하여 출궁하신다 할지

황제가 제사 지낼 때 입는 조복(청나라)
조복은 황제의 중요 예복 가운데 하나이다. 청대 황제의 조복은 중국 한족 제왕들이 전통적으로 입었던
긴 도포에 넓은 소매 형식을 버리고 만주족의 풍습에 따라 피령披領(옷의 깃을 위로 세운 형태)과 마제수馬蹄
袖(말굽형 소매)가 있다는 것이 특징이다. 조복은 황제의 예복 중 등급이 가장 높아 주로 전례 때 입었는데,
각기 장소에 따라 색을 달리했다. 홍색 조복은 황제가 제사 지낼 때 입는 옷이며, 남색 조복은 황제가 천
단에서 하늘에 제를 지내거나 기년전祈年殿에서 제를 지낼 때 주로 입었다.

라도 황제께서는 아니 되옵니다. 황제는 마땅히 경성에 남아 대세를 관장하셔야 할 것이옵니다."

서태후는 난데없는 그녀의 말에 불같이 화를 냈다.

'그래 좋다. 네가 이토록 위급할 때조차 내 말을 무시하고 감히 내 머리 꼭대기에 올라서겠다는 말이지. 어느 안전에서 사직을 이야기하며 조정의 대사에 간섭한단 말이냐? 이 어찌 대역무도한 짓이 아니겠는가? 너를 남겨두면 분명 화근이 될 것이다.'

마음속으로 이렇게 생각한 서태후는 그 즉시 태감 최옥귀에게 명하여 진비를 정순문 안에 있는 우물로 끌고 가서 우물에 빠뜨리라고 하였다. 물론 그 우물은 지금도 북경 고궁박물원 안에 남아 있다.

이외에도 청말 야사에는 또 다른 이야기가 전해진다. 그것은 진비를 죽음으로 몰고 간 사람은 서태후가 아니라 최옥귀라는 것이다. 이에 따르면 최옥귀가 음모를 꾸며 진비를 죽였다는 것인데, 《청궁유문清宮遺聞》에는 "진비를 우물에 빠뜨린 자는 내감 최모崔某(최옥귀)이다"라고 기록되어 있다.

그러나 이는 그다지 믿을 만한 내용이 못된다. 제아무리 오만방자한 최옥귀라 하더라도 당시 광서제가 가장 아끼고 사랑하던 진비에게 제멋대로 위해를 가할 수는 없었을 것이다. 만약 그가 그러한 일을 자행했다면 아마도 서태후의 막후 조정이 있었던 게 분명하다.

한편 《광서조동화록光緒朝東華錄》에는 진비의 죽음은 자신의 정절을 지키기 위함이니, 서양인들에게 모욕을 당하지 않기 위해 스스로 우물로 뛰어들어 목숨을 끊었다고 기록되어 있다. 이는 악독한 서태후가 자신의 죄행을 감추기 위함이었는데, 그녀는 광서 27년

120

다음과 같은 의지懿旨(황태후나 황후의 조령)를 내렸다.

지난 해 경사의 변란에서 창졸간에 진비가 따르지 못하고 궁궐에 남아 끝내 자신의 몸을 희생하였다. 진실로 절개가 곧아 가히 칭찬할 만하니 은총을 베풀어 귀비貴妃의 위호位號(작위와 명호)를 추증하여 공적을 표창 하노라.

제3부

묻혀 있는
진실을 찾아서

Chapter 01

달마는 정말 9년 동안
면벽 수행을 했을까

무협소설을 보면 소림제자들이 여러 문파 가운데 가장 뛰어난 무술을 선보이고, 소림권법 역시 막강한 내공으로 천하무적의 위력을 발휘하고 있다. 이는 누구나 알고 있는 사실이다. 그러나 소림권법의 창시자가 인도에서 넘어온 달마(인도 이름은 보디 다르마이며, 보리달마라고도 한다)라는 승려라는 사실은 그다지 많이 알려져 있지 않다.

달마는 중국 불교 선종의 시조로서 불교사에서 특히 신기한 인물로 알려져 있다. 달마의 생애나 공적에 대해서는 일치된 정론 없이 여러 가지 설이 있다. 그 가운데서도 가장 유명한 일화는 그가 소림사에서 매일 벽을 향해 앉아 9년 동안이나 참선했다는 것이다.

달마는 역사적으로 어떤 인물이며, 이른바 9년간의 면벽 좌선은 어찌된 일인가? 진짜로 그는 9년 동안이나 그러한 생활을 한 것일까?

달마 면벽도, 송욱 宋旭(명나라)

달마, 즉 보리달마는 남천축국(지금의 인도) 사람이다. 남조 송나라 말년 해로를 통해 중국으로 와 광주에서 북위를 거쳐 낙양, 숭산 등에서 선학禪學을 전했다. 일설에 따르면, 양梁 보통 원년(520년) 또는 대통 원년(527년) 광주에 도착한 후 양 무제의 초청을 받아 건강으로 갔으나 무제의 질문에 달마는 전혀 다른 답변을 하여 서로 통하지 않았다. 이후 강을 건너 위나라로 간 달마는 숭산에 있는 소림사에서 9년간 면벽하니, 이를 일러 '벽관'이라고 한다. 그는 인도의 선법을 간략하게 만들어 '이입理入'과 '행입行入'의 수행방법을 제창하고 심성은 곧 불성이라고 주장하면서 자신의 가르침(능가경楞伽經)을 혜가에게 전했다. 중국 불교 선종의 '초조初祖'로 추앙받고 있으며, 당대에 '원각선사'라는 시호를 받았다.

역사기록에 따르면, 달마는 인도 출신으로 인도 불교 선종 제 27대 조사인 반야다라의 제자라고 한다. 남인도 향지국의 셋째 왕 자라는 설도 있다.

소림사 초조암 대전(북송)
달마는 불교 선종의 초조, 즉 시조로 추앙받고 있다. 초조
암은 북송시대에 건설된 기념 건축물이다.

어느 날 그가 스승인 반야다라에게 물었다.

"저는 이미 법을 얻었는데 어느 나라로 가서 불법을 전수해야 합니까?"

그러자 스승이 대답했다.

"내가 열반에 들고 나면 진단震旦(중국)으로 가서 법음을 베풀도록 하라."

달마는 스승의 말씀에 따라 중국으로 떠났다. 그가 중국에 도착했을 때는 남조시대로 당시 도성이었던 금릉(지금의 남경)에서 양무제 소연을 알현하였다. 돈황에서 발견된 《단경》 필사본에는 달마의 어록이 기록되어 있는데, 양 무제는 달마에게 이렇게 물었다고 한다.

"짐이 즉위한 후로 여러 승려를 공양하고 절을 짓고 경전을 펴내고 불상을 조성하였는데, 공덕이 얼마나 크다고 생각하시오?"

그러자 달마가 대답했다.

"아무런 공덕도 없습니다."

결국 황제에게 무례를 범한 꼴이 되어 나라에서 추방되고 말았다. 이렇듯 환영은커녕 쫓겨나게 된 달마는 어쩔 수 없이 장강을 건너 당시 북위의 수도였던 낙양으로 가고자 했다.

발길을 돌려 가는 길에 강을 만나게 되었다. 강폭이 넓고 물길도 빠른데 타고 갈 배가 보이지 않았다. 아무리 생각해도 강을 건널 방법이 없었다. 그러고 있는 차에 강가에서 갈대를 엮고 있는 한 노파를 발견했다.

"혹시 그 갈대를 엮어 강을 건너실 생각입니까?"

달마의 물음에 노파는 아무 말 하지 않고 그저 고개만 끄덕일 뿐이었다. 달마는 저토록 연로한 사람도 엮은 갈대잎을 타고 강을 건넌다고 하는데 어찌 자신이라고 못하겠는가라는 생각이 들었다. 그래서 노파에게 갈대를 좀 달라고 하였다. 노파는 여전히 아무 말 없이 갈대를 건네주었다. 달마는 노파에게 정중히 감사의 인사를 건넨 후 갈대잎을 강물 위에 올려놓고 천천히 밟으며 강을 건널 수 있었다.

이후 이곳저곳을 유랑하던 그는 마침내 숭산嵩山에 있는 소림사에 도착하였다. 그곳은 수풀이 잔뜩 우거진 산기슭에 있는 작은 사찰로 속세와 떨어져 승려들이 수련하기 좋은 곳이었다. 그곳에서 지내던 달마는 얼마 후 사찰 뒤편 산중턱에서 작은 동굴을 발견하였다. 정사각형으로 된 동굴은 남향으로 겨울에는 따스하고 여름에는 시원하

| 달마가 갈대잎을 타고 강을 건너는 그림

숭산 소림사 달마동굴
전설에 따르면, 달마가 이곳 동굴에서 9년 동안 면벽했다고 한다. 기이하게도 그가 면벽하던 흔적이 동굴 벽에 남아 있어 후대 승려들이 이를 떼어내 절 안에 모셨는데, 아쉽게도 북양군벌이 절을 불태우면서 훼멸되었다.

였으며, 그 앞에 작은 뜰이 있었다, 그리고 동굴 주변은 숲이 우거져 하늘을 가릴 정도였다. 달마는 그 동굴로 거처를 옮겨 하루 종일 벽을 마주한 채 앉아 참선하기 시작했다.

그러던 어느 날 달마는 좌선을 하던 중 자신도 모르게 깜빡 졸고 말았다. 그는 나태해진 자신의 모습에 화가 났다. 좌선하면서 졸다가는 결코 깨달음의 경지에 이를 수 없었기 때문이다. 그래서 그는 칼을 꺼내 자신의 눈꺼풀을 잘라 내버렸다. 얼마 후 그가 눈꺼풀을 내버린 곳에서는 차나무가 자라기 시작했다.

달마는 그저 동굴 벽만 바라보며 명심견성明心見性을 위한 공부에 힘썼다. 동굴 속에서 아무런 기척 없이 좌선을 하고 있었기 때문에 주변 사람들은 물론이고 날아다니는 새들도 그곳에 사람이 있는

줄 모르고 달마의 어깨 위에 새집을 지을 정도였다. 달마는 이렇게 9년 동안의 면벽 수행을 통해 마침내 불성을 깨닫게 되었다.

| 달마 상, 진홍수陳洪綬(명나라)

달마가 동굴을 떠난 후 사람들은 달마가 좌선하던 자리에 자국이 남아 있는 것을 발견하였다. 비록 자국이 어슴푸레하기는 해도 옷 문양까지 남아 있는 흔적에서는 마치 담백한 수묵화 분위기가 엿보인다.

현재 숭산 소림사 서북쪽에 있는 오유봉 산기슭에는 달마가 9년 동안 면벽 수행했다는 달마동굴이 그대로 남아 있다. 대략 높이 3m, 너비 6.6m 정도이다. 동굴 앞에는 1604년에 만든 돌문이 있다. 양쪽 기둥 위에 걸린 현판에는 '묵현처默玄處(침묵이 그윽한 곳)'라는 세 글자가 새겨져 있고, 뒷면에는 '동래조적東來肇迹(동쪽으로 오셔서 시작하신 곳)'이라는 네 글자가 새겨져 있으며, 동굴 안에는 달마와 그 제자의 석상이 있다. 석상 옆에는 "9년 면벽하신 불조가 계신 곳, 영험한 돌에 흔적 남아 정기가 신묘하다"라는 시가 적혀 있다.

또 다른 전설에 따르면, 달마가 소림사에서 면벽 수도한 것은 9년이 아니라 10년이며, 그래서 통상적으로 '10년 면벽十年面壁'이라는 말이 통용되었다고 한다.

어떤 학자들은 이른바 '면벽 9년'설은 달마가 전수한 선禪이

《능가경》에 근거하고 있기 때문이라고 주장하고 있다. 이에 따르면, 달마는 '이입理入'(진리를 먼저 깨달음)과 '행출行出'(실천적 수행)이라는 수행방법을 제시하였는데, '이입'이란 '벽관壁觀'을 의미한다. 이후에 사람들이 '벽관'을 '면벽정관面壁靜觀'으로 이해하여 여기에서 '면벽 9년'이란 설이 나오게 되었다.

이른바 '면벽'이란 수행을 통해 사람의 마음이 마치 벽면처럼 한쪽에 치우치지 않음을 비유하는 것으로, 생각이나 번뇌를 없애 객관적인 사물에 대해 분별이나 집착을 일으키지 않는 것을 말한다. 그래서 "거짓 없는 참됨으로 돌아가 벽관하듯이 마음을 닦아 자신과 다른 사람을 모두 잊고 범성(중생과 부처)이 하나라는 것을 깨달아 도와 더불어 평온한 상태에서 아무 행동도 하지 않는 것을 이입이라고 한다"고 말한 것이다. 이것이 바로 불교에서 말하는 '열반'의 경지이다.

그러나 달마의 면벽 수행은 후대 사람들이 날조한 것이며 불교계에서 수련에 대한 신념을 표현한 것일 뿐이라고 주장하는 이들도 있다. 달마가 9년이라는 오랜 시간 동안 먹지도 마시지도 않으며 잠 한숨 안 자고 좌선만 했다는 것은 생리적으로도 불가능하다는 것이다.

또한 현재 달마동굴에 남아 있는 좌선 흔적이라는 것도 후대 사람들이 달마의 '9년 면벽'을 경외하는 마음에 동굴 안에 있는 돌의 자연적인 문양과 형태에 근거해서 만들어냈을 따름이라고 주장하고 있다.

나아가 달마라는 인물에 대해서도 여러 가지 설이 있다. 어떤 사람은 '남인도 사람'이라 하고, 또 어떤 사람은 지금의 페르시아 사람이라고 주장하기도 한다. 도선의 《속고승전》의 기록에 따르면, 달마는 남인도 사람으로 "사방으로 떠돌아다녀 어느 곳에서 선종했는지 알 수 없다." 그래서 생존 연월 또한 정확하지 않다.

또한 선종의 《전법보기》 등의 자료에는 달마는 여섯 차례나 독에 중독되었으며, 결국 중독사했다고 기록되어 있다. 양현지가 쓴 《낙양가람기》에는 달마가 스스로 150세라고 말했다고 기록되어 있는데 이 역시 작가인 양현지가 들은 이야기일 뿐 그가 직접 달마를 만난 적은 없었다.

수묵 산수화를
처음 그린 사람은 누구인가

산수화는 아름다운 산천의 모습을 통해 내면적이고 정신적 측면의 표현을 중시하는 그림이다. 보통 산수화는 추상적인 분위기가 나면서도 생동감이 있어 마치 꿈속을 헤매는 것처럼 아득한 느낌을 불러일으킨다. 그중에서도 먹물로만 그린 수묵 산수화는 담백한 흑백의 조화 때문에 예부터 맑고 고아한 문인들의 사랑을 듬뿍 받아왔다. 그런데 이런 수묵 산수화의 시조에 대해서 많은 쟁론과 전설이 전해져 내려오고 있다.

그중 수묵화의 시조는 바로 고개지顧愷之라는 것이 가장 유력한 설이다. 동진시절의 화가였던 고개지는 그림을 그리기 위해 여기저기를 유람하면서 천지만물을 관찰하였다. 그러던 어느 날 장강을 따라 삼협三峽을 유람하게 되었는데, 뱃머리에서 주변을 둘러보던 그의 눈앞에 하늘가 푸른 구름이며 원숭이와 산새들 우짖는

산계곡이 아득하게 펼쳐졌다. 특히 시리게 푸른 산봉우리마다 자
욱하게 낀 안개로 인해 신비함까지 더해졌다.

이처럼 아름답고 신묘한 대자연을 마주한 고개지는 터질 것 같
은 심정으로 자연의 아름다움에 빠져들었다. 그는 감탄을 연발하
면서 이를 화폭에 옮겨 세상 사람들에게 보여주고 싶은 마음에 사
로잡혔다. 일시에 흥이 오른 그는 산바람이 불어오는 뱃전에서 붓
을 휘두르며 수려한 강산의 모습을 그리기 시작했다.

얼마 후 끝없이 변화하는 삼협의 풍경이 한 폭의 산수화로 남게
되었는데, 바로 이것이 중국 최초의 수묵 산수화이다. 그가 그린

낙신부도권 洛神賦圖卷, 고개지(동진)

위진시대의 산수화에 대해 장언원은 "물은 배가 뜰 것 같지 않고, 혹 사람이 산보다 크다"고 했다. 고개지의 낙신부 그림은 이러한 예술형태를 진실하게 반영하고 있다.

산수화는 뛰어난 풍광을 생생하게 담고 있어 수많은 이들이 앞다투어 모방했다.

그러나 고개지의 이 삼협 산수화는 전해져 내려오지 않아 그저 전설에만 불과할 따름이다. 따라서 그가 중국 수묵 산수화의 시조

산수화(당나라)

감숙성 돈황 막고굴에 있는 당나라의 벽화이다. 당나라 청록靑綠 산수화의 발전과 흥성을 재현하고 있다.

134

인지의 여부는 분명한 결론을 내리기가 어렵다. 다만 결코 부정할 수 없는 사실은 오늘날 볼 수 있는 가장 오래된 산수화는 고개지의 '여사잠도'와 '낙신부도'의 배경에 나오는 산수 그림이라는 점이다. 비록 두 그림 모두 인물을 위주로 해 산수는 배경일 뿐이지만 산이나 숲, 짐승 등은 배치나 구성이 적절하고 실물과 거의 다름없이 그려져 있다. 특히 그림에서 산천의 형태를 선으로 표현하는 것이나 높은 곳에서 아래를 내려다보는 수법 등은 이후 산수화의 기본적인 표현기법이 되었다.

따라서 비록 표현이 유치한 부분이 없진 않아도 고개지 그림이 산수화의 시조라는 것만은 결코 부인할 수 없다. 이런 의미에서 볼 때 고개지는 인물화의 최고봉이자 중국 산수화의 문을 연 시조라 부르기에 부족함이 없다.

그러나 더 많은 연구자들은 수묵 산수화의 시조는 고개지가 아니라 당나라 때의 산수 시인 왕유王維라고 보고 있다. 왕유는 시는 물론이고 거문고와 바둑, 서화에까지 두루 능통했다. 젊은 시절 고위 관직에까지 오른 그는 정치적으로 부패가 판을 치고 사회가 혼란스럽자 관직에서 물러나와 산림에 은거하였다. 은거하는 동안 그는 몸과 마음을 깨끗이 하여 선종에 심취하였으며, 마음에 얽매임이 없이 수행자로서의 생활을 했다. 깊은 산속에 은거하여 세속 친구들과의 왕래가 힘들었을 뿐만 아니라 그 스스로도 그럴 마음이 없었다. 그런 까닭에서인지 당시 왕유의 산수 자연시에는 그야말로 자연에 대한 정이 넘쳐난다.

오랜 옛날부터 중국인들은 시와 그림을 하나로 보아 시 속에 그

왕유 상(당나라)

왕유(699~761년), 당나라 전성기의 자연파 시인이자 문인. 자는 마힐摩詰, 산서성 포주 출신이다. 오언절구 20수와 친구 배적의 작품을 합친 40수의 연작시집인 《망천집》은 서경시의 걸작으로 손꼽힌다. 벼슬이 상서 우승에 이르러 왕우승王右丞으로 칭해진다.

림이 있고, 그림 속에 시가 있는 예술적 경계를 매우 존중하였다. 그런 면에서 왕유의 시화는 이러한 작품의 대표격이라 할 수 있다. 그의 그림 대부분은 마치 시적인 묘사처럼 청아한 풍경 일색인데, 특히 눈 내린 풍경이나 벼랑길, 새벽녘의 길, 물고기 등은 그가 즐겨 그리던 대상이다. 그래서 왕유의 그림에는 시적 의미가 충만하다고 말하는 것이다.

나아가 왕유는 참선의 시인이기도 해 그림에는 사리사욕에서 벗어나 고요하고 평온한 불가佛家의 분위기가 가득하다. 그의 산수화는 수묵을 통해 맑고 그윽한 풍광을 구현하고 있다. 나아가 신비스러운 운치를 추구할 뿐 사물의 형체나 색깔에 대한 구체적이고 세세한 묘사가 없다. 먹이나 엷은 색으로 윤곽을 잡아 형체를 두드러지게 하는 기법이 특히 뛰어나다.

그러나 유감스럽게도 왕유가 그린 그림의 원본은 거의 남아 있지 않다. 그렇기 때문에 옛 문헌이나 그의 작품을 모사한 것들을 통해서만이 왕유의 비범한 미술세계를 엿볼 수 있다.

당송팔대가의 한 사람인 소동파가 쓴 글에 따르면, 왕유는 개원사의 벽에다 한 고승을 그려 넣었다. "가우嘉祐 계묘년 음력 정월

망천도輞川圖, 왕유(당나라)

왕유는 시인이며 화가이자 음악가이기도 했다. 장안 부근의 망천에 오랫동안 기거하면서 남종화의 진면목을 잘 보여주는 '망천도'를 그렸다.

보름날 밤" 소동파가 우연한 기회에 그곳을 지나다 벽화를 보게 되었다. 날은 이미 어두워 등불이 바람에 흔들리고 있었는데, 마치 벽화 속의 고승이 당장이라도 밖으로 걸어나올 것만 같았다.

한편 수묵화의 시조가 고개지도 왕유도 아니라고 주장하는 이들도 있다. 그들의 주장에 따르면, 수묵 산수화의 진정한 시조는 육조시대 유송(유씨의 송나라)의 종병宗炳과 왕미王微라는 것이다. 종병과 왕미가 중국 수묵 산수화의 독특한 투시법과 공간의식의 특징을 밝혀냈기 때문이라는 것이 그 이유이다.

그러나 또 다른 이들은 비록 실물이 남아 있지는 않지만 진한 시기에 이미 산수화가 있었다는 문헌기록을 볼 때 산수화의 시원은 적어도 진한시대까지 거슬러올라간다고 주장하기도 한다.

　결론적으로 수묵 산수화의 시조가 누구인가에 관해서는 여러 가지 설이 분분하다고 할 수 있다. 더군다나 고개지든 왕유든 간에 그들이 직접 그린 산수화의 진품은 물론이고 복제품조차 남아 있지 않아 과연 누가 수묵 산수화를 처음으로 그렸는가에 대해서는 관련자들의 좀더 심도 깊은 연구가 필요할 것으로 보인다.

Chapter 03

누가 진짜 태극권의 창시자
장삼풍인가

무협소설에는 소림사 무술과 함
께 중국 2대 무술인 무당파 무술(태극권)의 창시자 장삼풍張三豊에
대한 이야기가 심심찮게 나온다. 작품 속에서 그는 강호를 질타하
며 천하를 떠도는 무림의 고수로 묘사되고 있다. 그가 창시했다는
태극권은 부드러움으로 강함을 제압하며, 무형 속에서 유형의 변
화를 일으키는 등 무술의 정수를 보여주고 있다. 자칭 무림의 고
수들이 그의 앞에만 서면 뒷걸음질칠 정도였기에 그는 수십 년 동
안 무림의 독보적인 존재로 남아 있다.

그러나 역사적으로 장삼풍이라 불렸던 이는 한 사람이 아니라
세 사람이다. 그중의 누가 과연 무당파 권법의 창시자 장삼풍이란
말인가?

우선 장삼풍이 송나라 사람이라는 주장이다. 청조 강희 8년 황

장삼풍 상
명나라 때 도사로 전일全一 또는 군보君寶라 부르기도 한다. 호는 삼풍이며 요동(지금의 요녕) 사람이다.

종희가 쓴 〈왕정남묘지명王征南墓志銘〉의 기록에 따르면, 태극권은 송나라 무당단사인 장삼풍이 개창하였다. "소림은 권법으로 천하에 명성을 떨쳤다. 그러나 주로 격투 위주였기 때문에 사람들이 이를 싸움에 이용하였다. 하지만 이른바 내가內家란 정靜(고요함)으로 동動(움직임)을 제압하여 상대를 즉각 굴복시킬 수 있다. 그래서 소림은 외가外家라 하여 이와 구분하였는데, 이는 모두 송나라 장삼풍에서 시작되었다."

《태극권검추수각세상해太極拳劍推手各勢詳解》에는 다음과 같은 이야기가 기록되어 있다. 어느 날 장삼풍이 방 안에 앉아 있는데 안뜰에서 까치가 끊임없이 울어댔다. 창밖을 바라보니 까치가 무언가를 노려보면서 계속 울어대고 있었다. 알고 보니 커다란 구렁이 한 마리가 까치를 잡아먹을 듯이 쳐다보고 있었다. 까치와 구렁이는 한치 양보 없이 서로 대치해 있었다. 그러던 차에 까치가 날아올라 구렁이를 공격하자 구렁이는 가볍게 고개를 움직이거나 꼬리를 내치면서 피하였다. 그 광경을 본 장삼풍은 '고요함으로 움직임을 제어하고, 부드러움으로 강함을 이기는 이치'를 깨닫게 되었다. 이러한 깨달음 속에서 태극의 변화를 본떠 무당파의 무술을 태극권이라고 명명하였다.

두 번째는 장삼풍이 송나라 사람이 아니라는 설이다. 《명사》〈장삼풍전〉에 따르면, 장삼풍의 이름은 통通이며 전일全一이라 부르기도 한다. 자는 군보君寶 또는 군실이며, 호는 삼풍 또는 삼봉이다. 원말 청초의 도사로 본적은 요양 의주(지금의 요녕성 창무)이다. 그는 몸집이 크고 위풍당당하였으며, "큰 거북이처럼 몸집이 거대하고 등이 학처럼 생겼으며, 귀가 크고 눈이 둥글었다." 또한 쇠창처럼 뻣뻣하고 긴 수염을 길렀

| 〈장삼풍 선생 전집〉 일부

다. 평소 행동이 남달랐으며, 옷차림에 전혀 신경쓰지 않아 춥든지 덥든지 간에 항상 낡은 도롱이 하나만을 걸치고 다녔다. 그래서 사람들은 그를 '장랍탑'(랍탑은 지저분하다는 뜻)이라고 불렀다.

그러나 그는 문무를 겸비한 인물로 그중에서도 특히 무공이 뛰어나 일당백의 무술 실력을 갖추었으며, 산을 뚫고 지나갈 수 있을 만큼의 내공이 있고, 심지어는 죽은 후에 다시 살아나는 신통력까지 갖추었다고 한다.

그가 천하에 더욱 명성을 떨치게 된 것은 명나라 황제가 그를 위해 궁을 지어주었기 때문이다. 당시 황제인 영락제는 그를 위해 무당산을 크게 정비하는 한편, 30만 명에 달하는 인부를 동원해 대규모 토목공사를 진행하였다. 당시 무당궁을 짓기 위해 백은 수백 만 냥의 공사비가 소비되었다. 건물이 완성되자 황제가 직접 우진궁이란 이름을 하사하였고, 장삼풍의 동상을 만들어 세웠다. 이후 더욱 많은 이들이 무당산을 찾으면서 전국적으로 유명세를 탔으며,

무당산의 패루. '치세현악治世玄岳'이라고 적혀 있다.

무당산의 자소궁

금전 안에 있는 진무대제真武大帝의 동상

장삼풍 역시 거의 신선과 다를 바 없는 인물로 추앙받았다.

그러는 한편, 어떤 학자는 명사에 나오는 〈호전〉, 〈정화전〉, 〈요광효전〉, 〈방기전〉 등을 토대로 하여 장삼풍에 관한 새로운 추론을 내놓았다. 장삼풍이 흥미진진한 신화적인 인물로 부상하게 된 것은 명나라 태조 사망 후 황실의 내분과 관련이 있다는 것이다.

영락제는 자신의 조카 건문제를 몰아내고 명나라 3대 황제의 자리에 올랐다. 이때 건문제는 남경을 지키다 끝내 함락 직전에 몰리자 궁전을 태우고 어디론가 종적을 감추었다. 황제의 자리에 오른 영락제는 건문제의 행방을 알지 못해 내심 마음을 놓지 못해 도사 장삼풍을 찾는다는 명목으로 심복을 통해 건문제의 행방을 수소문하기 시작했다. 당시 환관 정화를 일곱 차례에 걸쳐 해양원정을 보낸 것도 모두 건문제를 찾는 일과 관련이 있었다. 근 20여 년 동안 건문제의 행방을 좇았는데도 그를 찾을 수 없자 그제야 안심할 수 있었다.

무당산의 뛰어난 경치

무당산은 호북성 서북부에 위치하고 있으며 태화산으로 부르기도 한다. 북쪽으로 진령과 통하며 남쪽으로 신농가神農架가 인접해 있다. 해발 1,610m이다. 산중에 72개의 봉우리, 36개의 거대한 암석, 24개의 계곡, 11개의 동굴, 3개의 연못과 각각 9개의 샘물과 우물 등이 있다. 기암괴석과 높은 곳에서 곧바로 떨어지는 폭포 등이 장관을 이루며 뛰어난 풍광을 자랑한다. 그래서 송나라 때의 서법가 미불은 무당산을 일러 '천하 제일산'이라고 했다.

그러나 황제가 도사 장삼풍의 행방을 찾고 있다는 소문은 이미 민간에 널리 퍼진 상태였다. 어쩔 수 없이 영락제는 무당산을 대규모로 정비하고 장삼풍의 동상까지 세운 것이다. 이것이 사실인지 여부는 알 수 없지만 이는 결국 백성들에게 황위 찬탈과 관련된 진상을 숨기기 위한 일종의 기만술이었다고 말할 수 있다.

미궁으로 남아 있는 역사의 진실이 밝혀지기란 쉽지 않은 일이다. 과연 무당산 태극권의 창시자가 어떤 장삼풍인지도 그중의 하나라 할 수 있다.

Chapter 04
양귀비는 진짜
마외역에서 죽은 것일까

역대 미녀들 중에 아름다운 청춘 시절부터 비참한 말로에 이르기까지 파란만장한 일대기로 가장 많은 관심을 끌었던 사람은 역시 당나라 현종의 귀비였던 양옥환楊玉環일 것이다.

전해지는 바로는 양귀비는 마외역馬嵬驛에서 죽음을 당했다고 하는데, 혹자는 당시 양귀비가 살해된 것이 아니라 몸을 피해 일본으로 도피했다고 주장하고 있다. 이런 주장은 각기 나름의 근거를 제시하고 있어, 양귀비의 죽음과 관련된 문제 역시 아직 풀리지 않은 수수께끼로 남아 있다.

우선 양귀비가 마외역에서 죽었다는 설은 다음과 같다.

사서에는 양귀비와 관련해 이렇게 기록되어 있다. "음률에 조예가 깊고 가무에 능했으며, 나라를 기울게 할 정도로 아름다웠다."

그녀는 원래 당 현종의 18번째 아들인 수왕의 비였다. 궁정 연회에서 그녀를 보고 한눈에 반해버린 현종은 중신들의 반대에도 불구하고 그녀를 여도사로 출가시킨 후 궁 안의 도교사원인 남궁을 지어 그곳에 살게 하면서 태진太眞이라는 호를 내렸다. 이후 남궁을 태진궁으로 개칭하고 그곳을 관리하는 여관女冠으로 삼았다. 당시 양옥환의 나이 22세, 현종은 57세였다.

그녀는 입궁 후 삼천 궁녀에게 돌아갈 총애를 한몸에 받으며, 745년 귀비에 책봉되었다. 그러나 756년 안녹산이 반란을 일으켜 위급한 상황이 되자 현종은 양귀비와 함께 사천 지방으로 도망치게 되었다. 피난 행렬이 마외역에 이르렀을 때 당시 현종을 호위하던 진현례를 위시한 호위군관들이 이번 국난의 원인은 바로 양귀비와 그의 6촌 오빠인 양국충에게

양옥환 상(청나라)

양옥환(718~756년), 당 현종의 귀비, 호는 태진太眞이며, 포주 영락(지금의 산서성 영제) 사람이다. 735년 현종의 18번째 아들 수왕 이매李瑁의 비가 되었는데, 때마침 총애하던 왕비 무혜비武惠妃가 죽은 뒤 현종은 그녀를 사랑하여 744년 궁중으로 불러들였다. 그리고 이듬해 그녀 나이 27세 때 정식으로 귀비로 책봉되었다. 그녀의 세 자매 역시 한국, 괵국, 진국 부인의 칭호를 받았으며, 오빠 양소는 국충國忠이란 이름을 하사받고 재상의 반열에 올랐다. 그러나 이로 인해 조정이 어지러워지고 정사가 문란해져 결국 양국충과 대립한 안녹산이 반란을 일으킨다.

있다고 하며 당시 재상이었던 양국충을 살해한 후 현종에게 양귀비도 목을 매달아 죽일 것을 강요하였다. 만약 자신들의 요구를 들어주지 않는다면 당장이라도 철수하여 황제를 호위하지 않을

마외역의 양귀비 묘소
섬서성 흥평시 마외역에 있는 양귀비의 묘소는 하나의 능원으로 전체 300㎡의 면적을 차지하고 있다. 분묘는 둥근 형태로 벽돌을 쌓아올렸으며 앞에 '양귀비의 묘'라는 비석이 세워져 있다. 능원 대문에는 '당양귀비지묘唐楊貴妃之墓'라는 글자가 적혀 있으며, 능원 안에 역대 명인들의 시문이 비석에 새겨져 있다.

태세였다. 결국 당 현종은 이를 수락하고 양귀비는 38세의 나이로 죽음을 맞이하였다.

《자치통감》〈당기唐紀〉의 기록에 따르면, 당 현종은 태감 고력사高力士에게 명하여 양귀비를 불당에서 죽도록 했다고 한다. 《당국사보唐國史補》와 북송시대의 학자 악사樂士가 쓴 《양태진외전》에 따르면, 양귀비가 현종에게 마지막 인사를 올리면서 예불을 원했기 때문에 고력사가 그녀를 불당으로 데리고 가서 배나무 아래에서 목을 매도록 했다는 것이다.

현종과 양귀비의 사랑을 읊은 백거이의 대서사시 '장한가'에도 이러한 내용이 묘사되어 있다.

그런가 하면 양귀비가 금 부스러기를 먹고 죽었다고 주장하는 사람도 있는데, 그 대표적인 인물이 당나라 중기 시인 유우석이다. 그는 자신의 '마외행'에서 이렇게 읊고 있다.

"길가 양 귀인의 묘소, 서너 척이나 될까. ……귀인은 금 부스러기를 마시고……평생 행단杏丹(살구씨로 만든 단약)을 먹어 얼굴색이 옛날과 같아라."

결론적으로 얘기해 대부분의 사서 기록대로 양귀비가 마외역에

146

서 죽었다는 것에는 거의 의심할 여지가 없는 듯하다. 사서 기록 이외에도 현재 흥평시에서 서북쪽으로 1.2km 떨어진 마외역에 있는 양귀비의 묘소가 구체적인 물증이 될 수 있다.

전하는 말에 따르면, 양귀비의 죽음을 확인한 진현례는 사병들에게 명하여 군용 모포에 싼 양귀비 시신을 작은 구덩이에 대충 묻었다고 한다. 2년 후 현종은 장안으로 돌아오는 길에 마외역에 들러 그녀의 묘를 이장하려고 마음먹었다. 그러나 막상 무덤을 파보자 귀비의 시신은 보이지 않고 귀비가 남긴 향주머니와 신발뿐이었다. 현종은 어쩔 수 없이 남긴 유물을 그대로 파묻었다. 일종

명황행촉도 明皇幸蜀圖, 이소도 李昭道(당나라)
이 그림은 당 현종이 안사의 난을 피해 촉나라 땅으로 향하는 정경을 그린 것이다. 높고 험한 산중에서 당대의 복장을 한 사람들의 모습이 힘든 여정임을 나타내고 있다.

화청궁 (당나라)

화청궁은 지금의 섬서성 임동현 여산 북쪽 산기슭의 화청지華淸池에 자리하고 있다. 진한 이래로 역대 황제들이 이곳에 건축물을 세웠으며, 당 현종 시절에 화청궁으로 개명하였다.

의 의관총이 된 셈이다.

원래 그녀의 묘는 흙무덤이었는데, 무덤 위 흰색 흙에서 고운 향기가 흘러나와 그 흙을 '귀비토'라고 불렀다. 사람들이 너 나 할 것 없이 그 흙을 파가 현재는 푸른 벽돌로 무덤을 쌓아 보호하고 있다.

양귀비 관음상 (일본)

민간전설에 따르면, 양귀비가 당시 마외역에서 죽지 않고 일본 사신의 도움으로 동쪽 바다를 건너 부상扶桑으로 갔다고 한다. 그래서 현재 일본의 여러 지방에 양귀비의 족적이 남아 있는데, 사진 속의 양귀비 상은 13세기에 만들어진 것으로 현재 일본 교토 천용사에 안치되어 있다.

그러나 기이하게도 일본에도 양귀비 무덤이 두 군데나 존재한다. 한 곳은 오기마치에 있는 장수사長壽寺이고 다른 한 곳은 쿠츠〔久津〕이다. 이외에 교토 등지에는 양귀비 동상이 있다. 그런가 하면 일본의 저명한 가수 야마구치 모모에는 2002년 기자회견을 통해 자신이 양귀비의 후손이라고 말한 적도 있다. 이것들은 모두 양귀비가 마외역에서 죽지 않고 바다 건너 일본으로 건너갔다는 예증이다.

귀비효장도, 구영仇英(명나라)
양귀비가 이른 아침에 단장하고 있는 그림이다.

당시 금군의 지휘관이었던 진현례는 귀비의 미모를 아깝게 여겨 차마 죽이지 못하고 무녀 사아만과 악사 마선기의 도움을 받아 그녀를 도피시켰으며, 당시 마외역에서 죽은 이는 양귀비의 시녀였다고 한다.

일본의 와타나베 류사쿠는 〈양귀비 부활 비사〉라는 글에서 양귀비는 마외역에서 도망친 후 양주에 이르러, 당시 당나라에 공식 사절단으로 파견된 후지와라 일행을 만났다. 그녀의 처지를 딱하게 여긴 후지와라는 함께 일본으로 건너갈 것을 건의하였다.

그리하여 양귀비는 일본 사절단의 배를 타고 일본 쿠츠에 도착하였는데, 오빠 양국충의 며느리 서씨와 손자 양환과 함께였다.

일본에 도착한 양귀비는 일본 천황 효겸孝謙의 융숭한 접대를 받았으며, 후에 효겸이 궁정의 정변을 평정하는 데 도움을 주기도 했다. 그런 까닭에 양귀비는 일본 백성들, 특히 일본 부녀자들에게 환대를 받았다.

중국 학자들 중에도 양귀비의 일본행을 지지하는 이들이 적지 않다. 우선 백거이의 '장한가'에 나오는 "홀연 해상에 선산(신선이 사는 산)이 있다는 이야기를 들었다"는 구절 속의 선산이 바로 일본이라고 주장하기도 한다. 현대에 들어와 저명한 학자인 유평백은 양귀비가 일본으로 건너가 거주한 게 분명하다고 지적한 바 있는데, 문학가 주작인 역시 이에 대해 동의를 표했다.

이런 주장을 하는 사람 가운데 어떤 이는 정황적인 면에서 양귀비의 도피설을 강조한다. 그에 따르면, 양귀비를 죽일 집행자는 평소 양귀비와 안면이 있는 내시들이었다. 그들은 양귀비와 오랫동안 궁정에서 함께 지냈기 때문에 차마 죽이지 못하고 죽이는 시늉만 냈을 수도 있다. 당시 황제와 군사들은 피난길이 바빠 귀비의 죽음을 확인할 여유가 없었을 것이다. 그들이 모두 떠나고 귀비가 깨어났을 때 주변에는 평소 그녀를 모시던 궁녀만 남아 있었다. 그들의 도움으로 귀비는 무사히 도망칠 수 있었다.

그러나 양귀비가 마외역에서 죽지 않았다는 이야기는 단지 사람들의 희망사항에 불과하다고 주장하는 이들도 있다. 안녹산과 사사명의 난이 일어나 당나라가 흔들리게 된 것을 양귀비 탓으로만 돌릴 수는 없다. 고력사도 "귀비는 진실로 죄가 없다"고 말한 것처럼 어쩌면 그녀는 일종의 희생양이었을지도 모른다. 그래서

150

사람들이 운명을 거스를 수 없는 연약한 여인을 동정하여 귀비의 생존설을 꾸며냈다는 것이다.

마지막으로 양귀비가 미국으로 건너갔다는 이야기도 있다. 이것은 대만의 학자 위취현魏聚賢이 《중국인의 미주 발견》이라는 책에서 언급한 내용으로, 그는 귀비가 마외역에서 죽지 않고 주변 사람들의 도움으로 미국으로 가게 되었다고 주장한다.

양귀비는 마외역에서 죽었을까, 아니면 일본으로 건너가 천황의 융숭한 접대를 받으며 천수를 누린 걸까? 단순 추측이 아닌 각각의 주장은 나름대로 근거와 증거가 있어 어느 쪽이라고 결론 내리기가 쉽지 않은 미스터리이다.

Chapter 05

광서제가 갑자기 붕어한
진짜 이유는

1908년 11월 14일 차가운 겨울날 북경 중남해에서 청나라의 11대 황제인 광서제光緒帝가 38세의 나이로 갑작스럽게 죽었다. 그리고 그 다음 날인 11월 15일 광서제의 섭정이자 광서제와 오랜 원한관계인 서태후가 북경 고궁에서 세상을 떠났다. 그녀 나이 93세였다.

청나라의 황제와 태후가 채 20시간도 되지 않는 간격으로 세상을 뜨니 경악하지 않을 수 없는 일이었다. 특히 아직 젊은 광서제의 죽음을 둘러싸고는 온갖 추측이 난무하였다. 당시 광서제는 38세로 왕성한 나이였고, 게다가 서태후가 죽기 바로 전날 세상을 떴기 때문에 광서제의 사인을 둘러싸고 추측이 무성했던 것도 전혀 무리가 아니다. 그러나 100년이 지난 지금까지도 광서제의 사망 원인은 베일을 벗지 못한 채 수수께끼로 남아 있다.

광서제의 죽음에 대해 여러 가지 설이 있기는 하지만 대략 두 가지로 귀결된다. 하나는 다른 사람에 의한 독살설이고, 다른 하나는 정상적인 사망설이다.

우선 독살설은 이미 많은 이들이 추론하고 있는 내용 그대로이다. 황제와 태후가 하루 간격으로 죽었다는 시간의 절묘함을 비롯해 여러 가지 전후사정으로 볼 때 광서제의 죽음 이면에 모종의 비밀이 숨겨져 있다고 느끼기에 충분하다.

청 황실의 어의로 있었던 굴귀정屈 貴庭이 남긴 문건에 따르면, 마지막으로 황제를 알현했을 때 호전되고 있던 황제의 병세가 갑자기 악화되기 시작하더니 복통을 호소하며 침상에

광서제 상

청 덕종 광서제 재첨(1871~1908년)은 청나라 제11대 황제로 1874년부터 1908년까지 재위하였다. 광서 13년(1887년)부터 친정하기 시작하여 24년 4월 13일 '명정국시明定國是' 조서를 반포하여 변법을 선포하였다. 그러나 무술정변이 실패로 돌아감에 따라 영대에 유폐되었다.

서 몸을 가누지 못할 정도였다. 그러다가 채 사흘이 지나기 전에 세상을 뜨고 말았다. 그래서 어의는 광서제가 누군가에 의해 독살된 것으로 보았고, 이후 광서제의 독살설이 세간에 널리 퍼지게 되었다.

그렇다면 과연 누가 그런 짓을 저질렀다는 것인가?

제일 먼저 거론되는 사람은 바로 서태후이다. 당시 서태후는 자

서태후를 그린 유화

자희태후慈禧太后(1835~1908년)는 역혁나랍
씨葉赫那拉氏로 만주 양람기인이다. 청나라
제9대 황제인 함풍제의 비였다. 함풍제가
열하행궁에서 사망하고 그의 아들 재순이
즉위하자 효정황후와 함께 황태후로 존칭되
고 자희라는 휘호를 얻었다. 아들 재순이 죽
자 조카 재첨을 황제로 삼고 광서로 개원해
계속 수렴청정했다. 광서 24년 무술정변이
일어나자 광서제를 유폐시키고 광서제의 새
로운 정치를 폐지하였으며, 광서 26년(1900
년) 8개국 연합군이 북경으로 진입하자 광서
제와 함께 서안으로 피난하였다. 광서 34년
(1908년) 11월 광서제가 죽은 바로 다음 날
서태후도 세상을 떴다.

신의 삶이 얼마 남지 않았음을 직감하고 있었다. 그녀는 자신이
죽은 후 광서제의 정권 장악을 원치 않았기 때문에 몰래 사람을
보내 광서제를 독살했다는 것이다. 이런 주장의 주요근거는 앞서
언급한 어의 굴귀정이 남긴 문건이다.

그는 광서제의 갑작스런 죽음에 가장 혐의가 짙은 사람을 서태
후라고 생각했다. 그녀는 당시 최고의 권세를 누리는 한편 광서제
를 철저하게 통제하고 있었기 때문에 광서제의 독살하는 데 가장
유리한 입장이었다. 독살설을 주장하는 이들 가운데 서태후를 배
후로 지목하는 사람들이 많은 것은 다음과 같은 구체적인 사실 때
문이다.

첫째, 광서제와 서태후 사이에 오랫동안 쌓인 원한은 심각한 지
경에 이르렀다. 그야말로 한쪽이 살려면 한쪽을 죽여야 하는 상황

이었다. 광서제의 '친정', 갑오전쟁, 무술변법 실패, 광서제 폐위
를 위한 대아가大阿哥(황태자가 책봉되지 않은 상태에서 후계자로 선정
된 사람) 책봉 문제, 진비 사건 등 광서제와 서태후 사이에 얽혀 있
는 사건이나 문제들은 더 이상 해결될 수 없는 상황이었고, 그럴수
록 두 사람 간의 원한관계는 깊어만 갔다.

실제로 서태후는 여러 차례 광서제를 죽이려고 시도하기도 했
다. 그 때문에 그녀는 광서제가 복위하면 자기가 죽은 후 결코 평
안치 않으리라 여겼다. 그래서 자신이 죽기 전에 광서제를 먼저
죽이고자 했던 것이다.

둘째, 서태후는 마음이 독하고 악랄하기가 그지없었다. 중국 역
사상 3명의 악독한 여인이 있는데 그 가운데 한 사람이 바로 서태
후이다(나머지 두 사람은 여후와 무측천이다). 그녀에게 희생된 이들
은 그 수를 셀 수 없을 정도라고 하는데, 동치제의 보정대신 8명
가운데 1명이었던 숙순肅順이나 광서제의 비인 진비 등도 서태후
에게 죽임을 당했다.

셋째, 광서제가 폐병과 신장병에 시달렸다는 것은 이미 알려진

영대 瀛臺(청나라)

서태후는 수구파와 함께 무술정변을 진압한 후 광서제를 북경 성내 남해에 있는 영대에 감금시켰다.

사실이다. 그러나 당시 광서제가 앓아온 병의 진료나 치료기록에 따르면 두 가지 질병 모두 죽음에 이를 정도로 심각한 것은 아니었다. 게다가 더욱 이상한 일은 광서제가 죽기 바로 며칠 전부터 광서제의 병세가 심각하다는 기록이 나오기 시작한다는 점이다.

당시 광서제의 병세에 대한 기록은 서태후의 감시하에 이루어졌다. 그렇다면 그가 죽기 며칠 전부터 병세가 심각해졌다는 기록은 광서제의 죽음을 병에 의한 것으로 몰고 가기 위해 '위조'된 것일 가능성이 많다.

넷째, 광서제는 무술변법이 실패로 끝난 후 중남해의 영대瀛臺로 쫓겨나 장장 10년 동안 감금상태에 있었다. 영대는 중남해에 있는 작은 섬으로 육지와 연결된 나무다리가 유일한 통로였다. 서태후는

156

자신의 심복 태감 20여 명
을 섬에 상주시켜 밤낮으
로 광서제를 감시하도록
했다. 물론 외부인이 그곳
에 출입하는 경우는 거의
없었을 뿐 더러 가능한 일
도 아니었다. 그렇기 때문
에 광서제가 외부 사람, 예

순친왕부醇親王府 유적지
재첨은 북경 남쪽 성문인 선무문宣武門 인근 태평호 동
쪽 순친왕부에서 태어났다.

를 들어 원세개 등에 의해 피살되는 일은 절대로 불가능하다.

따라서 광서제가 영대에서 죽었다면 그곳을 완전히 장악하고 있
던 서태후를 제외하고는 가능할 만한 사람이 없다고 볼 수 있다.

한편 원세개가 광서제 죽음의 배후라고 보는 사람도 있다. 원세
개는 서태후의 병세가 짙어 여생이 얼마 남지 않았음을 알고 있었
다. 만약 그녀가 죽고 광서제가 다시 정권을 장악한다면 자신이
무술변법 당시에 황제에게 진 빚을 갚
아야만 했다. 결국 그는 궁중의 환관
을 매수하여 독극물로 광서제를 독살
토록 하였다는 것이다.

이러한 주장을 뒷받침할 만한 가장
강력한 근거는 청조의 마지막 황제였
던 부의의 다음과 같은 이야기이다.

| 광서제의 도장(청나라)

"광서제를 모시던 늙은 태감의 말
을 내가 직접 들었소. '광서제께서 돌

아가시기 하루 전날 원세개가 보내온 약제를 드셨는데, 이후 병세
가 악화되어 이튿날 붕어하셨다' 고 하였소."

이외에 이연영李蓮英이 독살했다는 설도 있다. 태감이었던 이연
영은 우연한 기회에 광서제의 일기에 서태후가 죽은 후 원세개와
자신을 죽일 것이라고 적혀 있다는 이야기를 들었다. 그래서 자신
의 목숨을 보전하기 위해 서태후와 공모하여 광서제의 음식에 독
을 타서 죽음에 이르게 했다는 것이다.

위와 같은 독살설이 아닌 정상적으로 죽었다는 설도 나름대로의
설득력이 있다. 무엇보다 여러 가지 기록 영화인 〈청궁비당淸宮秘檔〉
은 광서제가 정상적인 죽음을 맞이했다고 주장하고 있다. 정상적
으로 죽었다는 것은 외부 사람에 의한 독살이 아니라는 뜻인데, 그
렇다면 보다 구체적으로 어떤 원인으로 죽었다는 말인가? 여기에
는 결핵으로 인한 사망설과 합병증으로 인한 사망설이 있다.

우선, 전문가들이 광서제의 병력과 당시 역사적 배경 및 현대
의학이론을 종합해본 결과, 광서제의 사망원인은 심각한 결핵 때
문이라고 한다. 아마도 여기에 다른 병세까지 합쳐져서 합병증으
로 죽음에 이르렀을 것이다.

또한 청나라 황실의 공문서에는 당시 어의의 진찰기록이 남아
있는데, 광서제는 임종 직전 병세가 급격히 나빠지기는 했지만 특
별한 이상 증세는 없었으며, 독극물 중독이나 기타 살해의 증거를
찾을 수 없었다고 한다. 이렇듯 갑자기 병세가 악화되어 죽음에
이르렀기 때문에 정상적인 죽음으로 보아야 한다는 것이다.

이와 관련된 주장으로 합병증 사망설이 있다. 사서의 기록에 따

르면, 어려서부터 몸이 무척 허약했던 광서제는 특히 신장이 좋지 않았다. 그런데다 오랫동안 서태후의 감시와 억압 속에서 생활하고 몇 번의 좌절과 오랜 감금생활로 인해 건강이 좋지 않았다. 결국 신장은 물론이고 호흡기와 소화기 계통까지 나빠져서 결국 합병증에 시달리다 병사했다는 것이다. 이러한 주장은 광서제의 병력과 그 자신의 말에 따른 것이다.

오랜 세월이 흐른 지금 그를 죽음으로 몰고 간 직접적인 원인이 무엇인지를 정확하게 밝히는 일이 불가능할지도 모른다. 하지만 그의 죽음이 공교롭게도 서태후와 하루 간격으로 일어났다는 것은 묘한 여운을 남기고 있다.

〈편집자 주〉

광서제는 독살됐다!
중국 정부 5년간 연구 끝에 100년간 논쟁 종지부 찍어

중국 마지막 왕조인 청나라 광서제(1875~1908년)의 사망원인은 독살에 의한 비소 중독으로 최종 확인됐다. 〈신경보新京報〉는 중국 정부의 5년간 연구결과 광서제의 갑작스런 죽음이 급성 위장성 비소 중독과 관련이 있는 것으로 밝혀졌다고 2008년 11월 3일 보도했다.

연구진들은 광서제 유해에서 나온 머리카락과 유골, 의복의 잔류물 등에 대한 엑스레이 형광분석, 원자력 형광 광도분석 등을 실시한 결과 치사량을 초과한 다량의 비소를 검출했다고 밝혔다.

그러나 아직 누구에 의한 독살인지는 확인되지 않았다고 하는데, 항간에는 독살의 배후로 광서제를 밀어내고 섭정한 서태후, 환관 이연영, 원세개 등이 지목돼왔다.

제4부

감춰진 비밀을
따라가다

Chapter 01

《산해경》은
과연 어떤 책인가

　　　　　　　　　　《산해경山海經》은 중국의 산천과 산
에 사는 동물이나 조류, 풍속과 민정을 기록한 최초의 지리서이자
고대 신화나 전설을 모아놓은 자료집이기도 하다. 그 때문에 문화
적으로나 역사적으로 그 가치가 매우 높다. 원래 23편이 있었으나
오늘날에는 18편만 전해져 내려오고 있는 《산해경》은 무엇보다도
'괴이함'으로 유명하다. 그런데 이러한 괴이한 책이 어떤 책인지
에 대해서는 학자마다 보는 시각이 각기 다르다.

　가장 일반적인 관점은 《산해경》이 무속 계통의 책으로, 주로 제
사를 기록한 예서이자 방사方士 등이 무술을 행할 때 참고하는 저
술이라는 것이다.

　노신魯迅(루쉰, 《아큐정전》을 쓴 중국의 대표적인 문학가)은 《중국소
설사략》에서 '산해경은 고대의 무서巫書'라고 말한 바 있다. 그의

청등노인와간산해경도 靑藤老人臥看山海經圖(청나라)

청등노인이 누워서 《산해경》을 읽고 있는 정경을 그린 것이다. 청등노인은 명나라의 유명한 서법가이자 화가이며 문학가이기도 한 서위徐渭를 말하는데, 그는 위대한 반역자이기도 했다.

이런 시각은 이후 중국 학계에 큰 영향을 주어 대다수 학자들이 이를 수용하고 있다.

한편 《산해경》의 성질에 관해 가장 먼저 규정한 사람은 동한시대 사학자 사마천이다. 그는 《산해경》을 황당하고 불경스러운 책으로 보았다. 또한 《산해경》에 기록되어 있는 다른 나라의 여러 지역과 신선이나 괴물이 사는 곳 등은 모두 진한시대에 신선술을 주장했던 방사들의 기이한 이야기에 불과하다고 주장했다. 그는 이처럼 《산해경》을 무술이나 제사에 관한 기록으로 보았기 때문에 무술서로 분류하였다.

이후 후한시대 역사가인 반고班固는 이 책을 중국 한나라 유흠이 편찬한 서적 목록서인 《술수략術數略》의 '형법류刑法類'에 포함

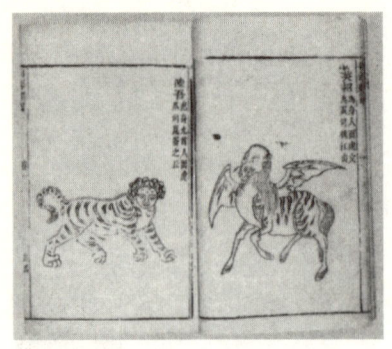

《산해경》의 일부
《산해경》은 중국 고대 서적 중에서 가장 심오한 책 가운데 하나이다. 이 책은 지리서나 문학서뿐만 아니라 무술서, 신화집, 심지어 여행기나 소설로 간주되기도 한다.

시키고, "지역 사람이나 물질들의 형상을 탐구하여 귀천이나 길흉을 분류하고 있다"고 했다. 후세의 풍수와 유사한 미신과 관련된 책이란 뜻이다.

이에 반해 현대 문학가 모순은 신화학의 관점에서 《산해경》은 황당하며 잡다한 신화나 전설만을 두루 기록하고 있는 신화 관련 총서로 보았다. 모순의 견해는 현재 가장 보편적으로 받아들여지고 있는 시각이기도 하다.

《산해경》에 수록되어 있는 신화 이야기는 주로 상고시대 전설이나 각지 제후국에서 전해지는 문서 및 민간 사이에 전해 내려오던 이야기를 모아놓은 것이다. 예를 들어 '여왜보천'(여왜가 찢어진 하늘을 꿰매다) 이야기는 〈대황서경〉에 나오고, 대우의 치수사업 이야기, 후예가 태양을 향해 활을 쏜 이야기, 공공 제위를 놓고 전욱과 다투다 불주산을 꺾어 쓰러뜨린 이야기, 황제가 치우를 붙잡은 이야기 등 여러 기이한 신화나 전설 역시 《산해경》에서 유래한 것들이다.

한편 《산해경》을 자연지리와 인문지리에 관한 책으로 "과학적 가치를 지닌 최초의 지리서"라고 주장하는 학자들도 있다. 그들은 책에는 산천과 지형의 거리는 물론이고 각지의 산맥, 하천 및 초목,

새와 짐승, 지하자원에 이르기까지 다양한 지역 특산과 물정이 기록되어 있어 군사·정치적 가치가 높다고 주장한다.

그러나 근세 학자들은 《산해경》을 과학적인 내용도 있지만 무속이나 미신과 관련된 내용이 섞여 있는 지리서로 간주하고 있다. 역사 지리학자이자 고대 신화와 종교에 정통한 고힐강은 이러한 관점에 동의하면서 무

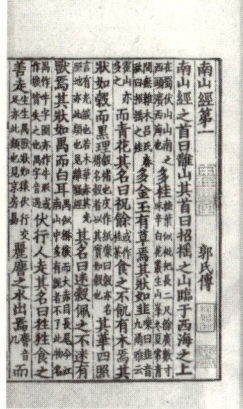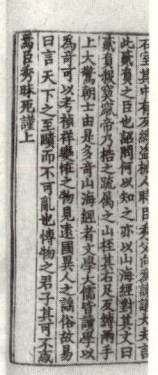

《산해경》의 일부
《산해경》은 중국 고대 신화의 보고라 할 수 있다. 수많은 신화, 예를 들어 '여왜보천', '과보추일', '정위진해精衛塡海'(여왜가 정위가 되어 서쪽 산의 나무와 돌을 물어다가 동해를 메웠다는 이야기), '형천쟁제刑天爭帝'(형천이 천제와 신의 지위를 다투었다는 이야기) 등이 그러하다. 이러한 신화 전설은 후세 문학에 큰 영향을 미쳤다.

서巫書이자 지리서라는 관점을 제기한 바 있다.

《산해경》은 아주 오랜 기간 동안 지리서로 간주돼 왔고 그것은 거의 정론이 되다시피 했다. 그러나 후세 학자들은 비록 《산해경》이 산천과 다른 나라의 지리적 특성을 기록하고 있기는 해도 이것이 지리를 설명하기 위한 게 아니기 때문에 실용적인 지리서로 분류하기에는 문제가 있다고 주장하고 있다.

한편 《산해경》이 그림에 따라 서술한 것이라는 주장도 있다. 도연명(《귀거래사》로 유명한 중국 시인)은 자신의 시 〈산해경을 읽고〉에서 이렇게 읊고 있다.

주왕전周王傳(중국에서 가장 오래된 역사소설 《목천자전穆天子傳》을 말한다)
두루 살피고, 산해경의 그림을 훑어본다.
잠깐 사이 전우주를 돌아보니, 진정 즐거움이 아니고 또 무엇이겠는가?

중국에서 아주 오래 전부터 산천이나 지형에 관한 그림이 존재
했다는 기록이 남아 있는데, 그렇다면 《산해경》이 저술되었을 당
시 이미 산천이나 지역, 신인(신령스러운 사람), 기이한 물건에 대
한 그림이 있었으며, 어쩌면 《산해경도》가 그림과 문장이 함께 실
린 현존하는 가장 오래된 책일지도 모른다. 확실히 책에는 다양한
모습의 괴물이나 신인 등의 그림과 함께 설명이 실려 있다.
　《산해경》은 실용적인 자연지리와 인문지리 관련 전문서인가 아
니면 그저 기괴하기만 한 신화 전설을 엮은 책인가? 기이한 선비
가 제멋대로 지은 소설인가 아니면 방사나 무당들이 지은 술법에
관한 저서인가? 과연 언제 만들어진 것이며 작가는 진정 누구인
가? 여전히 풀리지 않고 있는 《산해경》을 둘러싼 수수께끼에 대해
서는 좀더 새로운 발견과 연구가 필요해 보인다.

악비가 〈만강홍〉의 작가인가

악비는 남송시대 금金나라에 대항
하여 혁혁한 전과를 올렸던 맹장이다. 그는 대다수 백성들의 염원
을 대표하여 금나라에게 투항하는 것을 반대하였으며, 잃어버린
땅을 되찾고 씻을 수 없는 치욕을 되갚고자 분투하였다.

소흥 6년(1136년) 악비는 악주에서 양양으로 군사를 이동하여
북벌에 나섰다. 이양伊陽, 낙양, 상주商州 등을 순조롭게 수복하고
진陳과 채蔡 지역을 포위하였다. 그러나 연이어 전승을 거둔 상황
에서 더 이상 군사와 물자를 지원받지 못해 계속 북벌을 강행할
수 없게 된 악비는 눈물을 머금고 중도에 회군하였다. 온갖 어려
움에 굴하지 않고 남북을 가로질러 전쟁터를 휘몰아치던 그는 차
마 발길이 떨어지지 않았다.

당시 그는 이미 절도사라는 명예와 소보라는 높은 관직에 있었

지만 잃어버린 땅을 되찾고 나라의 원한을 갚겠다
는 그의 장대한 의지와 비교한다면 고위 관직이나
후한 복록은 아무 소용이 없었다. 감정이 복받쳐
오른 악비는 도저히 견디기 어려운 아픔 속에
서 애국주의적 격정이 넘치는 〈만강홍滿江紅〉
을 읊기 시작했다.

악비 상

악비岳飛(1103~1141년)의 자는 붕거鵬擧로 송나라 상
주 탕음(지금의 하남성에 있다) 사람이다. 어린 시절부
터 무예를 좋아했던 그는 19세에 군대에 들어가 평
생을 종군하였다. 그가 이끄는 부대는 군기가 매우
엄격하고 용맹무쌍하여 '악가군岳家軍'이라고 불렀
다. 1134년 양양 등 여섯 군郡을 수복하여 청원군
절도사의 자리에 올랐다. 1140년 군사를 이끌고 북
벌을 나서 채주와 정주, 낙양 등지를 연이어 되찾
았다. 그러나 당시 재상이었던 진회의 모함으로 고
종은 악비에게 철군을 명령하였다. 1141년 여름 임
안으로 소환된 그는 병권마저 박탈당했다. 그리고
얼마 후 '막수유莫須有'(당시 진회가 악비의 죄에 대하여
반드시 죄가 있다고는 할 수 없지만 아마도 있겠지'라고
한 데서 유래한 말) 죄로 피살된다. 그는 효종 때 누명
을 벗어 '무목武穆'이란 시호를 받았으며, 악왕鄂王
에 봉해졌다.

성난 머리카락은 관을 뚫을 듯한데,
난간에 기대어 바라보니 내리던 비도 그
치는구나.
서슬 퍼런 눈빛으로 눈을 부릅뜬 채
하늘 우러러 길게 울부짖으니,
비장한 가슴속에 피가 솟구치는구나.
30년간 쌓은 공명은 먼지와 같고,
8천 리 전쟁터는 구름과 달빛같이 흔적이
없구나.
어느 한순간인들 한가한 적 있으랴.
소년의 머리 이제 백발이 되었는데,
공허하고 슬픈 마음만 애절할 뿐이로다.
정강의 치욕 아직 다 설욕치 못했으니,
신하로서 그 한을 어찌 잊을 수 있으랴.
장렬한 의지로 전차를 몰아 하란산賀蘭山의
요새를 뚫고,

168

배고프면 오랑캐의 살을 씹으며,

목마르면 오랑캐의 피를 마시리라.

선두에 나서 빼앗긴 산하를 되찾아

천자의 궁궐에서 조회에 임하리라.

많은 사람들이 호방한 기운이 넘치는 이 작품을 악비가 지은 것으로 알고 있다. 그러나 근대 학자 여가석은 〈만강홍〉의 작가가 악비라는 점에 의문을 제기했는데, 다음 두 가지를 이유로 들었다.

첫 번째는 이 작품이 명나라 때인 1536년 서계徐階가 편찬한 《악무목유문岳武穆遺文》에서 처음 발견되었다는 점이다. 악비가 1141년에 세상을 떠나고, 이후 송나라와 원나라 때까지만 해도 이 작품은 전혀 알려지지 않았다. 그러던 것이 그가 죽은 지 400년이 지난 명나라 중엽에 갑자기 회자되었다는 것에 문제가 있다는 것이다.

두 번째 의문점은 악비의 손자인 악가가 편찬한 《덕금륜수편德金倫粹編》〈가집家集〉에 이 작품이 실려 있지 않다는 점이다. 악비의 아들 악림과 그의 손자 악가는 오랜 세월 갖은 고생을 다하며 악비의 유고작을 찾는 데 전력을 다했다. 그러나 정작 두 사람이 편찬한 《악왕가집岳王家集》에는 〈만강홍〉이 실려 있지 않다. 또한 31년 후 새로이 선보인 판본에서도 마찬가지로 제외되어 있었다.

악비 좌상
절강성 항주 악왕묘 안에 있다. 좌상 위에 악비의 글씨체로 '환아하산還我河山'이란 편액이 걸려 있다.

악왕묘 안에 있는 내전

진회 부부가 꿇어앉아 있는 동상. 악왕묘 안에 있다.

악왕묘 내에 있는 악비의 묘

만약 악비가 쓴 것이 사실이라면 어찌 〈만 강홍〉이 수록되지 않을 수 있겠는가? 여가석 은 이와 같은 이유로 〈만강홍〉은 악비의 작 품이 아니라 명나라 사람의 위작일 가능성이 많다고 주장하고 있다.

이후 1960년대 후반 하승도는 〈악비 '만강 홍' 사 고찰〉이라는 글에서 작품 내용 중에서 새로운 증거를 찾아내 여가석의 주장에 동의 하고 나섰다. '하란산'이라는 지명이 바로 문제였다. 그의 주장에 따르면, 악비가 금나 라 정벌을 위해 공략하고자 했던 황룡부黃龍府 는 지금의 길림성 경내에 자리하고 있고, 하 란산은 지금의 내몽고 하투河套 서쪽에 있다. 그리고 당시에는 금나라 국토가 아니라 서하 에 속한 땅이었다. 악비가 서하에 속한 하란 산을 가지고 금나라 황룡부를 공격할 리는 없

는 것으로, 그 때문에 〈만강홍〉은 악비의 작품이 아니라는 것이다.

이러한 주장에 대해 일부 학자들은 〈만강홍〉의 진위 문제에 대 해 섣불리 의심할 수 없다고 맞서면서 악비가 작가임에 틀림없다 고 주장하고 있다. 그들에 따르면 악가의 《덕금륜수편》〈가집〉에 〈만강홍〉이 실리지 않은 것은 당시의 복잡한 정세 때문이라는 것 이다. 악비가 모함으로 죽임을 당한 후 그가 황제에게 올린 의견 서를 비롯한 모든 문서가 폐기되었음을 상기하면 악비가 남긴 글

170

이 수록된다는 것은 거의 불가능에 가깝다. 또한 역사적으로 중요한 문서가 당대에는 유실되거나 사라졌다가 이후 새롭게 발견되는 경우도 허다하다. 특히 옛날 사람들은 개인의 장서를 귀한 보물처럼 여겨 외부에 공개하지 않았다. 악비의 〈만강홍〉 역시 이런 경우에 속한다는 것이다.

그리고 나아가 사詞에 나오는 '호로胡虜', '흉노', '하란산' 등은 일종의 비유에 불과하기 때문에 당시 지리적 상황과 위배된다고 해서 위작으로 간주할 수는 없다는 것이다.

〈만강홍〉의 작가가 누구이든간에 이 작품이 '정충보국精忠報國'(정성과 충성을 다하여 나라의 은혜에 보답하다)의 뜻을 펼치고 있으며, 나라를 위해 충성하고 잃어버린 국토를 되찾아 원한을 갚고자 하는 영웅의 웅장한 의기와 마음을 표현하고 있다는 것만은 분명하다. 호방하고 격앙된 음조로 이루어진 이 작품은 그야말로 "천년의 세월이 지난 뒤 읽어도 늠름한 기운을 느낄 수 있다."

악왕묘
절강성 항주에 자리하고 있다. 이곳은 원래 악비의 묘소가 있던 곳으로 후대에 악왕을 모시는 사당을 건립했다. 악왕묘 대전의 벽에는 '정충보국'이란 네 글자가 크게 적혀 있는데, 이는 악비가 어린 시절 모친에게 받은 가르침이기도 하다.

Chapter 03

공자 출생에 얽힌 미스터리

역사는 때로 전혀 생각지도 않게 들쑥날쑥 미세한 편차가 생겨 다양한 추측과 논란의 공간을 제공한다. 우리는 어쩌면 역사가 책임지지 않는 것에 대해 원망할 수도 있겠지만 한편으로는 우리에게 상상의 무대를 제공한다는 점에서 감사해야 할지도 모른다. 그곳에서 우리는 자신의 상상력을 한껏 발휘하여 남들이 전혀 불가능할 것 같다고 생각하는 사건에 역사적 인물을 끼워넣거나 객관적인 사실 위에 자신의 주관적인 생각을 보태놓을 수도 있다. 예를 들어 공자처럼 누구나 인정하고 있는 위대한 인물의 경우도 그러하다.

공자는 중국 문화사에서 그 누구보다 중요한 위치를 차지하고 있는 사상가이자 교육가이다. 그런데 그의 출생에 관한 문제는 지금까지도 풀리지 않는 수수께끼로 남아 있다. 그래서 많은 학자들

이 이 문제에 대해 다양한 의견을 내놓고 있는
데, 공자도 후세에 이런 일이 생길 것이라곤
생각조차 하지 못했을 것이다. 만약 알고
있었더라면 살아생전에 보다 분명하
고 명백하게 기록해놓았을 테니까
말이다.

공자를 중국 역사상 최초의 성
인으로 보고 있는 역사학자 전목
錢穆은 이렇게 말한 바 있다.

"공자 이전까지 중국은 이미
2500년 이상의 오랜 역사와 문화
를 가지고 있었다. 공자는 바로 이
를 집대성한 인물이다. 공자 이후로
중국은 또다시 2500년의 역사와 문화
를 향유하였다. 공자는 바로 이러한
역사와 문화를 새롭게 연 인물이다.
5천여 년 동안 중국 역사를 이끌고
중국 문화의 이상수립에 가장 큰 영
향과 공헌을 한 사람으로 공자에 비
견할 만한 사람은 없다."

공자의 이름은 구丘, 자는 중니仲尼

공자 상

공자(기원전 551년~기원전 479년), 선조들은 송나라에 살
다가 전란을 피해 노나라로 이주하였다. 부친 숙량흘
은 66세의 나이에 채 20세가 되지 않은 모친 안징재
와 혼인하였다. 두 사람은 산동 곡부 동남쪽에 있는
이산尼山으로 가서 아들을 낳게 해달라고 기도하여 마
침내 공자를 낳았다. 그래서 공자에게 구丘라는 이름을
붙였다.

이며 노나라 추읍 사람이다. 《춘추》의 기록에 따르면, 공자는 기
원전 551년인 노나라 양공 21년 11월 경자일에 태어났다. 그러나

성적도책聖迹圖册(명나라)

이 그림책은 산동성 곡부시 공부孔府에 소장되어 있다. 전체 36폭으로 비단에 채색된 이것은 연환화連環畫(연속되는 그림) 형식으로 공자의 일생을 표현하고 있다. 예를 들어 '이산지도尼山致禱'(이산에서 공자 부모가 기도함), '문례노담問禮老聃'(노자에게 예를 물어봄), '재제문소在齊聞韶'(제나라에서 소 음악을 들음), '자로문진子路問津'(자로가 나루터를 물음), '재진절량在陳絶糧'(진나라에서 공자 일행의 식량이 떨어짐), '산시정례刪詩定禮'(시를 편찬하고 예를 확정함), '한고사공漢高祀孔'(한나라 고조가 공자에게 제를 올림) 등이다. 매 작품마다 간단한 이야기와 찬사의 글이 실려 있으며, 화풍이 예스럽고 질박하며 색채 또한 온아하다. 공자의 일생을 생동감 있게 표현하고 있는 중요한 화집이다.

《사기》에는 공자가 노나라 양공 22년 8월 경자일에 태어난 것으로 기록되어 있다. 이는 《춘추》를 해석한 책인 《공양전》이나 《곡양전》은 고대 하력(10월 역법)을 사용했지만 《사기》는 노나라 역법에 따랐기 때문에 생긴 착오일 것으로 보인다.

전설에 따르면 공자는 키가 장대같이 크고 정수리에는 혹처럼 솟구친 부분이 있어 생김새가 보통 사람들과 달랐다고 한다. 그 때문에 사람들은 공자의 출생을 둘러싸고 여러 가지 흥미로운 상상을 하곤 했다. 그중에서도 비교적 유명한 이야기는 다음 두 가지이다.

하나는 공자의 부모는 총명하고 영리한 아들을 얻기 위해 이구산尼丘山에서 기도를 올렸다고 한다. 낭만적인 분위기가 물씬 풍기는 이 전설은 후대 사람들로 하여금 공자에 대한 무한한 존경심을 불러일으키게 한다. 여하튼 공자 부모의 진실하고 경건한 마음이 하늘을 감동시켰는지 흑룡黑龍의 정령을 받아 마침내 공자를 낳았다.

부자동 夫子洞
공자가 태어나기 전 그의 부모는 산동 곡부의 이구산에서 기도를 올렸다. 그래서 공자가 출생한 후 그곳 산이름을 따서 이름을 '구', 자를 중니라고 지었다. 사진은 이구산의 부자동으로 공자의 출생지라고 한다.

물론 이 이야기의 진실 여부는 고증할 방법이 없지만 사서에 이와 유사한 내용이 실려 있다. 예를 들어 동한시대 정현이 쓴《예기》〈단궁정의〉에는 "숙량흘叔梁紇(공자의 아버지)이 부인 안징재顔徵在와 함께 이구산에서 기도를 올려 흑룡의 정령을 얻어 중니를 낳았다"라고 기록되어 있다. 또 다른 전설에 따르면, 공자의 어머니 안징재는 꿈속에서 흑제黑帝(겨울을 맡은 북쪽의 신)의 기운을 받아 공자를 낳았다고 한다.

위 두 가지 이야기는 모두 신화적인 색채가 짙으며 심지어 황당하기까지 하다. 그러나 그것은 분명 사람들의 아름다운 염원을 나타낸 것이리라. 사람들은 보통 성인의 출현을 아름다운 동화처럼 꾸미고 싶은 마음을 지니고 있기 때문이다.

그러나 공자의 출생에 관해 위의 것과는 전혀 다른 이야기도 있다. 우선 용모 면에서 허우대가 크고 장대한 모습으로 묘사된 경

공묘 孔廟

산동성 곡부시 공묘는 기원전 478년 전국시대에 처음 지어졌으며, 이후 2천여 년 동안 공자에게 제를 지내는 성지가 되었다. 현존하는 건축물은 주로 명청대에 세워진 것으로, 전체 약 2만여 평에 100개의 건축물과 전殿, 당堂, 정亭, 무廡 등 464칸의 크고 작은 집이 들어서 있다. 건물은 황색 기와에 붉은 색 담장으로 이루어져 있는데, 황가가 아닌데도 황궁의 규격에 따라 지어진 유일한 건축물들이다. 북경 고궁, 하북성 승덕의 피서산장과 더불어 중국 3대 고건축물로 불린다.

우도 있지만 절을 하는 곱사등이처럼 그려놓은 경우도 있다. 실제로 어떤 이들은 공자가 정식 부부가 아닌 남녀 사이에서 정을 통해 태어난 사생아이자 버려진 아이라고 주장하기도 한다. 특히 사마천은 부친인 숙량흘이 사제社祭(땅을 다스리는 신령에 대한 제사) 때 평민 소녀인 안씨와 이산 언덕배기에서 야합野合하여 공자를 얻게 되었다고 기록했다. 사실 '야합'이란 정상적인 관계가 아닌 남녀가 사사롭게 관계를 맺는 것을 말하는데, 학자들은 '야합'에 대해 나름대로 합리적인 해석을 하기도 한다.

상고시대 때 야합은 주요풍습 가운데 하나로 봄과 가을의 사제

공자의 묘

공자의 묘소는 산동성 곡부시 공림 중간에서 약
간 남쪽으로 치우친 곳의 수수교洙水橋를 지나 북
향전 후원에 자리하고 있다. 공림은 '지성림至聖林
(성스러운 숲에 도달했다는 뜻)'으로 부르기도 하는데,
공자와 그의 집안 묘지이다. 전체 면적은 2km²이
고, 담장 둘레는 7.25km로 현존하는 중국 건축물
가운데 가장 크고 가장 오래된 가족 묘지이다.

와 관련이 있는 중요한 종교활동이었다. 당시 사람들은 '야합'을
통해 농사의 파종과 수확을 촉진할 수 있을 것이라고 믿었다. 물
론 이러한 해석이 공자의 후손들이나 후학들에게 약간의 위로가
될지는 모르겠지만 충분한 설명이라는 생각은 들지 않는다.

  여하간 공자는 태어난 이후 성년이 될 때까지 어머니 집안에서
자라면서 아버지가 누구인지 전혀 모르고 있었다. 춘추시대 때는
은나라 모계사회의 전통이 여전히 남아 있어 공자가 어머니 집안
에서 자랐다는 것은 그다
지 이상할 게 없다.

  공자는 어린 시절 내내
빈궁하고 비천한 생활을
해야만 했다.

  그의 어머니 안징재는
비록 빈한한 삶을 살기는
해도 의지가 굳고 강인한

양공림묘군梁公林墓群

양공림은 산동성 곡부시에 있는 공자 부모의 합장묘이
다. 양공림묘군은 1992년 산동성 인민정부에 의해 산
동성 중점 문물보호지역으로 공포되었다.

여인이었다. 그녀는 죽을 때까지 공자가 세 살 때 돌아가신 아버지에 관한 이야기를 한마디도 하지 않았다. 공자 나이 열일곱 살 때 어머니가 죽자 가난한 집안 형편 때문에 장례를 소박하게 치르고 평지에 매장시켰다. 그리고 얼마 후 안씨 이웃에 살고 있던 마차꾼의 어머니가 공자에게 생부에 관한 이야기를 전해주면서 공씨 가문의 묘지를 알려주었다.

공자의 증조할아버지 공방숙孔防叔은 방읍의 대부로 봉해져서 '방숙'으로 불렸다. 당시 17세의 혈기왕성한 공자는 그 길로 공씨 집안을 찾아가 부친 묘에 어머니를 함께 묻어줄 것을 요청해 결국 승낙을 받아냈다.

학자들 중에는 공자가 했던 이야기 속에서 이와 관련 있는 흔적을 찾아 증거로 삼기도 한다.

"옛날 선인들의 예와 악은 소박하여 야인과 같고, 후인들의 예악은 화려하여 군자와 같다고 할 수 있다. 만약 두 가지 가운데 하나를 써야 한다면 나는 선인들의 예악을 따르겠다."

공자 스스로 선인들의 '야인'과 같은 예악을 선택하겠다는 말이 자신의 태생과 관련이 있다는 뜻이다. 그러나 이 역시 크게 공감할 만한 내용은 아닌 듯하다.

공자의 출생과 어린 시절에 관련된 많은 이야기는 대부분이 이야기를 한 개개인의 기호와 크게 관련 있어 보인다. 그 때문에 부모가 기도하여 얻은 아들이라는 찬송의 이야기가 있는가 하면, 버림받은 사생아라는 이야기가 함께 전해지는 듯하다.

178

Chapter 04

맹강녀는 정말로
만리장성에서 목놓아 울었나

　　　　　　　　　맹강녀孟姜女의 전설은 시문은 물론
노래, 희곡 등 다양한 형식으로 오랜 세월 전해져 내려왔기 때문
에 모르는 이가 거의 없을 정도이다.

　맹강녀 이야기는 《백사전白蛇傳》, 《견우와 직녀》, 《양산백》과 함
께 중국 4대 민간전설의 하나이다. 그런데 이런 맹강녀에 관한 이
야기가 도대체 어떻게 만들어진 것이며, 과연 맹강녀가 만리장성
에서 진짜 통곡했는지에 관해 이견이 적지 않다.

　대다수 학자들은 맹강녀 이야기는 《좌씨전》의 '기량杞梁의 처가
죽은 남편을 위해 통곡하자 장성이 무너졌다'는 기록에 근거한 것
으로 이후 다양한 형식을 통해 민간에 전해져 내려오는 것이라고
보고 있다.

　중국 학계 최초로 맹강녀 이야기에 대한 연구를 시작하여 탁월

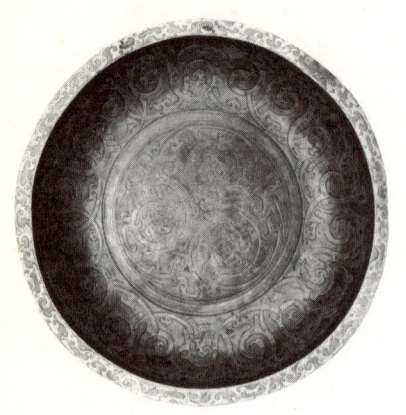

함양궁 咸陽宮 은쟁반(진나라)

진시황이 여섯 나라를 무너뜨리며 천하를 제패한 후, 여섯 나라의 문화예술은 강대한 제국의 영토에서 더욱 크게 발전하였다. 그리고 이것은 한대漢代에 찬란한 문화가 꽃피는 데 든든한 토대가 되었다. 당시 여섯 나라의 공예기술을 집대성한 이 은쟁반은 제나라 제후왕이 보내온 것으로 진나라 황실용품으로 사용되었던 것이다.

한 성과를 거둔 고힐강은 맹강녀와 만리장성은 전혀 관련이 없다고 했다. 그에 따르면, 맹강녀는 춘추시대 제나라 사람이다. 앞서 얘기한 대로 그녀에 대한 이야기는 《좌씨전》 양공 22년(기원전 550년)에 일어난 전설에서 시작된다.

제나라 장군 기량은 거나라 공격 시 선봉에 섰다가 전사하고 말았다. 제나라에서 잘 울기로 소문나 있던 그의 아내는 자기 남편이 불행히도 전사했다는 소식을 듣고 대성통곡하였다. 전하는 말에 따르면, 남편을 애도하는 그녀의 울음소리는 너무도 애통하여 모든 이들의 심금을 울렸으며, 급기야 성까지 무너져 내렸다고 한다.

당대에 들어오자 '기량의 처가 통곡하자 성이 무너졌다'는 이야기는 내용적으로 크게 변하게 된다. 관휴貫休라는 승려가 기량 부부에 관한 이야기와 진나라 장성 건설을 연결시킨 결과이다. 그 이후 '맹강녀가 장성에서 통곡했다'는 이야기가 전해지기 시작했다. 이런 가정 하에서 고힐강은 맹강녀가 《좌씨전》에 나오는 '기량의 처'이며, 당나라 이래로 맹강녀 이야기는 춘추시대 기량의 처에 관한 이야기가 변화, 발전한 것이라고 주장하였다.

적지 않은 학자들이 고힐강의 논점에 동의하고 있다. 예를 들어

180

강녀묘姜女廟
산해관 밖 소나무 그늘 아래 맹강녀의 사당이 외롭게 서 있다. 동쪽으로 큰 바다를 바라보고 남쪽으로 장성을 쳐다보며 유구한 역사의 강물 속에서 남편을 찾아 헤매던 그녀의 모습이 감동스럽게 떠오른다.

종경문種敬文은 민간에 전해져 내려오는 전설은 이러한 민간문학 형식으로 전달되는 과정에서 끊임없이 변화하게 마련이라면서 《좌씨전》에는 기량의 처가 처량하게 통곡했다고 나오지만 《예기·단궁》에서는 길가에서 영구를 맞이하여 통곡했다고 나오며, 한대 유향의 《열녀전》에서는 더욱 과장되어 그녀가 열흘 동안 통곡하니 성벽이 무너졌으며, 끝내 물에 빠져죽은 것으로 나온다.

이렇듯 너무나 애통하여 감동을 주는 맹강녀 이야기는 2천여 년 동안 매우 광범위한 지역에 전래되었기 때문에 다양한 형태로 변화되는 것은 필연적이라는 것이다. 다시 말해 맹강녀의 전설은 제나라 기량의 처에 관한 이야기가 점차 변화·발전하면서 수당대隋唐代에 이르러 맹강녀가 만리장성 앞에서 통곡하니 장성의 일부가 무너지면서 남편의 시체가 나왔다는 식으로 급변하게 되었다는 뜻이다.

그런가 하면 맹강녀가 장성에서 통곡한 것은 분명한 사실로, 춘

| 전국시대 장성 유적지

추시대(대략 기원전 549년)에 당시 태산 북쪽에 자리하고 있던 제나라에서 일어났다고 주장하는 이들도 있다. 그들의 주장에 따르면, 맹강녀가 통곡했다는 장성은 진시황이 만든 만리장성이 아니라 제나라 장성이다. 맹강녀가 너무나 슬피 울어 장성이 무너졌다고 할 때 진나라의 장성은 아직 완성되지 않은 상황이지만 제나라 장성의 서쪽은 기원전 557년에 이미 완성되어 있었기 때문이다.

맹강녀 이야기는 산동에서 일어난 일이고, 제나라 장성은 기량이 전사하기 이전에 이미 완성되어 있었으나 진나라 장성과 그 외 다른 나라의 장성은 아직 축성되지 않은 상태이기 때문에 맹강녀 이야기 속의 장성은 진은 물론 다른 어떤 나라도 아닌 제나라 장성일 수밖에 없다는 것이다.

그러나 어떤 학자들은 춘추시대 기량의 처에 관한 이야기가 당대 이후 변화·발전했다는 고힐강의 관점을 인정하지 않고 있다. 노공路工은 기량의 처 이야기와 맹강녀 이야기는 전혀 다른 내용이고, 주인공 역시 전혀 다른 사람으로 맹강녀 이야기가《좌씨전》의 기량의 처 이야기에서 유래되었다고 단정할 만한 근거가 없다고 주장했다.

그에 따르면, 맹강녀 이야기가 생겨나게 된 근본적인 원인은 당시 민중들이 전쟁과 노역으로 수많은 재난과 고통을 당했기 때문이다. 장성은 춘추전국시대부터 명대까지 끊임없이 건설되거나 보수되었다. 따라서 어떤 시대이든 맹강녀 이야기와 같은 사건이 일어났을 가능성이 많다. 그렇다면 맹강녀가 장성에서 통곡했다는 이야기는 수많은 백성들의 공동 창작으로 그들 자신의 고통과 비분, 그리고 어찌할 수 없는 처지를 표현한 것이라고 말할 수 있다.

구소련 학자 리플린B. Riftlin도 맹강녀의 전설과 기량의 처 이야기는 서로 무관하다면서 1961년에 출간한 《만리장성의 전설과 중국 민간문학의 체제 문제》라는 책에서 이렇게 지적했다.

고힐강이 맹강녀에 관한 여러 작품을 분석하기는 했어도 그는 민간의 문학창작과 인민들의 생활을 연계시키지 못했다. 고힐강은 맹강녀의 전설이 고대 전적에서 유래했다고 주장했지만, 이에 대해 결코 동의할 수 없다. 맹강녀의 전설은 민간에서 입으로 전해져 내려오던 것으로, 나중에 문장화되면서 여러 가지 역사적인 조건 때문에 내용상의 변화가 생겨났다.

한편 맹강녀 전설을 기록한 최초의 문헌은 당대의 《동현기同賢記》이다. 《동현기》의 내용은 당대 사람의 《조옥집琱玉集》에 전재되어 있다. 《동현기》에서는 진시황 때 만리장성을 축조하던 시절로 시대배경을 설정하고, 남자 주인공 기량은 당시 장성에서 근무하던 병사로 나온다. 기량은 고된 노동에 지친 나머지 도망치지만 금세 발각되어 창졸간에 어느 집 후원으로 들어간다.

만리장성 제1대돈 유적
진나라 때 축조된 장성 가운데 유림楡林이란 곳이 지세가 가장 높아 봉화대도 가장 크고 주둔군 역시 가장 많았다. 이곳은 두 방향의 장성이 합쳐지는 곳으로 진나라 이후에도 북방의 적을 차단하는 중요 군사 요충지였으며, 진북대鎭北臺라고 불렸다.

그곳에서 그는 집주인 맹씨의 딸 맹중자孟仲姿와 마주치게 되는데, 때마침 그녀는 목욕을 하고 있었다. 외간남자에게 자신의 벌거벗은 몸을 보이게 된 맹중자는 수치심이 극에 달했다. 결국 집안의 명예와 체면 때문에 서둘러 혼인을 하였는데, 점차 서로 깊이 사랑하게 되었다.

그러나 얼마 후 기량은 자신이 근무하던 곳으로 다시 갔다가 그만 매를 맞아 죽고, 그의 시신은 건설 중이던 장성 안에 파묻혔다. 남편이 죽었다는 소식을 들은 맹중자는 그 길로 장성으로 가서 대성통곡을 하였는데, 과연 장성이 무너지면서 남편의 시신이 나타났다.

《동현기》의 내용으로 볼 때 맹강녀 이야기와 장군 기량의 처 이야기는 근본적으로 관련이 없다. 따라서 역사연구에 있어 역사적 인물이나 사실을 기계적으로 대입해서는 안 되는 일이며 전설 속의 인물이나 사실을 대조하여 진실 여부를 증명해야 할 것이다.

맹강녀의 이야기는 당, 송, 원, 명, 청을 거쳐 여러 문인들에 의해 새롭게 창작되면서 현재 여러 판본이 나와 있다. 판본마다 남녀 주인공 이름은 물론이고 처지나 형편, 이야기 구성, 통곡 장소 등이 모두 다르다. 그중에서도 어떤 것이 가장 설득력 있고, 사실에 근접한지에 대해서는 아직 학자들 간에 논쟁이 치열하다.

Chapter 05

조식은 누구를 위해
〈낙신부〉를 쓴 것인가

　　　　　　　　　　조식(192~232년), 자는 자건子建이며 조
조의 세 번째 아들이자 조비曹조의 친동생이다. 난세에 태어나 군
영에서 자라다시피 했지만 워낙 박학다식한데다 재주가 많아 조
조의 총애를 받았으며, 몇 번이나 태자로 책립되기도 했다.

　그러나 조식은 천성적으로 얽매이는 것을 싫어했을 뿐 아니라
지나칠 정도로 음주에 빠져 있어 결국 태자 자리를 둘러싼 투쟁에
서 형인 조비에게 패배하고 말았다.

　조조가 죽은 후 그 뒤를 이은 조비는 얼마 후 한 헌제를 내보내
고 황제의 자리에 올랐다. 조비는 조식의 문재가 뛰어난 것을 시
기하여 박해와 압력을 그치지 않았다. 그는 수차례에 걸쳐 조식의
작위를 빼앗고 봉지를 교체하는 등 조식에 대한 압박을 멈추지 않
았다. 그가 죽고 명제 조예曹睿가 즉위했을 때도 조식은 여전히 심

한 감시와 억압에서 벗어나지 못했다.

조식의 문학작품 성향은 크게 전기와 후기로 분명히 나눌 수 있다. 전기에 그는 조비와 마찬가지로 업하鄴下 문인집단의 일원으로 활동하였다. 업하 문인집단은 때로 산천을 유람하며 시부를 지었는데, 이를 통해 자신의 정치적 이상을 펼치기도 하고 그 당시 시국의 어려움이나 고통받는 백성의 아픔을 노래하였다. 조식의 전기 작품들은 이렇듯 강개하면서 이상에 찬 내용이 대부분이었다.

| 조식 상

그러나 후기 작품들은 주로 억압받고 있는 자신의 모습을 반영하려는 듯 억울하고 비참한 심정을 토로하는 내용이 많다. 그중 후기 대표작이라 할 수 있는 〈낙신부洛神賦〉는 후

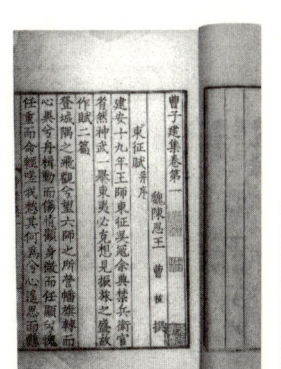

〈조자건집曹子建集〉 일부

조식은 시문은 물론이고 부賦에도 능한 문재文才로서 '여러 문재들 가운데서도 독보적인 존재'라는 찬사를 들었다. 〈낙신부〉는 건안시대 사부辭賦를 대표하는 가장 예술성 뛰어난 작품이다. 종영은 《시품詩品》에서 그를 일러 '건안지걸建安之杰'이라고 찬사를 아끼지 않았으며, 특히 그의 오언시에 대해서는 '오언시의 으뜸'이라는 명예를 부여했다.

세에 굴원의 《구가九歌·상군湘君》에 필적할 만한 뛰어난 작품으로 칭송되고 있다. 〈낙신부〉는 구상構想이 매우 새롭고 묘사가 생동적일 뿐만 아니라 언어 구사가 자연스럽고 아름답다는 점에서 건안建安 문학의 대표작이라 해도 과언이 아니다.

그런데 조식이 이렇듯 우수한 작품인 〈낙신부〉를 쓴 이유, 즉 누구를 위해 썼는가에 대해서는 중설이 분분하다. 223년에 완성된 〈낙신부〉는 과연 누구를 위한 작품인가?

당나라 학자 이선李善은 《문선주文選注》를 쓰면서 〈낙신부〉는 조식이 오랫동안 사모해왔던 죽은 형수 견후甄后를 위해 쓴 것이기 때문에 〈감견부感甄賦(견씨 부인을 생각하며 지은 부라는 의미)〉라고 부르기도 한다고 주장했다. 견후는 원래 원술의 며느리였는데, 조조가 원술을 공략한 후 그녀를 조비에게 주었다.

《문선주》에 따르면, 견후가 죽은 후 조식이 조비를 알현하러 갔을 때, 예기치 않게 형수인 견후가 남긴 유물을 보고 하염없이 눈물을 흘렸다. 그가 조정에서 물러나와 자신의 땅으로 돌아가던 중 낙수洛水에 도달했을 때 극도로 상심해 있는데다 여정의 피로까지 겹쳐 정신이 몽롱한 지경에 이르렀다. 그때 문득 눈앞에 견후의 환영이 나타나자 조식은 희비가 교차하는 가운데 일시에 시심이 솟구쳐 순식간에 〈감견부〉를 지었다. 이것을 읽은 조비의 아들 위나라 명제는 조식의 문학적 재능에 탄복하는 한편, 제목이 마땅치 않다고 여겨 〈감견부〉를 〈낙신부〉로 바꾸었다.

그러나 이러한 이야기는 다른 역사서에서는 전혀 찾아볼 수 없고 민간에서만 전해져 내려올 뿐이다. 그래서 어떤 학자는 이는

낙신도 洛神圖, 소신 蕭晨(청나라)

〈낙신부〉는 조식과 낙신의 아름답지만 슬픈 사랑 이야기를 묘사하고 있다. 초반부는 주로 낙신의 아름다운 자태와 용모, 그윽한 분위기 등을 묘사하고 있으며, 이어서 그녀에 대한 연모의 정을 서술하고 있다. 그리고 마지막에 가서 사람과 신의 길이 달라 끝내 결합하지 못한 채 헤어지게 되어 실망하는 애절한 마음을 토로하고 있다. 청대 소신이 그린 이 작품은 낙신이 파도 위를 가볍게 거니는 모습을 그리고 있는데 옥처럼 고결한 모습과 그윽한 자태가 그대로 살아나 수많은 낙신도 가운데서 최고의 작품으로 손꼽힌다.

일반 백성들이 당시 민간에 유전되고 있던 〈감견기感甄記〉를 개편한 것으로 문헌증거가 충분치 않기 때문에 믿을 수 없다고 주장하고 있다.

다른 한편, 조식이 〈낙신부〉에서 아름다운 사랑을 노래하고 있는 듯하지만 사실은 뛰어난 재주를 지녔으나 시대를 만나지 못해 그것을 제대로 펼칠 수 없는 낙신洛神(낙수의 여신)을 통해 웅대한 뜻을 지녔으나 온갖 박해와 시기로 인해 좌절할 수밖에 없는 조식 자신을 비유하는 것이라고 주장하는 학자들도 있다. 작품에서 인간과 신이 만나 서로 사랑을 나누지만 끝내 결합하지 못하는 안타까운 정황이 이러한 주장을 뒷받침한다는 것이다.

〈낙신부〉가 견후를 위한 것이 아니라고 주장하는 이들은 다음과 같은 또 다른 이유를 제시하고 있다. 우선 조식이 처해 있던 환경

낙신부도洛神賦圖의 일부, 고개지(동진)

이 그림은 조식의 〈낙신부〉를 소재로 조식이 낙수에서 복비宓妃와 만나는 낭만적인 이야기를 묘사하고 있다. 고개지는 두루마리 형식으로 연속되는 화면을 통해 문학작품의 내용을 예술적으로 표현하여 조식의 애절하고 답답한 마음을 여실히 드러내주고 있다. 특히 '날아가는 기러기도 놀랄 만큼 아름답게 나부끼고 물속을 노니는 용처럼 은근하게 아름다운' 낙수 여신의 모습을 감동적으로 전달함으로써 조식의 〈낙신부〉와 교묘하게 어울려 중국 회화사에서 불후의 명작으로 알려져 있다.

으로 볼 때 조식이 형수인 견후를 사랑한다는 것은 불가능하다는 것이다. 한걸음 물러나 조식이 견후를 사랑했다 할지라도 조식과 조비가 극도의 긴장관계에 놓여 있던 당시 상황에서 조식이 그렇게 노골적으로 〈감견부〉를 지어 형수에 대한 애정을 드러낼 수는 없었을 것이다.

실제로 황제의 자리에 오른 조비는 조조가 살아 있을 때 조식과 후계자 싸움을 벌였던 사실을 잊지 않았다. 그래서 틈틈이 조식을 사지로 몰고 갈 기회를 엿보곤 했는데, 이런 사실은 조식의 유명한 〈칠보시七步詩〉에서도 읽을 수 있다.

콩을 삶는데 콩깍지를 태우니,
콩은 솥 안에서 눈물 흘리누나.
본시 같은 뿌리에서 태어났건만,
들볶는 것이 어찌 이리도 심하단 말인가?

또한 중국 봉건사회에서 형수에게 연정을 품는다는 것은 결코 타당한 일이 아니었다. 민간에서 볼 때 이는 인륜에 어긋나는 일

190

로 짐승이나 할 짓이었다. 따라서 만약 〈낙신부〉가 정말로 견후에 대한 연모의 정을 담고 있는 것이라면 민간에서 그처럼 광범위하게 전해져 내려오지 않았을 것이다.

나아가 〈낙신부〉와 〈감견부〉는 서로 다른 것이라고 주장하는 사람도 있다. 그들에 의하면 〈감견부〉가 분명 있기는 해도 그것이 곧 〈낙신부〉는 아니라는 것이다.

이외에 또 다른 관점은 〈낙신부〉에 나오는 여신의 형상이 조식 자신에 대한 비유라는 주장이다. 실제로 역대 뛰어난 문인들 가운데 여성의 형상으로 자신을 비유한 경우가 적지 않다. 조식 또한 낙수의 여신을 빌려 자신을 비유했을 가능성을 완전히 배제할 수는 없다.

물론 이와 정반대로 〈낙신부〉는 조식이 견후를 위해 쓴 것이며, 낙수의 여신은 바로 견후를 비유한 것이라고 주장하는 이들도 적지 않다. 그들은 나름대로 여러 가지 문헌자료를 통해 증거를 제시하고 있다. 우선 《태평광기》와 《유서類書》에 의하면 낙수의 여신이 바로 견후라는 것이다. 유미주의적 시인으로 정평이 나 있는 이상은李商隱 역시 자신의 시에서 조식이 견후를 연모했다는 이야기를 여러 차례 인용한다. 현대 작가 곽말약도 〈조식을 논함論曹植〉에서 위진시대 남녀 관계는 생각보다 엄격하지 않았다면서 〈낙신부〉는 조식이 형수였던 견후를 위해 쓴 작품이라고 했다.

도대체 조식은 왜 〈낙신부〉를 쓴 것인가? 여전히 미궁에 빠져 있는 이 문제는 향후 새로운 역사문헌이 발견되지 않는 이상 쉽게 풀릴 것 같지는 않다.

Chapter 06

《홍루몽》 속편의 저자는
조설근인가, 고악인가

《서유기》, 《수호지》, 《삼국지연의》,
《홍루몽》은 중국 고전문학의 4대 명저이다. 그중에서도 문학적 성
취도가 가장 높아 중국 고전문학의 최고봉이라 일컫는 것이 바로
《홍루몽》이다.

지금으로부터 200여 년 전에 저술된 이 작품은 판본이 여러 가
지이며 수십 종의 속편이 전해져 내려오고 있다. 《홍루몽》은 《석
두기石頭記》, 《금옥연金玉緣》, 《풍월보감風月寶鑑》, 《금릉십이채金陵十二
叙》라고도 한다.

흔히 조설근曹雪芹이 《홍루몽》 전반부 80회를 지었고, 후반부 40
회는 청나라 문인 고악高鶚이 쓴 것으로 보고 있다. 그러나 《홍루
몽》에 대한 관심과 애정이 점차 높아지면서 조설근이 마음속으로
생각하고 있던 《홍루몽》 후반부 40회는 어떤 내용이었을까 궁금

하게 여기는 이들이 점점 많아지고 있다. 아울러 실제로 《홍루몽》
의 속편에 해당하는 후반부 40회를 고악이 썼다는 데 대해 의심하
는 이들도 적지 않다.

'고악이 후반부를 이어 썼다'는 설을 최초로 제기한 사람은 중
국의 대학자 호적胡適 선생이다. 그는 소설 속의 시사詩詞가 등장인
물의 운명과 결말을 암시하고 있다는 생각이 들었는데, 후반부로
가면서 일부 인물의 운명이나 결말이 앞서 암시한 내용과 달라진
다는 것을 알게 되었다. 그래서 그는 소설의 전반 80회와 후반 40
회가 서로 모순된다고 주장하는 한편, 한걸음 더 나아가 《홍루몽》
은 조설근 한 사람이 아닌 두 사람이 썼을 가능성이 크다고 주장
하기에 이른다.

그의 고증에 따르면, 고악과 같은 해에 진사가 된 장선산張船山

대관원大觀園 그림 일부(청나라)

《홍루몽》속에 등장하는 가보옥賈寶玉의 집. 뱃놀이를 할 수 있는 연못이 있고, 가축을 방목할 수 있는 정원이 있으며, 대관원 내의 건물 하나하나가 고급주택의 규모를 가질 만큼 광대한 규모를 자랑한다. 결국 공사비와 유지비는 가씨 집안의 재정에 큰 부담이 되어 몰락의 원인이 된다.

은 〈증고란서악동년시贈高蘭墅鶚同年詩〉해제를 통해 "전기傳記《홍루몽》후반 40회는 모두 난서蘭墅(고악의 자字)가 보충한 것이다"라고 하였다. 그래서 호적은 고악이《홍루몽》후반 40회의 작가라고 단정했다.

그 후 많은 사람들이 호적의 의견을 받아들여 후반 40회의 작가를 고악이라고 생각하게 된 것이다.

그렇다면 고악이《홍루몽》을 보완하게 된 근본 동기는 무엇인가? 첫 번째는 고악이 자신의 애호에 따라 제멋대로 후반 40회를 만들어 스스로 즐기고자 했다는 주장이고, 두 번째는 고악이 청나라 조정의 요청에 따라《홍루몽》을 수정 보완한 것이기 때문에 어쩔 수 없이 내용상의 제약이 있었다는 주장이다.

그러나《홍루몽》내용에 대한 보다 면밀한 검토를 통해 고악의 속편 저작설을 부정하는 이들이 많다. 그들은 우선 고악의 생애를 살펴볼 때《홍루몽》후반 40회를 저술할 만큼 시간적인 여유가 없었을 것으로 보고 있다. 청나라 문학가인 고악은 자가 난서 또는 운사雲士로 특히《홍루몽》을 좋아하여 자신의 별명을 '홍루외사紅樓外史'로 짓기도 했다. 그는 건륭 53년(1788년)에 과거에 합격, 그

후 56년(1791년)에 진사가 되었다.

　호적의 고증에 따르면, 고악이 《홍루몽》 후편을 쓴 것은 1791년부터 1792년까지 2년간이다. 그렇다면 그토록 짧은 시간에 원서의 절반 분량인 40회를 쓸 수 있었을까? 더군다나 그 기간은 이제 막 진사가 되어 정신없이 바쁠 때인데 그가 남는 시간에 《홍루몽》의 속편을 썼다는 것은 이치상 맞지 않는다.

　다음으로 고악이 40회를 쓸 당시만 해도 조설근이 《홍루몽》을 완성한 때

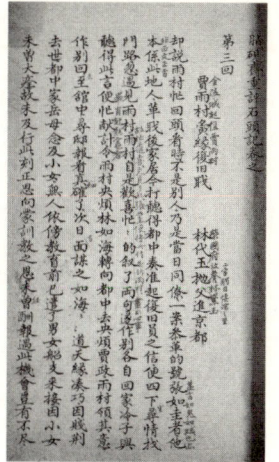

《석두기石頭記》 청, 조설근 저, 지연재脂硯齋 비점본批點本
《홍루몽》은 《석두기》라는 제목으로도 불리는데, 이는 주인공 가보옥의 일생에 대한 기록이라는 의미이다.

대관원 그림(청나라)
이 그림은 세로 137cm, 가로 362cm에 달하는 화폭에 요정관, 모란정, 형무원, 몽풍헌, 철벽산장 등 다섯 곳에서 살던 인물 173명을 그리고 있어 《홍루몽》 연구에 진귀한 자료가 되고 있다.

금릉십이채사녀도 金陵十二釵仕女圖에 나오는 임대옥의 모습, 비단욱 費丹旭(청나라)
주인공 가보옥은 사촌누이인 임대옥과의 결혼을 원하지만 할머니의 반대로 뜻을 이루지 못한다.

로부터 그다지 오래되지 않아 원본이 완전히 소실되지 않고 일부
사라지거나 부정확한 부분이 있어 보충할 필요가 있었을 것이다.
그런데도 고악은 왜 기존의 것을 버리고 자신이 40회를 다시 쓴
것일까? 설마 그 스스로 조설근을 대신하여 무명의 영웅이 되고
자 생각한 것은 아닐 것이다.

　이외에 중국 홍학 紅學(홍루몽을 학문 대상으로 삼아 홍학이라고 부른
다)의 전문가 주여창 周汝昌 선생의 고증에 따르면, 《홍루몽》의 결론
은 고악의 것과 다르다고 한다. 우선 집안 재산을 몰수당한 후 가
씨 집안이 몰락하고, 가정 賈政의 첩인 조이낭 趙姨娘과 그의 아들 가
환 賈環의 밀고로 보옥과 봉저 鳳姐가 투옥된다. 이후 소홍 小紅(홍옥)

과 가운賈芸에 의해 구사일생으로 살아나지만 봉저는 이로 인해 죽고 보옥이 고생할 때 설보채薛寶釵도 원통하게 죽게 된다. 재산을 몰수당하기 전 보옥과 상운湘雲은 호수에 투신하였는데 나중에 상운은 겨우 살아나 기녀로 전락한

금릉십이채사녀도에 나오는 사상운의 모습, 비단욱(청나라)
금릉십이채란 《홍루몽》의 여자 주인공 12명을 뜻하는 것으로 《홍루몽》의 또 다른 제목이기도 하다.

다. 그러다가 마지막에 보옥과 만나 부부의 인연을 맺는다.

그렇다면 고악의 속편은 어찌하여 양쪽에서 욕을 먹는 것인가? 전하는 말에 따르면, 조설근은 자신이 쓴《홍루몽》을 '10년 동안 읽으면서 다섯 차례나 교정을 보았다'고 한다. 이는 《홍루몽》이 이미 완성본으로 끝났다

금릉십이채사녀도에 나오는 설보채의 모습, 비단욱 (청나라)
주인공 가보옥과 결혼하지만 끝내 사랑을 받지 못한 채 쓸쓸히 지낸다.

는 뜻이니, 다만 어떤 이유가 있어 마지막 40회를 볼 수 없게 된 것이라고 할 수 있다.

고악은 정말《홍루몽》속편 40회를 쓴 것일까? 일부 전문가들은 고악은《홍루몽》의 후편을 쓰지 않았으며, 현존하는 작품은 모두 조설근 본인이 쓴 것이라고 보고 있다. 그들의 고증에 따르면, 1959년 산서성에서 발견된《건륭초본 120회 홍루몽고乾隆抄本百卄回

紅樓夢稿》(간략히 《홍루몽고》라 한다)와 다른 판본을 대조해본 결과 《홍루몽고》는 조설근의 친필 원고이며, 다른 판본은 서로 다른 사람들에 의해 일부 개정된 초본抄本이다. 다만 오랜 기간 동안 여러 사람들에 의해 가감되었기 때문에 자연스럽게 여러 가지 판본이 생겨난 것이다.

이외에 언어 풍격면에서도 그 이유를 찾을 수 있다. 전체 120회에서 통용되는 말들은 주로 남경어로, 동북 출신의 고악이 쓸 수 있는 것이 아니다. 그리고 작품 속 인물들의 인생 역정이 작품에서 시사詩詞를 통해 예언한 내용과 어긋나지도 않는다. 바로 이러한 점에서 《홍루몽》 전체 120회 모두 조설근이 쓴 것으로 보고 있다.

그런가 하면 한 컴퓨터 전문가는 《홍루몽》의 언어에 대한 통계학적 분석을 통해 후편 40회를 고악이 쓴 게 아니라 전체 120회 모두 조설근이 썼다고 주장했다.

《홍루몽》의 후편 40회의 작가가 누구인가는 그다지 중요한 문제가 아닐 수도 있다. 밀로의 비너스가 팔이 잘렸다고 그 아름다움에 문제가 있는 게 아닌 것처럼 설사 후편 40회가 독자들에게 상상의 공간을 제공한다고 한들 누가 《홍루몽》을 잘못 이해하겠는가? 그러나 어쩌면 후세 사람이 속편을 썼기에 《홍루몽》이 보다 완전한 작품으로 남아 있게 된 것인지도 모르는 일이다.

Chapter 07

도연명의 도화원은
과연 어디를 말하는 것인가

아주 오랜 세월 최고의 글로 꼽히는
〈도화원기桃花源記〉는 굴원 이후에 가장 위대한 시인이자 진송晉末
시대 걸출한 문학가로 명성이 자자한 도연명陶淵明의 작품이다.
〈도화원기〉는 중국 고대산문의 정화로 오랜 세월 전해 내려오는,
도연명 자신이 그려낸 이상사회의 모델이다.

채 400자도 되지 않는 〈도화원기〉는 지금까지 1600여 년 동안
수많은 이들의 마음을 위로하고 안식처를 제공하였다. 그곳에는
군주도 없고 전쟁도 없으며, 서로 속이거나 가난에 허덕이는 일도
없다. 순박하고 인심 좋은 그곳 사람들은 자급자족하면서 서로 화
목하고 행복한 삶을 영위한다.

그렇다면 이른바 '도화원'은 단지 상상 속에만 존재하는 유토
피아인가, 아니면 실제 모델이 된 마을이 있는 것인가? 만약 있다

면 그곳은 어디란 말인가?

도연명(365~427년), 자는 원량元亮이며 이름은 잠潛, 시호는 정절靖節 선생이다. 문 앞에 버드나무 다섯 그루를 심어놓고 스스로를 오류五柳 선생이라 칭했다. 그가 태어났을 때 그의 집안은 이미 몰락했지만 그의 증조부 도간陶侃은 동진 초기 장사군공長沙郡公에 봉해져 대사마에까지 올랐고, 할아버지 도무陶茂도 무창 태수로 재임했다. 그러나 은둔생활을 한 아버지에 대해서는 이름조차 알려져 있지 않고 어머니는 정서대장군 환

| 도연명 상

온桓溫의 장사長史였던 맹가孟嘉의 넷째 딸이다.

어려서부터 총명하고 학문을 좋아했던 도연명에 대해 사서에서는 이렇게 말하고 있다.

도잠은 어려서부터 고상한 뜻을 품어 박학하고 글을 잘 지었다. 성품이 올곧고 세속의 일에 얽매이지 않은 채 스스로 깨달아 처리하곤 했다.

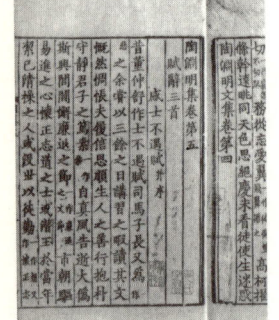

| 《도연명집》 일부

의희義熙 14년(418년) 유유劉裕가 진나라 안제安

帝를 죽이고 공제恭帝를 세우자 조정의 모든 실권은 유유에게 돌아
갔다. 그는 인심을 회유하기 위해 도연명을 저작좌랑著作佐郎으로
임명했지만, 관가의 서로 속고 속이는 생활을 혐오하던 그는 질병
을 이유로 나아가지 않았다. 그래서 '도징사陶徵士'(부름을 받고도
벼슬에 나아가지 않은 선비)라는 아름다운 이름으로 불렸다.

420년 유유는 진 공제를 폐위시키고 자신이 황제에 올라 송宋
을 국호로 삼고 영초永初로 개원하였다. 이로써 진의 마지막 황제
공제의 폐위와 함께 진조는 멸망하였다. 이듬해 공제는 유유에게
피살되고 송 영초 원년 전후로 도연명은 그의 대표작인 〈도화원시
병서桃花源詩幷序〉를 썼다.

많은 사람들이 호남성에 있는 도원현을 도연명이 노래했던 도
화원으로 여기고 있다. 아래로는 원수沅水가 흐르고 청산을 뒤로
한 그곳은 뛰어난 경치와 함께 송죽이 우거져 깊은 그늘을 드리우
고 있다. 그래서 수백 수천 년 동안 수많은 문인과 묵객들이 이곳
을 찾아 천고의 뛰어난 작품을 남기곤 했다.

현재 신화의 고향 도선령, 도교의 성지 도원산, 복지동천의 도

화산, 세상 밖 도화원인 진인촌 등 네 군데 경승지에 100여 개의 명소가 자리하고 있다. 도원 지역은 동한시대에 현이 설치된 후 원남현으로 명명되었으며, 무릉군에 속했다. 수隋대에서 당, 오대에 이르러 현이 폐지되고 무릉현의 일부가 되었다. 송 태조 건덕 원년(963년) 조정에서 무릉현을 철폐하자 전운사 장영근은 현지 조사를 통해 도화현의 설치를 건의하였다.

이렇듯 유구한 역사의 '도화원'은 중국 도교의 4대 성지 가운데 하나로, 전체 72군데의 도교 복지福地 중에서 46번째 복지이자 35번째 동천洞天(산천으로 둘러싸인 경치 좋은 곳)이라는 영예를 안고 있다. 산수와 전원이 아름답고 도교 사원이 많은 그곳에는 크고

도원선경도, 왕표王彪(명나라)
이 그림은 도연명의 《도화원기》의 내용을 표현한 작품이다. 울창한 산은 비취빛이 감돌고 구름처럼 피어 있는 복숭아꽃 나무 사이로 기름진 밭에 뽕나무와 대나무가 그늘을 드리우고 있다. 사람들의 의복은 예스럽고 질박한데 세월이 어찌 흘렀는지, 한나라가 있었는지, 또 위진이 무엇인지도 모르고 그저 전원의 즐거움만 알 뿐이다.

작은 정자나 누각에 시문을 새긴 비석들도 다양하다.

현지 사람들은 도연명 시문의 이름을 빌려 정자나 사당의 이름을 지었는데, 예를 들면 도화관, 집현사, 섭풍정 등이 그러하다. 이처럼 수려하고 뛰어난 경관 때문에 적지 않은 학자들이 도연명이 묘사한 아름다운 삶의 모습은 그의 억측이나 허구가 아니라 당시 도원현의 실제 모습을 그린 것이라고 주장한다.

그런가 하면 〈도화원기〉는 당시 무릉 지역에 거주하고 있던 묘족苗族의 생활상을 그린 것이라고 주장하는 이들도 있다. 그들의 주장에 따르면, 당시 무릉 지역에 살고 있던 묘족은 경작생활을 하고 있었다. 그들은 생산력도 낮고 잉여생산물이 적어 빈부의 격차가 크지 않았으며, 당연히 계급간의 갈등이나 억압, 착취도 거의 없었다. 한편 다른 작품에서는 이러한 세상을 '세외도원(세상 밖의 도화원)'이라고 표현했다.

무릉의 묘족은 평소 복숭아나무를 숭배했으며, 손님이 오면 '술을 준비하고 닭을 잡아 접대하는' 관습이 있었다. 이렇듯 여러 가지 정황으로 볼 때 도연명의 도화원은 호남성 무릉 지역에 살고 있던 묘족의 삶을 그린 것이라는 주장이다.

지금의 강소성 연운항시 인근에는 무릉이라는 지명이 두 군데 있다. 하나는 《위서》에 나오는 무릉군이고, 다른

도화원

청정무위清淨無爲의 사상은 도연명의 붓을 통해 더욱 빛난다. 자연과 조화를 이루는 도화원은 노자와 장자가 주장한 정치철학의 이상이기도 했다. 역대 정치가나 문인, 사대부들은 이곳을 정신적 귀의처로 삼았다. 사진은 호남성 도원현에 있는 전설상의 '도화원' 유적지이다.

하나는 운대산맥이 자리하고 있는 숙성宿城 서쪽의 산록이다.

연운항시 북쪽에 있는 숙성산은 가운데가 움푹 들어가고 삼면이 산으로 둘러싸여 있다. 주변 경치가 수려하고 사계절의 경치 또한 그윽한 데다 인근의 호구령을 넘어야만 바깥세계와 통할 수 있다. 숙성 지역은 풍광이 수려하여 봄이면 온갖 꽃이 만발하고 가을이면 오색단풍이 산 전체를 물들인다. 왼쪽으로는 맑은 물이 흐르고 오른쪽으로는 푸른 대나무숲이 우거져 있다. 도연명은 분명 이곳을 다녀간 적이 있는 듯하다. 그의 유명한 〈음주시〉에 보면 "예전에 멀리 유람하여 동해 구석진 곳까지 간 적이 있다"라는 구절이 나오는데, 도연명이 말한 "동해 구석진 곳"은 바로 숙성의 고공도高公島를 얘기하는 것이다.

뿐만 아니라 숙성산의 지리적 위치나 입구 역시 〈도화원기〉에 기록된 내용과 일치한다. 남당南唐 시인 이중李中은 "도연명을 그리워하며 매번 시주와 벗하네猶戀陶靖節, 詩酒每相親"라고 하여 도연명과 마찬가지로 수려한 경관의 어촌, 그윽한 곳으로 이어진 작은 길을 바라보며 모든 번뇌를 잊고 그냥 그곳에서 살고 싶다는 느낌을 읊은 바 있다. 소동파 역시 도연명이 숙성산을 여행한 적이 있음을 알고 도연명을 모방하여 다음과 같은 시를 남겼다.

내 일찍이 구산昫山(지금의 연운항시 해주에 있는 금병산)에 올라,

해 뜨는 시원한 바다를 바라보며,

동해현東海縣을 건너고 싶지만,

다리가 없는 것이 한이로구나.

도연명의 후손 도팽은 청나라 도광제에게 고공도에 대해 설명하면서 태평성대에는 그곳을 도화원과 다를 바 없는 인간 선경으로 부른다고 말했다. 이후 그는 숙성 법기사 근처에 '진진군참군도 정절선생 사당晉鎭軍參軍陶靖節先生祠堂'을 건립하고 도연명이 살던 옛집을 그대로 흉내내 문 앞에 버드나무와 복숭아나무를 심었다. 그리하여 그 옛날 '산에 작은 구멍이 있어 마치 빛이 흘러나오는 듯했다'는 아름다운 숙성에는 사방으로 통하는 큰 길이 생기고 번화한 마을로 변해버렸다.

도화원이 현실에 대한 실망으로 도연명이 꿈꾸던 이상향인지, 아니면 기이하고 아름다움으로 가득 찬 실제 존재하는 어떤 곳인지는 도연명만이 알고 있을 터이다.

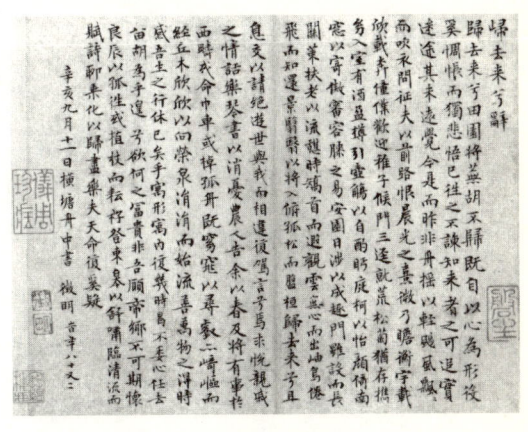

귀거래혜사첩歸去來兮辭帖, 문징명 文徵明 (명나라)

흔히 〈귀거래사〉라고 부르는 이것은 405년에 발표한 도연명의 유명한 작품으로 후대 많은 이들의 찬사와 함께 특히 서예가들의 좋은 소재가 되고 있다. 총 4장으로 되어 있는 이 작품은 도연명이 벼슬길을 버리고 고향인 시골로 돌아오는 심경을 읊은 시이자 세속과의 결별을 얘기한 선언문이기도 하다.

82세 때 위의 첩을 쓴 문징명(1470~1559년), 중국 명나라 서예가이자 문인화가로 이름은 벽璧, 자는 징명이며 나중에 징중徵仲으로 바꾸었다. 당인唐寅, 축윤명祝允明, 서정경徐禎卿과 함께 오중吳中 4재사才士로 일컬어졌으며 오중파吳中派의 대표적인 서예가이다.

Chapter 08

《금병매》의
진짜 작가는 누구인가

　　장편소설 《금병매金甁梅》는 중국 최고의 소설 《홍루몽》의 모태이자 명나라 4대 기서奇書 중의 하나이다. 나아가 청나라 소설평론가인 장죽파張竹坡는 이를 "천하 제일의 기서"라고 평한 바 있다.

　　《금병매》는 《수호지》에 나오는 '무송살수武松殺嫂'(무송이 형수인 반금련을 죽이는 대목)에 등장하는 서문경西門慶과 반금련潘金蓮을 주인공으로 하여 당시 부패한 사회상을 묘사하고 있다. 송대 인물을 내세워 명대 사회의 부패를 폭로하고 있는 셈이다.

　　《금병매》라는 책 제목은 서문경과 관련이 있는 3명의 여자 이름에서 한 글자씩 따서 만든 것이다. '금'은 물론 반금련이고, '병'은 서문경의 또 다른 첩 이병아李甁兒, 그리고 '매'는 반금련의 시녀인 방춘매龐春梅에서 따온 것이다.

감칠맛나는 문장으로 많은 등장인물의 성격묘사를 명확하게 한 수법은 후대 장편소설에 많은 영향을 주었다. 그런데 이 《금병매》의 작가가 누구인지 명확하지가 않다.

| 《금병매》 삽도본揷圖本 일부

작가는 책에서 자신을 '난릉蘭陵의 소소생笑笑生'이라고 썼지만, 이는 물론 가명이다. 다만 작가가 이야기하고 있는 내용의 주된 배경이 산동 지방이며, 서명에 나오는 '난릉'이란 말이나 작품 속의 용어들이 주로 북방어라는 점에서 볼 때 작가가 산동 사람인 것만은 분명하다. 그 때문에 일부 연구가들은 《금병매》의 작가가 산동 출신의 이개선李開先(1501~1568년)이라고 단정짓기도 한다.

청렴하고 정직한 관료였던 그는 조정을 혁신하라는 상소를 올려 미움을 사는 바람에 관직을 박탈당하고 40세부터 고향에서 칩거생활을 했다. 그의 신세나 인생역정도 그렇고, 사곡詞曲 등 민간 문예에 대한 큰 관심과 애호 등으로 볼 때, 그가 《금병매》의 저자일 가능성이 적지 않다.

특히 작품 자체가 그와 밀접한 관련을 맺고 있다. 이개선의 작품 《보검기寶劍記》는 《수호지》을 개작한 것으로, 《보검기》의 많은 내용이 《금병매》에 인용되어 있다. 그래서 《금병매》 역시 《삼국지연의》, 《수호지》, 《서유기》 등과 마찬가지로 민간에서 오랫동안 전해져 내려오다 문인들에 의해 재창조되었으며, 그 완성자가 바

《금병매》 이야기를 그린 그림(청나라)

《금병매사화金瓶梅詞話》 제63회에 근거하여 청대 사람이 그린 그림이다. 그림 중앙에는 연예인이 해염강海鹽腔(원나라와 명나라 때 해염지역에 유행하던 곡조)을 노래하고, 오른쪽의 반주자들은 삼현, 제금提琴 생황, 피리, 운라 등을 연주하고 있다. 손님들은 양쪽에 앉아 술을 마시면서 노래를 듣고 있다. 왼쪽 위로 집안 여인이 발을 들어 그 틈으로 구경을 하고 있다.

로 이개선이라는 주장이 나오게 된 것이다.

그러나 같은 산동 사람인 가삼근賈三近이 실제 저자라는 주장도 있다. 《금병매》에는 처음부터 끝까지 오로지 역현嶧縣 사람만이 사용하는 방언과 속어가 많이 나온다. 그런데 역현의 옛 이름이 바로 난릉이다. 가삼근의 생애나 사적事迹, 여행지, 기호, 저작 목록으로 살펴볼 때 그가 '난릉의 소소생'일 가능성이 크다는 것이다.

이외에 가정 연간의 대문호인 왕세정王世貞이 《금병매》의 작가라는 주장도 있다. 왕세정의 자는 원미元美, 호는 봉주鳳洲 또는 연주산인燕州山人이라고 부르기도 했다. 남경의 형부상서로 재직했으며, 명대의 저명한 문학가이자 사학가이다. 그는 재주와 학식이 두루 풍부하고 천하에 널리 문명文名을 날렸다.

그는 이반룡, 사진 등과 더불어 '후칠자後七子'로 칭해졌는데, 전칠자와 후칠자 가운데 가장 박학다식하다는 평가를 받았으며, 이반룡이 죽은 후 20여 년간 문단의 영수로 활약했다. 《명사》는 그에 대해 "재능이 탁월하고 지위와 명망이 높았으며, 명성에 걸맞게 의기意氣가 뛰어나 나라 안을 뒤덮을 정도였다"고 평가하였다.

그의 관직생활은 청렴결백하고 권세에 아부하지 않았다. 동림당東林黨에 속해 있던 양계성이 엄숭에게 모함을 받아 투옥되자 감옥 안으로 탕약을 보내고, 양계성의 처자를 대신해 무고함을 알리는 글을 써주었다. 또한 양계성이 죽자 자신이 직접 나서서 장례를 치러주기도 했다. 이후 엄숭이 왕세정의 부친을 모함하자 장시長詩 〈원강류검산강袁江流鈐山岡〉과 〈태보가太保歌〉 등을 써서 엄숭 부자의 죄상을 폭로하기도 했다. 그는 관리로서 맡은 바 책무에 충실하였고, 비록 빈한하더라도 재질과 능력을 갖춘 선비들을 발탁하였으며, 결코 권세가들과 어울리는 일이 없었다.

왕세정 부친이 엄숭 부자에게 헌상한 '청명상하도'(장택단張擇端
이 북송 청명절 때 도성의 번화한 모습을 그린 그림)가 거짓 작품으로
판명되어 엄숭과 그의 아들 엄세번에게 죽임을 당하고 말았다.
그래서 왕세정이 《금병매》를 써서 부친의 원수를 갚고자 했다는
것이다.

왕세정이 소설 《금병매》를 엄세번에게 헌납한 것은 마치 사죄
의 뜻인 듯하나, 책의 내용은 오히려 엄숭 부자를 겨냥하여 그들
의 추악한 면모를 고발한 것이며, 책장마다 독약을 묻혀 결국 엄
세번이 책을 다 읽은 후 중독되어 죽었다고 한다.

그러나 역사가 오함吳晗은 이러한 주장에 의문을 제기했다. 그
는 정사, 야사는 물론이고 여러 가지 필기 등 관련 사료를 통해
'청명상하도'와 왕세정 가족의 관계와 관련된 주요근거들을 부정
하였다. 그는 왕세정 부친은 가짜 그림을 헌상하여 죽은 것이 아
니며, 엄세번 역시 중독되어 죽은 것이 아니라는 사실을 밝혀 《금
병매》가 왕세정의 작품이라는 전통적인 관점을 뒤집어놓았다.

나아가 오함은 책에 산동 방언이 많이 사용되고 있다는 사실에
주목하여 왕세정이 비록 산동에서 3년간 관리로 근무하였으나, 현
지인처럼 방언으로 그처럼 방대한 저작을 저술한다는 것은 불가능
한 일이라고 주장했다. 아울러 《금병매》를 만력 10년(1582년)에서
30년(1602년) 사이에 쓰인 작품으로 볼 때 왕세정(1526~1590년)이
썼다는 것은 시기적으로도 맞지 않는다고 하였다. 이에 대해서는
적지 않은 학자들이 그의 관점을 지지하고 있다.

그러다가 1980년경 국내외 언어학자들은 《금병매》의 작가가 산

210

방청명상하도(仿淸明上河圖), **구영**(仇英)(명나라)

《금병매》는 시민사회의 의식표현에 획기적인 진보를 가져온 작품이다. 당시 상인들의 경제활동과 영리추구의 관념 등을 생동감 있게 표현하고 있으며, 동시에 사회풍조의 영향을 받아 시민들의 취향에 영합하여 남녀의 애정과 치정에 관련된 이야기를 사실적으로 묘사하였다. 구영이 그린 '방청명상하도'는 기본적인 구도면에서 기존의 원작을 복제한 것이지만 그림에 나오는 인물이나 복식, 건축, 풍토 등은 명나라 상업도시의 면모를 그대로 반영하여 당시 남방 소시민들의 생활풍경을 재현하고 있다. 그렇기 때문에 《금병매》의 내용을 담은 화책이라 해도 과언이 아닐 것이다. 구영(?~1551년)은 자가 실보實甫, 호는 십주十洲로 태창(지금의 강소성 태창) 사람이다. 주신周臣에게 그림을 배웠으며, 산수화와 인물화에 뛰어났다. 특히 옛날 명화의 모사와 사녀仕女 그림에도 뛰어났다. 그는 심주沈周, 문징명文徵明, 당백호唐伯虎 등과 더불어 '오문사가吳門四家'로 칭한다.

동 사람이라는 데 의문을 제기하기 시작했다. 즉 작품 속의 용어 중에 산동 방언이 아닌 것이 적지 않으며, 오히려 오吳 나라 방언이 일상적으로 사용되고 있다는 것이다. 그래서 작가는 오나라 방언을 사용하는 지역의 사람일지도 모른다는 대담한 가설을 제시하는 이들이 나타났다.

지난 1930년경 영국의 한학자 웨일리(1889~1966년)는 《금병매》의 작가는 서위徐渭(1521~1593년)라고 주장하였는데, 60여 년이 흐른 지금 소흥의 문리학원에 재직 중인 학자 반승옥潘承玉 역시 자신의 《금병매신증金瓶梅新證》에서 같은 주장을 하였다.

반승옥은 우선 시대배경을 통해 《금병매》는 명대 가정 말기부터 만력 17년(1589년)간에 이루어진 것으로 추단하고, 이는 서위가 생활했던 시기와 부합한다고 주장하였다. 또한 지리나 풍속, 방언 등의 측면에서 볼 때 소설 내용이 소흥 문화와 밀접한 관련을 맺고 있으며,《금병매》가 "송대를 빌려 명대를 비유하고", "채태사(북송 말 조정에서 권세를 구가한 채경蔡京)를 빌려 엄숭을 풍자한 것"이라고 하면서, 이는 당시 소흥을 중심으로 형성되었던 엄숭 부자 반대세력의 입장을 대변한 것이라고 주장했다.

아울러 당시 서위와 도망령, 심련 등이 바로 그러한 세력의 일원이었으며, 심련이 엄숭 등에게 박해를 받아 죽임을 당했다는 것을 예로 들었다. 이러한 예증을 제시한 그는 서위가 당시의 풍조에 영향을 받고 특히 심련의 억울한 죽음에 원한을 품어《금병매》를 지은 것이라고 단언하였다.

이외에 서위가 만년에 자신이 40년 동안 심혈을 쏟아 장편소설을 완성했다고 암시한 적이 있음을 지적하는 한편,《금병매》의 용어나 문장의 풍류 등이 서위의 것과 대단히 흡사하며,《금병매》에서 볼 수 있는 작가 특유의 심리상태 역시 서위가 처해 있는 상황과 일맥상통한다고 주장하였다.

《금병매》가 세상에 나온 지 이미 400여 년이 흘렀다. 하지만 소소생이라는 가명을 사용한 작가가 과연 누구이며, 창작배경이 무엇인지에 관해 설만 무성할 뿐 아직까지 정확한 해답이 없다.

Chapter 09
《수호지》의 원작자는 누구인가

《수호지水滸誌》는 중국 문학예술의
보고 가운데 하나이자 농민 의병의 활약상을 제재로 한 중국 최초
의 장편소설이다. 소설은 개인적인 원한을 설욕하려는 여러 영웅
들이 양산박梁山泊에 모여들면서 점차 거대한 역량을 결집하는 것
으로 시작된다.

108명의 영웅이 조정에 저항하는 과정과 비장한 결말을 생동감
있게 묘사하고 있으며, 당시 봉건 통치계급의 추악한 면모를 가감
없이 폭로하고 있다. 또한 봉건사회의 억압에 반항하는 영웅적인
인물들을 등장시켜 첨예한 사회적 모순과 의병이 발생하고 결국
실패하게 된 근본원인을 그대로 드러내고 있다.

소설의 주인공이자 수령격인 송강未江을 비롯해 노지심, 임충,
무송 등 양산박의 영웅들은 이미 수백 년이 흐른 지금도 여전히

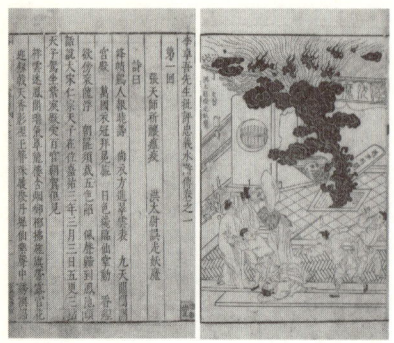
《충의수호지》 일부

인구에 회자되고 있다.

그런데 이런 《수호지》의 작가가 널리 알려진 대로 시내암施耐庵이 맞을까?

《수호지》는 북송 말년 송강이 주도한 농민 의병을 소재로 삼고 있다. 그런데 송강 등 36명이 북송 조정에 저항하여 의병을 일으킨 일이 실제로 있었다. 당시 그들은 북송 통치자에게 심각한 피해를 입혔지만 결국 실패로 끝나고 말았는데, 《휘종본기》와 《장숙야전》 등 여러 문헌에 이에 관한 기록이 남아 있다.

이후 이 이야기가 민간에 널리 퍼지면서 내용이 더욱 풍부해지고 다채롭게 전개되었으며, 남송 시절 전문 이야기꾼인 설화인의 대본이라 할 수 있는 화본의 형태로 지속적으로 확산되었다. 그 결과 송말 원초에 《대송선화유사大宋宣和遺事》라는 역사소설집 뒷부분에 삽입되기에 이른다.

원나라 때는 '수호'라는 잡극도 연출되었는데, 이러한 과정을 거쳐 원말 명초

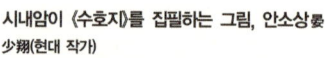

시내암이 《수호지》를 집필하는 그림, 안소상安少翔(현대 작가)

시내암은 원나라 말기 전란을 피해 절강성 항주로 이주하였다가 전란이 끝난 후 다시 흥화로 돌아갔다. 일설에 따르면 원래 소주 사람이었는데 말년에 흥화로 이주했으며, 회안에서 죽었다고 한다.

에 마침내 100회본 《수호지》
가 세상에 나왔다.

| 시내암의 옛집

이렇듯 민간에서 입에서 입
으로 전해지던 이야기가 설화
인의 화본을 거쳐 다시 문인의
손에서 가공되어 재창조되었
다. 그러나 상당히 오랜 기간
에 걸친 재창조 과정이 결코
쉬운 일은 아니었을 것이다.

그렇다면 과연 《수호지》를
완성한 사람은 누구란 말인가? 학계에서는 이 문제에 대해 아직
결론을 내리지 못한 채 여러 가지 설이 혼재해 있는 상황이다.

물론 대다수 사람들은 시내암이 저자라는 점에 기본적으로 동
의하고 있다. 시내암의 이름은 자안子安으로, 내암은 그의 자이다.
강소성 흥화에서 가난한 뱃사공 집안에서 태어나 어린 시절 부친
을 따라 소주로 이주했다. 그리고 13세 때 소주 인근의 호서관에
서 학문을 배웠으며, 29세 때 거인擧人(향시에 합격한 사람)이 되었
다. 이후 친구의 추천으로 산동성 운성에서 교관을 역임하였다.

산동에 거주할 당시 그는 양산박 인근에 있는 송강과 관련된 사
적을 두루 돌아다녔으며, 산동의 풍토나 인정에 대한 관심의 폭을
넓혔다. 그가 채집한 송강 관련 사적에는 자못 흥미로운 점이 많
았다.

35세 때 시내암은 진사에 합격하여 전당에서 현윤縣尹을 맡아 2

수호 인물도에 나오는 호보의 송강 그림(청나라)

명대 저명한 화가인 진홍수陳洪綬가 《수호지》에 나오는 인물을 그린 적이 있다. 청대 무명화가가 그의 풍격을 본받아 책에 나오는 40명의 인물상을 그렸다. 매 인물화마다 오른쪽에 전서로 이름을 적고 맨 위에 작호(별명)를 적었다.

년 동안 근무하였으나 상관과 의견이 맞지 않아 사임하고 소주로 돌아왔다. 이후 시내암은 농민 의병에 참가, 장사성의 막료가 되어 군영 생활을 경험하면서, 여러 수령들의 생활을 가까이서 볼 수 있었다.

시간이 흐르면서 장사성張士誠 등 여러 수령들이 날로 교만해지고 나태해지는 것을 본 시내암은 장사성이 이끄는 농민군이 결코 성공할 수 없다는 것을 깨달았다. 결국 장사성을 떠난 그는 상숙하 인근의 양산과 강음 축당 일대에서 훈장으로 생계를 도모하며 민간고사나 설화인의 화본話本, 그리고 자신이 수집한 자료를 토대로 《수호지》 창작에 전념하였다.

장사성의 반란은 결국 실패로 끝나고 주원장이 장사성의 반란에 가담한 이들을 체포하기 시작하자 시내암도 화를 면할 수가 없었다. 그래서 그는 백구진이란 곳으로 피신하여 칩거하면서 《수호지》를 완성하였다.

마침내 《수호지》가 세상에 나오자 민간에 널리 유포되었는데, 그 책을 본 주원장은 몹시 분노하여 당장 시내암을 압송토록 해 감금하였다. 1년 남짓 감옥생활을 한 시내암은 유백온의 도움으로 석방되었지만 이미 정신적으로나 육체적으로 몹시 피폐해져 있어 결국 얼마 후 세상을 떠나고 만다.

시내암은《수호지》를 통해 조정과 황제의 어리석음과 우매함을 통탄하였고, 조정을 좌지우지하는 간신배들을 증오했다. 그리고 재능과 학식을 겸비한 선비들이 제대로 대우받지 못하는 사회 현실에 불만을 토로하였다. 결국 그는 소설 속의 영웅적인 인물들을 통해 자신의 이상과 희망을 기탁하였던 것이다.

명나라 평론가 호응린胡應麟은《소실산방필총少室山房筆叢》에서 비록《수호지》가 남송 초기부터 원나라 말까지 대략 134년 동안 여러 사람들의 손을 거쳐 가공되고 윤색되기는 했어도 중요 창작자는 역시 시내암이라고 하였다. 그의 관점은 대다수 사람들에게 수용되어 현재 모든 판본의《수호지》에 기본적으로 시내암의 이름이 올라가 있다.

그러나《수호지》의 작가가 시내암이라는 것에 강력히 반론을 제기하며 진짜 작가는 나관중羅貫中이라는 학자들도 있다. 나관중은 시내암의 제자이다. 나관중이 쓴《삼수평요전三遂平妖傳》을 고증해본 결과 21편의 찬사 중 제13편이《수호지》에 수록되어 있다는 것이다. 따라서《수호지》와《삼수평요전》의 작가는 동일인으로 나관중일 가능성이 크다는 것이다.

또한 이런 주장을 하는 이들은 나관중의 대표작인《삼국지연의》와

| 수호 인물도에 나오는 이규 그림(청나라)

취해서 장문신蔣門神을 때리다,
양정견楊定見(명나라)

무송의 모습, 진홍수(명나라)

《수호지》가 다소 차이가 있는 것은 작가의 세계관에 변화가 생겼기 때문이라고 보고 있다.

나아가 《수호지》는 시내암과 나관중 두 사람이 함께 완성했다고 주장하는 이들도 있다. 그 의견에 따르면, 시내암의 사망 후 나관중은 회안에 몇 개월 더 머물면서 시내암이 남긴 원고를 정리하였으며, 이후 책 출간을 위해 복건 건양으로 가서 《수호지》를 각인刻印하고자 했다. 그러나 건양에 있는 서방書坊(책을 인쇄하고 파는 곳) 중에 용감하게 《수호지》를 각인하겠다고 나서는 곳이 없었다. 나관중은 한동안 건양에 머물면서 서방 수소문과 함께 《수호지》를 정리하고 편집하는 한편 《삼국지연의》를 완성하였다. 그리고 얼마 후 병에 걸려 세상을 뜨고 말았다.

명나라 고유高儒는 자신의 책 《백천서지百川書志》에 《충의수호전 백권忠義水滸傳 百卷》을 수록하면서 "시내암 찬撰(저술), 나관중 편차編次(순서를 배열함)"라고 적었다. 대다수 학자들이 인정하듯이 《백천서지》에 수록된 원고는 《수호지》의 초판본이기 때문에 나름대로 권위를 갖고 있다.

이외에 천도외신天都外臣(필명)의 서문이 있는 《수호지》에도 "시내암 집전集傳, 나관중 찬수撰修"라고 적혀 있다. 이 역시 현존하는 최초의 판본으로서 《수호지》가 시내암과 나관중의 합작품이라는 주장이 더욱 설득력을 가지게 되었다.

하지만 일부 학자들 가운데는 《수호지》의 작가가 곽훈郭勛이라고 주장하는 이들도 있다. 그가 문객을 모아 송대와 원대의 화본과 시사, 필기, 그리고 원대의 잡극 등을 편집하여 만들었다는 것인데, 그들이 제기하는 논거는 다음 두 가지이다.

첫째, 명대 초기에는 《수호지》를 언급하는 이가 전혀 없었으며, 곽훈의 100회본 《수호지》가 최초의 판본이라는 것이다. 현존하는 자료 가운데 《수호지》에 대해 언급하고 있는 최초의 문헌은 가경 연간에 비로소 출현한다. 당시는 명나라가 멸망하고도 이미 100여 년이 흐른 후로 따라서 《수호지》는 원말 명초에 나왔다고 할 수 없는 것이다.

둘째, 《수호지》에 나오는 적지 않은 지명은 주로 명나라의 것이다. 따라서 원말이나 명초 사람들이 썼다고 할 수 없는 것이다. 이는 다시 말해 원나라 말년의 사람 시내암이 《수호지》 작가일 가능성은 전혀 없다는 뜻이다.

한발 더 나아가 《수호지》에 적힌 시내암은 실존 인물이 아니라 가상의 인물일지도 모른다. 당시 소설가들은 실명을 밝히지 않는 것이 관례였는데, 이는 지식인에 대한 탄압정책을 피하기 위해서였다. 다시 말해 혹시 입게 될지도 모를 화를 피해 빌린 이름일지도 모른다는 얘기다.

이상 각기 나름대로 주장을 하고 있지만 그중 다른 주장이나 관점을 충분히 반박할 정도의 근거를 갖고 있는 것은 없다. 과연《수호지》의 작가는 누구란 말인가? 정론이 내려질 때까지 더욱 많은 학자들의 연구와 고증을 기다려볼 뿐이다.

제5부

신비한
부호를 풀다

Chapter 01

사모무정은
언제 만들어진 것일까

사모무정司母戊鼎은 세계에서 보기
드문 청동기 가운데 하나로 지금까지 출토된 솥 가운데 가장 크고
무거운 기물이다. 이것은 존재 자체는 물론이고 발견 당시의 일화
도 소설처럼 흥미롭고 시기적으로 특별한 때에 발견됨으로써 신
비감이 더욱 커졌다.

사모무정은 네모 모양이라고 하여 사모무방정司母戊方鼎이라고도
하는데, 발견 당시 한쪽 정이鼎耳(정의 양쪽에 있는 귀처럼 생긴 부분)
가 사라진 상태였다. 이것이 없어진 데는 다음과 같은 사연이 전
해지고 있다.

사모무정이 발견된 1939년은 말 그대로 동란의 시대였다. 시국
이 혼란한 틈을 타서 전국 각지에서 도굴이 성행하여 숱한 유물들
이 수난을 당하고 있었다. 당시 하남성 안양시安陽市 무관촌武官村에

222

| 사모무정의 이부 耳部

| 사모무정의 문양

사모무정(상나라)

사모무정은 하남성 안양시 은허 무관 북쪽에서 출토되었다.
전체 중량이 875kg으로 현존하는 상나라 청동기 가운데
가장 무거운 것이다.

| 사모무정의 다리 부분에 부조된
| 짐승의 얼굴

살고 있던 마을사람들은 자신들이 살고 있
는 곳이 그 유명한 은허殷墟 부근의 풍수 좋
은 곳임을 알고 있었다. 나아가 옛날 유물들
이 훌륭한 돈벌이가 된다는 것도 익히 알고
있었다. 결국 그들은 아예 조직적으로 고분
을 도굴하기로 마음먹었다.

3월 어느 날 깊은 밤, 무관촌 대묘大墓에
서 80m 떨어진 오옥요吳玉瑤의 농지에서 화
려하고 웅장하며 청동기 가운데 가장 뛰어나고 거대한 사모무정
이 출토되었다. 마을사람들은 국보급 보물이 틀림없어 보이는 사
모무정을 발굴해내기는 했지만 워낙 무겁고 덩치가 커서 도저히
운반할 수가 없었다. 도저히 그것을 가져갈 수 없게 되자 도굴에
참가했던 한 사람이 톱을 가져와 사모무정의 귀를 자르고 다시 땅
에 묻어버렸다. 그리고 도굴꾼들은 사후 절대로 이번 일을 발설하
지 않기로 약속하였다.

그러나 중일전쟁이 발발했을 때 어디에선가 사모무정에 대한
이야기를 들은 일본인들이 막대한 현상금까지 내걸며 이를 찾으
려고 애썼지만 끝내 찾아내지 못했다.

사모무정이 다시 세상에 얼굴을 내민 것은 1946년 6월이었다.
새롭게 발견된 사모무정은 마침 장개석의 생일날에 맞추어 남경
으로 옮겨진 후 중앙박물관에 보관되었다. 그러나 처음 발굴 당시
어떤 농민이 잘라버린 귀 부분은 끝내 발견되지 않았다. 이는 사
모무정 발굴에 가장 아쉽고도 안타까운 일이 되고 말았다.

현재 우리가 볼 수 있는 사모무정은 귀 부분을 다시 제작하여 붙인 것이다. 1959년 북경의 중국 역사박물관이 개관하자 사모무정을 그곳으로 옮겨 전시하였는데, 현재 역사박물관에 있는 것은 진품의 복제품이다.

사모무정은 무게가 832.84kg이며, 높이 133cm, 길이 110cm, 너비 78cm, 다리 높이 46cm, 벽의 두께 6cm이다. 형체가 마치 말구유통처럼 생겼다고 하여 '마조정馬槽鼎'이라 부르기도 한다. 양쪽에 귀가 달려 있고, 가운데가 네모 형태로 비어 있으며, 4개의 다리 역시 속은 비어 있다. 네모 난 형태의 방정方鼎 곳곳에 문양이 들어가 있는데, 각 부분의 문양이 모두 다르다.

도철 문양에 터키옥이 상감된 상아 술잔(상나라)
상나라 때 제작된 것으로 하남성 안양시 은허 부호묘婦好墓에서 출토되었다. 높이 30.5cm이고 잔 입구의 지름은 12.5cm이다.

정의 몸통 사면은 장방형의 민무늬에 주위를 도철(중국 신화에 나오는 상상의 동물)로 장식했으며, 사면이 만나는 곳은 비릉(모서리를 문짝처럼 처리한 형태)으로 장식하고, 비릉 위에는 소머리, 아래에는 도철 문양을 넣었다.

정의 귀 부분인 정이鼎耳 외곽에는 두 마리의 호랑이가 사람 머리를 깨물고 있는 형상의 문양이 있으며, 옆면에는 물고기 문양이 있다. 4개의 다리에 있는 문양 또한 특색있는데, 활시위처럼 생

부호우방이婦好偶方彝(상나라)

하남성 안양시 부호묘에서 출토된 기물이다. 기물 윗부분은 그 당시 흔히 사용되던 건축형태인 '사아식四阿式'을 활용하였으며, 꽃, 용, 삼각형, 인(人)자 형 문양 등으로 장식된 왕실의 기물이다.

긴 3개의 문양 위에 동물의 모양이 주조되어 있다.

전체적으로 조형이나 문양, 공예 등이 상당히 수준 높아 상대 청동기문화의 최고봉으로 칭해진다.

정의 배 부분 내벽에 '사모무司母戊'라는 명문이 있는데, 이로 인해 사모무정이 상나라 어느 시기에 주조된 것인지를 두고 논란이 많다. 현재 학계에는 다음 세 가지 관점이 주류를 이루고 있다.

첫째, 상왕이 모친 무戊를 위해 주조했다는 것으로, 대다수 사람들이 인정하고 있다. '사司'에 대해서는 직사職司, 관사官司, 전사典司 등으로 해석하고 있다.

둘째, '사모무'는 씨족의 명칭이라는 관점이다.

셋째, '사'를 사祠, 즉 제사의 뜻으로 해석하는 관점이다. 나중에 '사'를 왕후의 '후后'자로 해석하는 이들도 있었다.

그리고 '모무母戊'에 대해서 초기에는 은왕 무을武乙의 배우자인 비무妣戊, 즉 문정文丁의 모친이며, 정을 주조한 사람은 문정이라고 보았다. 그런데 갑골문에는 문정의 배우자는 비계妣癸라고 나오지만 무을의 배우자 이름은 보이지 않는다. 그 때문에 진몽가陳夢家는 〈은대동기殷代銅器〉라는 글에서 '모무'는 무을의 배우자일 가능성이 높다고 주장했다. 이에 따른다면 사모무정은 은허 말기의 기물이다.

또 다른 의견에 따르면, '모무'는 무정의 배우자이거나 조갑曹甲의 배우자이다. 따라서 정을 주조한 사람은 조경祖庚, 조갑祖甲 또는 늠신廩辛, 강정康丁이며, 이럴 경우 정은 은허 전기의 기물이 된다.

또한 사모무정의 제작연대에 대한 의견만큼 주조방법에 대해서도 다양한 추론을 내놓고 있다. 사모무정은 상대 청동기 제작기술이 이미 최고조에 달했다는 것을 보여주고 있다. 실제로 사모무정은 중국 고대 청동기예술의 최고봉이다. 당시 생산력의 정황으로 볼 때 이처럼 거대한 정을 주조한다는 것은 결코 쉬운 일이 아니었을 것이다.

상나라 때는 청동을 제련할 때 주로 도자기로 만든 도가니를 사용하였다. 형태가 뒤집어 놓은 투구와 비슷하다고 하여 고고학자들이 '장군회將軍盔'라고 즐겨 부르는 바로 그것이다.

과학적으로 추산해 볼 때, 1개의 장군회로 12.7kg의 동을 제련할 수 있다. 만약 중소형의 청동기라면 1~2개

| 무관촌의 대묘(모형)

정도의 장군회로 제작할 수 있다. 그러나 사모무정처럼 대형 기물을 주조하기 위해서는 적어도 70여 개의 장군회가 필요하며, 그것도 동시에 이루어져야만 한다. 이것은 한꺼번에 수백 명의 숙련공이 동원되어야 함을 의미하는 것이다.

어떤 사람들은 주요부분을 각기 별도로 주조한 다음 각 부분을 합쳐서 만들었을 거라고 추론한다. 하지만 이것은 추론에 불과할 뿐 과학적 논증이 뒷받침된 것은 아니다.

주조시기와 방법이 어찌되었든 수많은 직공이나 노예의 손을 빌려 사모무정이 완성되었다는 것만은 틀림없어 보인다.

Chapter 02

진시황 때의
12개 금인은 어디로 갔을까

진시황은 중국 역사상 중국 통일을 이룬 첫 번째 왕조의 개국 황제로 그에 관한 전기적인 이야기가 널리 전해 내려오고 있다. 그는 위대한 공적을 이룬 영웅인 한편으로 잔인한 폭군의 대명사이기도 하다.

진시황은 자신의 업적을 영원히 기리기 위해 현대인들도 감탄해 마지않는 여러 가지 작업을 통해 풀리지 않는 역사의 수수께끼를 하나 가득 안겨주고 있다. 12금인金人의 주조에 관한 이야기도 그중 한 가지이다.

진나라의 도성 함양, 황제의 아방궁 앞에는 12기의 동으로 주조한 거대한 청동상이 서 있다. 이 청동상들은 황색을 띠고 있어 '금인'이라 부르기도 한다. 이들은 한족이 아닌 다른 민족의 복장을 하고 있으며 하나같이 모습이 거대하고 육중해서 운반이 매우 어렵다. 또한 신체 전체에 정교한 꽃무늬가 조각되어 있으며, 매섭고 용맹스러운 인상, 위엄이 넘치는 모습으로 아방궁을 지키고 있다.

사서에도 12금인에 대한 기록이 적지 않은데, 《사기·진시황본기》에는 이렇게 기록되어 있다.

26년…… 천하의 병기를 거두어 함양에 모아놓고, 그것을 녹여서 종걸이와 12개의 금인을 만들었는데, 무게가 각기 1,000석石(1석은 120근)으로 모두 궁전 안에 놓아두었다.

한대의 작가 가의는 진의 멸망원인을 분석한 책 《과진론過秦論》에서 "병기를 녹여 종걸이를 주조하고 12개의 금인을 만들었다"라고 적었다.

그런데 진시황이 왜 엄청난 자금을 들여 육중하기만 할 뿐 실용적인 가치라고는 전혀 없는 금인을 만들었는지에 대해 다음 두 가지 설이 있다.

진시황은 전국 통일 후 '황제'라는 존호를 사용하고, 스스로를 시황제라 불렀다. 그러나 전권을 휘둘렀던 여불위에 대한 어두운 기억, 힘겨운 전투를 통해 얻은 황제로서의 지위를 생각하며, 당초 '자손 대대로 황위를 물려주고자 하는' 자신의 염원을 실현코자 했다. 그러기 위해 황제의 자리에 오른 후 오랫동안 안정적인 통치기틀을 마련코자 노심초사했다.

천하의 황제로 자리를 굳히기 위해서 반드시 해결해야 하는 문제 가운데 하나가 바로 전국에 흩어져 있는 각종 병기를 거두어들여 없애버리는 일이었다. 그래서 전국의 병기를 거두기 위한 그럴싸한 구실을 찾던 중 마침내 절호의 기회가 찾아왔다.

어느 날 대신들이 배석한 가운데 진시황은 여러 가지 잡기와 가무를 즐기고 있었다. 한참 흥이 올라 있을 무렵, 갑자기 손에 검 등의 병기를 든 무사가 살기등등한 모습으로 무대에 올라 공연을 펼쳤다. 이를 본 진시황은 오랫동안 마음속에 잠들어 있던 근심이 다시 끓어오르기 시작했다.

공교롭게도 그때 임조臨洮의 한 농민이 12명의 거인이 다음과 같은 노래를 부른다는 이야기를 전했다. "도랑에서 하나를 제거하여 금으로 나타내니, 온갖 사악함이 물러나고 수많은 상서로움이 생겨난다."

진시황은 매우 기뻐하며, 이러한 길조를 빌미삼아 이것이야말로 하늘의 뜻이라 하며 민간의 병기를 모두 도성 함양으로 거두어들이라 하여 12개의 금인을 만들었다. 그러나 사실 진시황이 병기를 거두어 금인을 제작한 것은 오로지 자신의 황위 자리를 굳건히 다지기 위한

진시황 영정嬴政 상

진시황(기원전 259년~기원전 210년), 이름은 정政으로 기원전 246년부터 210년까지 재위하였다. 이백은 〈고풍古風〉 제3수에서 "진왕이 여섯 나라를 쳐부수고 호랑이처럼 노려보는 것이 얼마나 영웅다운가? 칼 휘둘러 뜬구름을 헤치니 여러 제후들이 서쪽으로 달려와 복종하누나"라고 읊었다.

그는 천하를 제패한 첫 번째 영웅이자 처음으로 진정한 의미의 봉건제국을 창시한 인물이기도 하다. 이외에도 만리장성을 축조하고 문자와 도량형을 통일하는 등 그가 한 일은 너무도 많다. 그만큼 그가 계획하고 실천했던 일들은 일반인들의 상식을 뛰어넘는 것이었다.

것이었다.

이외에 다른 설도 있다. 어느 날 진시황이 아방궁에서 휴식을 취하고 있을 때 꿈에 갑자기 날씨가 급변하며 하늘이 어둑해지더니 온갖 악귀들이 소란을 피웠다. 진시황이 놀라서 쩔쩔매고 있을 때 갑자기 백발이 성성하고, 길게 수염을 기른 늙은 도사 한 사람이 그의 앞에 나타났다. 얼굴이 동안인 늙은 도사는 진시황과는 달리 활기 넘치는 모습을 하고 있었다. 그는 손의 먼지를 털면서 진시황에게 이렇게 말했다.

"12개의 금인을 만들어야 천하를 안정시킬 수 있느니라."

그러고는 어디론가 사라졌다. 그 순간 진시황은 놀라 꿈에서 깨어났다. 아무리 꿈이라고 하지만 너무도 생생해 진시황은 그의 말을 따라야 한다는 생각이 들었다. 진시황은 이튿날 즉시 어명을

12개의 금인상
진시황 재위 시절 우뚝 서 있던 12개의 금인상은 세월과 함께 어디론가 사라져 종적조차 찾아볼 수 없다.
이 사진은 후대 사람들이 역사적 사실에 근거하여 새롭게 만든 것이다.

내려 전국의 병기를 함양으로 거두어들이도록 한 다음 12개의 동인을 주조하도록 했다.

진시황은 평생 방사나 도인들의 말을 신뢰하였으며, 그들을 통해 불사의 약을 구하기 위해 애썼다. 게다가 막상 천하를 통일시켰지만 어느 곳에서 또 다른 변란이 일어날지 알 수 없는 상황이었다. 그렇기 때문에 이런 이야기가 더욱 설득력을 지니게 된 것이다.

이유야 어떻든지간에 진시황이 12개의 금인을 만든 것은 분명해 보인다. 그러나 유감스럽게도 지금 우리는 그 웅대한 모습을 볼 수 없다. 12개 금인의 행방에 대해 사람들은 다음과 같은 추측을 하고 있다.

첫 번째는 초패왕 항우가 진나라 도성 함양을 공격하여 아방궁을 불태울 때 왕조의 영원함을 상징하던 12개 금인도 함께 없애버

렸다는 주장이다.

두 번째는 금인이 동탁의 손에 파손되었다는 추론이다. 이렇게 주장하는 역사학자들에 따르면, 동한 말년 군사를 이끌고 장안을 공격한 동탁은 10개의 금인을 녹여 동전을 주조하고, 나머지 2개의 금인은 낙양으로 옮겼다. 수많은 장인과 인부들이 금인을 익성으로 운반하려 했지만 엄청난 무게를 감당하지 못해 결국 운송을 포기했다. 이후 동진 16국 때에 이르러 후조後趙의 석계룡石季龍이 다시 금인 2개를 업성으로 운반하였다.

그러나 전진前秦의 왕 부견符堅이 북방을 통일한 후 금인을 업성에서 장안으로 옮겨 모두 녹여 없애버렸다. 결국 600여 년 동안 세상에 자리하고 있던 마지막 2개의 금인까지도 사라져버린 것이다.

세 번째 추론은 비교적 낙관적인 편이다. 사료기록에 근거해 12개의 금인은 파괴되지 않았으며, 진시황이 죽은 후 진시황 능묘에 진귀한 보물과 함께 부장품으로 매장되었다는 주장이다. 아직 진시황의 능묘가 발굴되지 않은 상황이라 그들의 주장이 사실인지 여부는 확인되지 않고 있다. 그러므로 진시황의 능묘가 발굴된다면 12개 금인이 다시 세상에 모습을 드러낼지도 모르는 일이다.

Chapter 03

조조의 능묘는 정말 72군데인가

"평생 영리하다 해도 죽으면 끝인
것을 어찌하여 남은 지혜를 무덤까지 가지고 갔나?"

송대 문인 유응부兪應符는 저명한 정치가이자 문학가이기도 한
조조曹操가 사후에 72곳의 의총疑塚을 남긴 것을 두고 이렇게 읊었
다. 그의 말은 일면 조조의 무궁무진한 지혜에 대한 탄복이기도
하다.

지혜와 용기가 뛰어난 조조는 생전에 자신의 영웅적인 기개를
마음껏 발산하면서 난세에 두각을 나타내기 시작하여 마침내 위魏
건국의 토대를 마련하였다. 삼국이 정립되는 상황에서 그가 보여
준 탁월한 재주와 지혜는 다른 이들이 따를 수 있는 바가 아니었
다. 조조와 같이 특별한 사람들은 종종 다른 이들은 도저히 생각
지 못한 일을 벌이곤 하는데, 그가 사후에 남긴 미스터리, 72곳의

의총 역시 그 가운데 하나이다.

전하는 바에 따르면, 조조의 능묘는 72곳이라고 한다. 72개 중 어떤 것이 조조의 진짜 무덤이고 어느 것이 가짜인지 지금까지 여전히 오리무중으로 아는 이가 없다.

조조의 능묘와 관련해서 전해져 내려오는 이야기가 있다. 건안 23년(218년) 자신의 삶이 이제 막바지에 달했음을 예감한 조조는 자신이 죽은 후의 일과 관련해 특별히 '종령終令'을 반포하였다. 그 내용은 대략 다음과 같다.

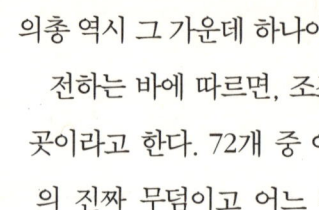

위나라 무제 조조 상

조조(155~220년), 자는 맹덕孟德, 아명은 아만阿瞞이며 동한 말기 패국沛國 초현(지금의 안휘성 박주) 사람이다. 어릴 때부터 기민하고 눈치가 빨랐으며 사내답게 매우 용감했다. 건안 원년(196년) 헌제를 허창許昌(지금의 하남성 허창 동쪽)으로 모시고 조정의 전권을 휘둘렀다. 건안 18년 위공魏公에 봉해졌으며, 건안 21년 낙양에서 병사하였다.
정치가이자 군사가였던 그는 문학적 재능이 뛰어난 문인으로, 그가 남긴 시는 지금까지도 인구에 회자되고 있다.
"장수하는 신령스런 거북이도 역시 죽는 때가 있고,
안개 타고 올라가는 이무기도 끝내는 흙먼지가 된다.
늙은 준마는 구유에 엎드려 있을지라도 뜻은 언제나 천 리에 있는 법.
영웅은 말년이 되어도 웅대한 포부를 버리지 않는다.
흥망성쇠는 하늘의 뜻에만 따르는 것이 아니니
마음과 몸을 잘 기르면 영원을 얻을 수 있으리."

고대 성현들의 분묘는 보통 척박한 곳에 있다. 생각건대 내 능묘 자리는 한단성邯鄲城 서쪽 서문표西門豹의 사당 근처가 적합한 듯하다. 게다가 서문표는 내가 평생 숭상하던 인물이기도 하니, 그의 이웃이 된다면 마음으로 흡족할 것이다.

조조가 숭상한다던 서문표는 전국시대 위나라 문후文侯 때의 관리로서 위대한 개혁가로 알려져 있다.

《사기·골계열전》에 따르면, 그가 업
鄴의 지방장관이 되었을 때 황하의 범
람을 막기 위해 해마다 미녀를 골라 하
백河伯(황하의 신)에게 바치는 일이 성
행하였다. 이에 서문표는 이런 일의 주
창자인 무당을 강에 던져버려 더 이상

인면 와당(위진남북조)
사람 얼굴의 와당은 위진남북조시대의 것으로 업성
鄴城에서 출토되었다. 북방의 풍격이 물씬 풍긴다.

이런 일이 없도록 하였다. 그래서 '투무치업投巫治鄴'이라는 말이
생겨나기도 했다.

이외에 조조는 '종령'을 통해 아들 조비曹丕에게 자신의 장례는
평소 주장했던 대로 박장薄葬으로 하라고 했다. 즉 독립된 능원을
마련하지 말고 평지에 깊이 파서 무덤을 만들되, 봉분을 쌓거나
나무나 비석도 세우지 말고 금은보화도 매장하지 말 것을 당부하
였다. 조비는 부친의 유언 그대로 집행하였다.

그런데 이해할 수 없는 일은 그가 72곳에 무덤을 만들라고 당부
했다는 점이다. 실제로 장례 당일 72개의 관이 동시에 출상하여
당시 사람들은 어느 곳에 조조가 묻혔는지 알지 못했다고 한다.
이렇듯 여러 곳에 조조의 무덤이라고 칭해지는 곳이 생겨났기 때
문에 사람들은 이를 '의총'이라고 불렀다.

조조는 왜 그처럼 많은 의총을 만들라고 한 것일까? 노회하고
영리한 머리로 세속을 깔보며 후대 사람들과 술래잡기 놀이를 하
겠다는 뜻은 분명 아니었을 것이다.

그가 의총을 만들도록 한 것은 오랜 세월 조조의 마음속에 드리

워져 있던 심리적 그림자와 관련이 있다.

1968년 만성滿城 한나라 양왕梁王 분묘군에서 두 벌의 금루옥의金縷玉衣가 출토되어 세상을 놀라게 한 적이 있다. 금루옥의는 길이 1.78m에 2008개의 옥을 2kg에 달하는 금실로 엮어 만든 것이었다. 이는 당시 한나라 문명의 발달과 매장문화의 특성을 그대로 보여주는 것일 뿐더러 역대 양왕의 분묘군에 매장된 보물이 상당했음을 알려주는 예이기도 하다. 실제 사료기록에 따르면, 한나라 양왕의 분묘는 거의 보물단지나 다를 바 없으며, 바로 그런 이유로 무수한 도굴꾼들이 도굴을 시도했다고 한다.

업성 삼대三臺 유적지(위진남북조)

업성 유적지는 하북성 임장현에 위치하고 있다. 이른바 업성의 삼대는 금호대金虎臺, 동작대銅雀臺, 빙정대冰井臺를 말한다. 조위曹魏가 흥성하던 시절 중요한 별궁이자 군사 요충지로 활용되었다. 이 일대에 조조가 매장되었다는 이야기가 있다.

사학가들의 고증에 따르면, 삼국시대 조조의 군사들이 바로 양왕 분묘로 들어간 첫 번째 도굴꾼이라고 한다. 기록에 따르면, 양왕의 분묘군은 무덤으로 통하는 길을 수천 근에 달하는 무겁고 거대한 돌로 막아놓았기 때문에 설사 묘실의 정확한 위치를 알고 있다 할지라도 일반 도굴꾼들은 쉽게 들어갈 수 없었다. 그러나 방대한 군사력을 가지고 있던 조조는 많은 병사들을 동원하여 길을 막고 있는 돌을 제거하고 쉽게 묘실로 들어가 보물을 차지할 수 있었다.

분묘를 도굴하여 수많은 보물을 얻기는 했지만 그는 짐짓 마음이 무거웠을지도 모른다.

'후하게 장례를 지내게 되면 분명 도굴꾼들이 극성을 부릴 것이다. 제아무리 부장품이 많은들 무슨 소용이 있겠는가? 오히려 이 때문에 도굴꾼들을 불러모으고 결국 시신마저 거리에 내동댕이쳐질 것을.'

결국 이런 이유로 조조는 중국 역사상 최초로 '박장'을 선택한 통치자가 되었다. 그래서 그는 218년에 반포된 '종령'에서 박장과 더불어 봉분도 만들지 말고 나무도 심지 말 것이며, 척박한 땅에 깊이 파서 묻으라고 이야기했던 것이다. 그는 금은보화는 물론이고 심지어는 일반적으로 시신을 매장할 때 사계절 의복을 함께 넣는 것조차 금지하고 자신이 죽을 때 입었던 옷 그대로 입관시킬 것을 당부하였다.

사실 조조의 이런 명령은 물론 그가 평생 절검을 주장한 것과도 관련이 없지 않지만 그보다는 도굴을 방지하기 위함이라는 것이 정설이다. 그는 어떻게 해야 자신의 분묘가 도굴되지 않을까에 대

이수螭首(위진남북조)

하북성 임장현 업성 동작대 유적지에서 출토된 유물. 뿔 없는 용의 머리를 새긴 것으로 비석의 머리나 궁정의 섬돌, 돌기둥에 많이 새긴다.

곤설첩袞帖, 조조(삼국시대)

해 오래 전부터 고민을 해왔다. 무엇보다 수많은 분묘가 도굴되면서 매장되었던 시신이 길거리에 방치되거나 부장품들이 낭자하게 흩어져 있는 모습을 자신의 눈으로 직접 보아왔기 때문이다. 그 결과 그는 삶과 죽음의 언저리에서 후세 사람들과 한판 지혜를 겨루고자 했던 것이다.

현재 상황에서 조조가 승리자인 것만은 분명하다. 아직까지 그의 진짜 분묘가 어디에 있는지 밝혀지지 않았기 때문이다. 학계에서는 조조의 분묘 위치와 관련해 다음 세 가지 설을 놓고 논쟁 중이다.

첫 번째는 조조가 한단의 서쪽 서문표 사당 근처에 묻혀 있다는 설이다. 그러나 서문표 사당은 남조南朝 양나라 원제 소역 승성 3년(554년)에 세워졌는데, 조조는 그 이전인 334년에 사망했다. 그렇다면 서문표 사당 근처에 묻혔다는 것은 역사적 사실과 부합하지 않는다.

두 번째는 조조가 장하漳河 강바닥에 묻혔다는
설이다. 민간에 전해져 내려오는 이야기에 의하
면, 청조 순치 초년 장하의 물이 마르자 어민들이
강바닥에서 커다란 석판을 발견하였다. 사람들이
석판을 치우고 들어가보니 조조가 용포를 입고 커
다란 돌 위에 누워 있었다고 한다.

그런가 하면 장하의 물길이 바뀌면서 조조의
광중(무덤의 구덩이 부분)이 훼손되어 제사 지낼 곳
이 없어지자 조비가 비통하게 생각했다는 전설도
있다. 그러나 이 역시 전설에 불과할 뿐 사실이
아니다.

마지막 세 번째는 조조가 장하 인근에 매장되었
으며, 그곳 역시 전체 72의총 가운데 하나라는 설
이다. 만약 이 설이 사실이라면 조조의 진짜 무덤
을 찾을 수 있을지도 모른다.

'창천내사蒼天乃死'라는 글자가
새겨진 벽돌(한나라)

조조의 선조 묘지에서 출토되었
다. '창천내사'란 푸른 하늘은 죽
었다는 뜻으로, 한나라 관군의
옷이 푸른색이었기 때문에 창천
은 당시 한나라 왕조를 지칭한
다. 이 글자는 우연히도 황건적
이 기의할 당시의 구호와 일치한
다. 당시 황건 기의군은 누런 두
건을 쓰고 태평도를 널리 유포시
키면서 민중들의 심정을 대변하
였다.

그러나 건국 이후 고고학자들의 여러 의총들과 관련된 체계적
인 문물수집과 조사 결과 마침내 의총의 수수께끼가 풀렸다. 확인
결과 의총으로 알려진 분묘들은 모두 남북조시대 동위東魏와 북제
北齊 왕공 귀족들의 무덤이며, 그 숫자도 72기가 아니라 134기라는
것이다. 이렇게 하여 72곳의 의총이 조조의 것이 아니라는 것은
확인되었지만 조조의 진짜 무덤이 어디에 있는가는 여전히 알지
못하고 있다.

Chapter 04
돈황 장경동은 왜 만든 것일까

돈황의 막고굴莫高窟은 돈황 시가지에서 남동쪽으로 25km 떨어진 명사산鳴沙山 기슭에 있다. 산비탈에 1,000여 개의 석굴이 마치 벌집처럼 뚫려 있어 '천불동'이라 불리기도 한다. 그중 장경동藏經洞은 막고굴 가운데 제17호 굴의 속칭이다.

20세기 초엽 돈황에서 왕씨 성을 가진 도사가 버려진 막고굴 안에 거처하며 도사 행세를 하고 있었다. 그는 비록 출가하여 도교에 입문한 도사였지만 탐욕스럽고 사심이 많은 이였다. 당시 막고굴은 참배하러 오는 이들도 없었고, 주변에 인가도 드물었다.

그러던 어느 날 그는 거의 무너질 것 같은 동굴을 수리하기로 마음먹고 사람을 불러 일을 시켰다. 수리를 하던 인부는 동굴 양쪽 벽이 비어 있다는 것을 발견하곤 그 즉시 왕 도사를 불러 말했다. 왕 도사는 깜짝 놀라는 한편 옛날부터 막고굴 어딘가에 보물이 숨겨져 있다는 전설이 퍼뜩 생각났다. 잠시 얼이 빠져 있던 그는 금세 이미 알고 있는 일이라는 듯 내숭을 떨면서 벌레 먹은 나무가 썩어서 그럴 것이라고 말했다.

공사가 대충 끝나자 왕 도사는 야밤을 틈타 벽을 파기 시작하여 마침내 또 다른 동굴을 발견하였다. 그 순간 왕 도사는 자신의 눈을 믿을 수 없었다. 동굴 안에는 비단에 그려진 그림과 불교 법기가 마치 산처럼 잔뜩 쌓여 있었고, 사방 벽에는 불가사의한 벽화가 그려져 있었다. 마치 동굴 전체가 신화 이야기로 가득한 것만 같았다. 1900년 5월, 장경동은 이렇게 발견되었다.

돈황 제17호굴 장경동의 외부 모습
사진 속의 문은 도난방지를 위해 새롭게 마련한 것이다. 현재 내부 사진촬영은 금지되어 있다.

왕 도사의 이름은 왕원록王圓籙, 도교의 도사라고는 하지만 얼마 전까지만 해도 시골 농부에 지나지 않았다. 그는 자신이 장경동을 최초로 발견한 사람이라고 자처했지만 자기 멋대로 귀중한 민족 유산을 헐값에 외국인들에게 팔아먹은 도둑에 불과하다.

현재까지 장경동에서 발견된

설법도, 돈황 석굴(당나라)

그림 속의 흰 부분은 1924년 미국의 탐험가이자 하버드 대학 교수인 랭던 워너(Langdon Warner('인디아나 존스'의 모델 가운데 1명으로 알려져 있다)가 떼어간 흔적이다. 이 그림은 사신四身 비천飛天(불교에서의 신 이름)인데, 이를 주제로 한 그림 가운데 가장 대표적인 작품이다. 비천이 서로 대칭되어 기운이 상통하며, 각기 신운神韻을 지녔으며 전후가 호응한다. 비천이 꽃잎을 뿌리는 모습이나 상서로운 구름의 형상이 화면 가득 조형미를 더욱 돋보이게 하며 동적인 느낌과 의경意境이 한데 어울려 최고의 수준을 자랑한다.

수만을 헤아리는 고대 불경과 도경을 포함한 온갖 문서들은 중국 문화 발전사 연구에 대단히 중요한 유물들이다. 그중에는 '세계 제일'은 물론이고 다른 곳에서는 찾아보기 힘든 희귀본도 상당수에 달한다.

　돈황을 연구하는 학자들에 따르면, 문헌 속에서 발견된 종이, 활자, 서적, 악보, 신문, 마구馬具, 성상도星象圖, 연환화連環畵, 기경棋經(바둑 관계 경전), 표점 부호 등은 모두 세계 최초의 것으로 밝혀졌다고 한다.

　이렇듯 돈황 장경동은 방대한 양의 문서와 그림 등이 지닌 문화적 가치로 인해 세계에 널리 이름을 알리게 된다. 그렇지만 장경동이 과연 언제, 그리고 누구에 의해, 무슨 이유로 만들어졌는가

244

돈황 장경동의 경권經卷

돈황 장경동에서 스타인이 영국으로 가져간 경전 두루마리들이다. 그가 이것을 유럽에 소개하면서 세계 학자들은 천년의 역사를 머금은 장경동의 문헌에 주목하게 되었으며, 이로써 돈황학이 형성되기에 이르렀다. 중국의 저명한 화가 장대천張大千은 여러 해 돈황에 살면서 동굴 벽화를 모사하고 정리하였다.

에 대해 알고 있는 이는 극히 드물다. 더군다나 왜 그처럼 가치있는 물건들이 17호굴 속에만 무더기로 숨겨져 있는 것인지에 대해 정확히 알고 있는 사람도 없다.

현재까지 장경동이란 보물창고를 처음 만든 사람에 관한 자료를 찾을 수 없다는 것이 가장 큰 이유인데, 그런 연유로 장경동의 내력은 지금까지 천고의 수수께끼로 남아 있다.

돈황 동굴에 대한 고고학적 탐사결과에 따르면, 돈황의 동굴은 주로 승려들이 수행하거나 불경을 만들던 곳이라고 한다. 그래서 사람들은 장경동이 승려들이 전란을 피해 도망치면서 귀중한 불교자료의 훼손을 막기 위해 조성해놓은 것이라고 믿고 있다. 이른바 '피난설'이 바로 그것이다.

이에 따르면 대략 11세기 무렵 서하西夏 사람들이 돈황을 점령하였다. 그 전후로 사방에서 크고 작은 전투가 벌어지고 백성들은 도처로 피난을 가게 되었다. 이러한 와중에 당시 돈황에 거주하고 있던 사원의 승려들이 피난하기에 앞서 들고 가기 힘든 불경이나 문서, 법기, 그림 등을 분류한 다음 대충 흰 천에 싸서 동굴에 숨긴 후 동굴 입구를 막아버리고 그 위에 진흙을 바른 뒤 다시 벽화

| 폴 펠리오

| 오렐 스타인

를 그려넣었다. 언젠가 다시 찾아올 것을 기약했으나 오랜 전쟁과 피난생활을 겪으면서 끝내 다시 돌아오지 못했다.

그렇게 세월이 흘러흘러 동굴은 세월의 두께 속에서 황폐해지고 모든 이들에게 잊혀진 존재가 되어버렸다. 게다가 사막의 바람을 따라 숱한 모래가 동굴 속에 쌓이면서 아예 아무도 살지 않는 폐허가 되어 800년이란 세월이 흘렀다.

왕 도사가 발견한 '돈황 유서遺書'는 불교, 도교, 마니교, 경교景教 등의 종교문헌이 대부분이다. 그리고 한문 이외에도 장문藏文, 우전문于闐文(고대에 '새인塞人'이라고 칭해지던 민족이 사용한 병음문자), 돌궐문, 회골문回鶻文(위구르 민족 문자), 범문梵文(산스크리트), 속특문粟特文(중세 이란어의 동부 방언), 히브라이 문자 등 이미 사용하지 않는 문자로 된 문헌도 적지 않다. 이것은 분명 5세기부터 11세기까지 돈황이 가장 번성하던 시절의 증거라고 할 수 있다.

프랑스의 언어학자이자 동양학자인 폴 펠리오Paul Pelliot 역시 '피난설'에 동조하고 있다. 그는 1908년 돈황 막고굴에 도착하여 굴 안으로 직접 들어가 모든 동굴의 사진을 찍었으며, 6,000여 권에 달하는 불경과 사본, 그림 등에 대해 대가를 지불한 후 파리 국립도서관으로 운반하였다. 그가 가져간 유물 중에는 신라의 승려 혜초가 쓴 여행기인 《왕오천축국전》도 포함되어 있었다. 펠리오가 돈황에 도착한 때는 '돈황학'의 아버지라 할 수 있는 영국의 오렐 스타인Aurel Stein이 먼저 유물들을 사들여 영국으로 돌아가고 난 1년 뒤였다.

폴 펠리오는 동방학을 전공한 학자답게 모든 유물을 일별해 그 가운데 가장 중요하다고 생각되는 것만을 골라 프랑스로 가져갔다. 전문가였던 만큼 그가 가져간 유물은 스타인보다 수량은 적어도 질적인 면에서는 훨씬 뛰어난 것들이 많이 포함되어 있었다.

문건에 따르면, 당항黨項(고대 강족羌族의 지파로 지금의 청해성 동남부에 모여 살았다. 부족국가가 되면서 8부로 나뉘었는데, 그 가운데 척발씨拓跋氏가 가장 강력했다. 당대 두 번에 걸쳐 중원을 공격하였으며, 이후 감숙성 동부와 섬서성 북부 일대에 거주하였다)의 1차 돈황공격 당시 승려들은 전란을 피하기 위해 동굴에 물건을 집어넣고 밀봉했다고 한다. 장경동에서 발견된 문물들은 일정한 순서나 분류 없이 그냥 마구잡이로 쌓아놓은 상태이고 특히 서하의 문자로 쓰인 문서가 발견되지 않았다.

또 어떤 이는 서하나 당항의 침입 때문이 아니라 흑한 왕조黑汗

돈황 도사 왕원록, 1907년

호북에서 농사를 짓다 돈황에 온 도사 왕원록은 뜻하지 않게 중국 고대문명의 휘황찬란한 문을 열게 된다. 이 사진은 1907년에 찍은 것(당시 대다수 중국인은 사진을 찍을 기회가 없었다)으로 왜소한 몸매에 천진하게 웃고 있는 모습이다. 당시 왕원록은 중국의 관리들을 만나 유물보존을 호소하였지만 아무도 그의 이야기에 귀기울이지 않았다. 그러다가 그 가치를 알아본 오렐 스타인, 폴 펠리오, 그리고 일본인 오타니 고즈이에 의해 유물들이 세계 각국으로 유출되었다.

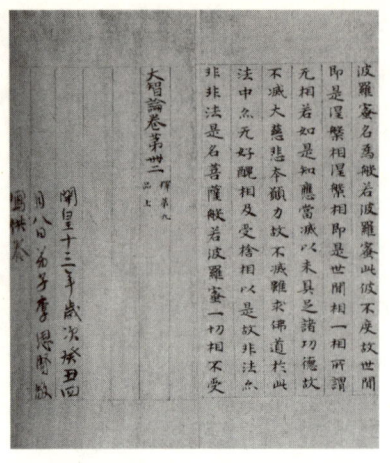

대지도론大智度論 권 42, 수나라 이사현李思賢

돈황 석굴 장경동에서 발견된 불경 가운데 하나로 이사현이 쓴 것이다. 본문은 주로 북위 서체로 되어 있는데, 제자題字는 남첩南帖의 풍격을 따라 썼다는 점에서 특색이 있다.

대지도론은 대승불교의 고승 용수가 저술한 《대품반야경》의 주석서로, 현재 산스크리트로 된 원전은 존재하지 않고 구마라습이 번역한 한역본만이 전해진다.

王朝(10~13세기에 회흘인이 중앙아시아와 지금의 신강성 등지에 건립한 이슬람 왕조)의 위협 때문이라고 주장하고 있기도 하다. 이 역시 '피난설'의 일종이다.

그런가 하면 이른바 '폐기설'로, 돈황의 여러 사원에서 폐기시킨 불교용품을 모아놓기 위해 장경동을 만들었다고 주장하는 이들도 있다. 주로 예불에 사용되는 불교용품은 신성하여 마음대로 버릴 수가 없다. 또한 유가의 영향과 물자부족으로 중국인들은 고대부터 글자가 쓰인 종이를 중요하게 여겨왔다. 나아가 길거리나 골목을 돌아다니며 온갖 종이를 모아 제를 지낸 후 태우는 관습도 있었다. 그렇기 때문에 승려들도 더 이상 쓸 수 없거나 다 쓴 불교용품을 그대로 보존하고 있다가 이를 불에 태우지 않고 동굴에 집어넣고 밀봉한 것이라는 의견이다.

이러한 주장을 한 사람은 장경동의 유물을 유럽에 소개함으로써 '돈황학'을 정립시킨 오렐 스타인이다. 그는 1907년 처음 돈황에 와서 그해 5월 왕 도사에게 매우 싼 값에 막대한 유물을 넘겨

받았다. 그때 건네받은 유물은 사본 8,082권, 목판 인쇄본 20권 등인데, 그 가운데 불교관계 저작물이 6,790권이었다. 그는 총 24개의 상자에 불경과 사본을 가득 채우고, 미술품 다섯 상자를 싣고 영국으로 돌아갔다. 이후 1914년에 다시 돈황 막고굴을 찾은 그는 또다시 다섯 상자 가득 600여 권의 문서를 가져갔다. 그때 가지고 간 유물들은 현재 런던 대영박물관에 소장되어 있다. 스타인은 자신이 직접 본 사본이나 그림 등의 기록을 분석한 결과 '폐기설'을 주장한 것이다.

그러나 많은 사람들이 그의 주장에 이의를 제기한다. 무엇보다 장경동에서 발견된 수많은 문물들이 뛰어난 정품인데다 완전한 형태를 갖추고 있기 때문이다.

여러 학자들은 과연 17호굴 장경동 이외에 또 다른 장경동이 존재하는가 여부에 관심이 많다. 지질학자들이 막고굴을 탐측한 결과 동굴 벽에서 이상한 징후를 발견해냈기 때문이다. 그것이 또 다른 장경동일지도 모르지만 현재까지는 확인되지 않고 있다.

1100여 년의 세월을 거치면서 망망한 사막에서 찬란한 광채를 빛내고 있는 돈황 장경동. 그것은 누가, 왜 만들어놓은 것일까?

Chapter 05
무측천이 무자비를 세운 이유는

무측천武則天은 전통적인 남존여비의 예교를 타파하고, 봉건시대의 틀에서 벗어나 여인으로서는 유일하게 황제의 자리에 오른 사람이다. 무측천에 관한 여러 가지 흥미로운 이야기는 정사는 물론이고, 야사나 민간문학, 시정의 잡담 등 광범위하게 기록되어 전해져 내려오고 있다.

물론 나라를 평안하게 다스리고, 유아독존의 존재로 중국 역사상 여러 분야에서 유일한 존재였던 그녀의 일부 공적에 대해서는 높은 평가를 내리고 있다.

예부터 흔히 공로가 있는 사람의 생애와 사적을 비석에 새기곤 했다. 그러나 이해되지 않는 문제 가운데 하나는 중국 역사상 첫 번째이자 유일무이한 여황제인 무측천 묘에 단 한 글자도 새겨지지 않은, 바로 '무자비無字碑'가 세워져 있다는 것이다.

무측천과 그녀의 남편 고종의
합장묘는 서안西安에서 서북쪽으
로 80km 떨어진 건현乾縣 양산梁
山에 위치해 있다. 그리고 능의
양쪽으로 2개의 묘비가 나란히
세워져 있는데, 그녀의 무자비는
동쪽에, 그리고 고종의 문치와
무공을 찬양하는 '공덕비', '술
성기비術聖記碑'는 서쪽에 세워져
있다.

| 무측천 상

원래 이들의 합장묘가 있는 건릉은 무측천이 직접 계획하고 건
설까지 진두지휘했다. 683년 고종의 붕어 이후 705년 무측천이
사망할 때까지 22년의 세월이 흘렀다.

반듯하고 커다란 대리석 조각의 '무자비'는 높이 7.53m, 너비
2.1m, 두께 1.49m, 그리고 총 중량이 98.84톤에 달한다. 비의 정
상 부분에는 여덟 마리의 이무기가 뒤엉켜 있는 모습이 조각되어
있고, 비의 동서 양측에는 금방이라도 날아오를 것 같은 '승룡도
乘龍圖' 한 폭이 새겨져 있는데 꿈틀거리고 있는 용의 모습이 매우
신비로워 보인다. 비의 받침은 길이 3.35m, 너비 2.65m, 높이
1.10m이다.

비의 겉면에는 사자와 말 그림이 새겨져 있는데, 눈을 부릅뜬
사자의 모습은 그 위엄을 드러내는 듯하고, 발을 구부린 채 고개
를 숙이고 있는 말은 마치 한가롭게 식사를 하고 있는 듯하다. 이

해서 무측천 금간金簡(당나라)
금간 정면에 63개의 문자가 적혀
있다. 해서체로, 그중 무측천이 만
든 5개의 문자가 있다. 무측천이
중악(숭산)에 오를 때 사용했던 기
물이다.

렇듯 모든 면에서 다른
비와 크게 다를 바 없지
만 유독 비문만이 없다.

그렇다면 무측천같이
역사의 풍류인물이 왜 대대적으로 공덕을 찬양
하며 그 이름을 천고에 날리지 않고 무자비를 세
운 것일까? 이에 대해 의론이 분분하지만 대충
다음과 같이 세 가지 의견으로 정리할 수 있다.

첫째는 '공덕무량설功德無量說'이다. 무측천이
'무자비'를 세우게 한 이유는 자신의 공덕이 문
자로 기록할 수 없을 정도로 방대함을 자랑하기
위해서라는 것이다.

역사기록에 따르면, 무측천의 정치적 재능이
뛰어난 것은 분명한 사실이다. 그녀는 중국 역사상 유일한 여 황
제, 그것도 뛰어난 정치적 역량을 발휘한 황제였다. 이를 증명하
는 역사기록 또한 적지 않다. 고종이 황제에 등극한 655년부터 무
측천은 50년 동안 대권을 장악해왔다고 할 수 있다. 당 고종이 붕
어한 날부터 계산한다고 해도 22년의 긴 세월 동안 천하를 통치한
것이다.

그녀는 당나라를 통치하는 기간 동안 신흥 지주계급을 육성하
고, 명문 세도가들에게 타격을 주었으며, 수리사업을 통해 농사에
도움을 주었다. 또한 부역을 줄이고 균전제를 정리함으로써 사회
경제발전을 이룩함과 동시에 인구가 계속해서 증가하도록 했다.

나아가 과거제도를 활용하여 신흥 지주계급을 정치 무대에 진출시켰으며, 이를 통해 역대 통치자들의 고민거리였던 호족의 세력을 약화시켰다.

무측천은 통치 초기에 파격적인 인사를 단행하여 각급 관리들이 앞다투어 인재를 천거하고 간언을 올렸다. 또한 변경지역의 방어를 든든히 하고, 변경 각 부족과의 관계를 개선하였다. 한마디로 무측천은 정치적 지도력이 뛰어난 이상적인 인물이었다.

무측천의 통치기간 동안 백성들은 여러 가지 혜택을 볼 수 있었고, 당나라는 세계적으로 대국의 면모를 과시하며 많은 공헌을 했다. 또한 '정관의 치貞觀之治'(627~649년)를 공고히 발전시켰으며,

무자비(당나라)
무측천 능묘 앞의 무자비

쌍봉문합雙鳳紋盒(당나라)
이 합은 산서성 부풍현 법문사 진신사리탑 지하궁에서 출토되었다. 높이 9. 5cm, 가 장자리 길이가 18cm이다.

'개원의 치開元之治'(713~741년)를 위한 토대를 다짐으로써 당나라 경제발전에 과도기적 역할을 훌륭히 실행했다.

두 번째는 '자지지명설自知之明 說'이다. 무측천이 무자비를 세운 것은 매우 현명한 처사로, 자신에 대한 모든 시비공과를 후인에게 맡기고자 했다는 주장이다. 무측 천은 자신에게 긍정적인 측면도 있지만 부정적인 면 또한 없지 않 다는 것을 스스로도 잘 알고 있었다. 그래서 자신에 대한 평가를

건릉(당나라)
당 고종과 무측천이 합장되어 있는 건릉은 지금의 섬서성 부풍현에 위치하고 있다. 당나라 제왕 능묘들 가운데 유일하게 도굴되지 않은 곳이다.

후인들에게 맡기고자 했다는 것이다.

무측천이 통치하던 시기는 당 태종의 '정관의 치'에 힘입어 경제적으로는 지속적으로 발전했지만 정치적인 면에서는 그렇지 못했다. 그녀는 복잡하게 얽힌 정치적 상황을 해결하고 정리하기 위해 최선을 다해 노력했다.

그러나 그런 와중에 자신의 황제로서의 지위를 공고히 하기 위해 혹리酷吏를 임용한다거나 도당을 만들고, 자신에게 반대하는 이들을 축출하였으며, 측근을 통해 밀고와 혹형이라는 공포정치를 실행했다. 심지어는 자신의 두 아들과 딸 하나를 살해하기까지 했다. 나아가 통치 말기에는 정치가 날로 부패하면서 무씨를 중심으로 한 새로운 특권 귀족층이 형성되었다. 또한 통치기간 동안 안서 지역의 진鎭 네 곳을 잃어 국가의 영토가 줄어들었다.

이외에 무측천은 궁궐 안으로 남총男寵을 끌어들여 음탕하고 무절제한 생활을 하기도 했다. 중국의 대다수 역사서는 무측천에 대해 아첨과 영합으로 고종의 신임을 얻었으며, 이후 하찮은 '재인才人' 출신이 황후의 자리에 올라 대권을 장악하고 황제의 자리를 가로챘다고 적고 있다.

여자가 황제를 한다는 건 봉건 예교를 뒤엎는 일이었기에 그녀는 사후 권력을 중종에게 넘겼다. 무측천은 이러한 봉건사상의 분위기 속에서 황위를 찬탈한 자신의 죄과가 얼마나 큰지 잘 알고 있었기 때문에 자신의 비문에 어떤 평가를 써넣어야 할지 주저하고 있었다. 결국 그녀는 무자비를 세울 것을 결정함으로써 시비공과에 대한 평가를 후세에게 넘겼다는 것이다.

세 번째는 '진퇴양난설'이다. 무측천은 사후 당 고종과 합장될 예정이었다. 이럴 경우 그녀는 황제가 되는 것인가, 아니면 황후가 되는 것인가? 실로 난감한 문제가 아닐 수 없었다. 무측천의 아들 중종 이현 역시 난감하기는 마찬가지였을 것이다. 만약 무측천을 찬양하여 비문에 '대주천책금륜성신황제大周天冊金輪聖神皇帝'(무측천은 황위를 차지한 후 자신을 '측천금륜대성신황제則天金輪大聖神皇帝'로 칭하고 국호를 대주大周, 연호를 천수天授로 했다)라고 하자니 이씨 황족의 한 사람으로서 도저히 받아들일 수 없었을 것이다. 그렇다고 무측천의 지위를 깎아내려 '측천대성황후則天大聖皇后'라고 하는 것도 문제가 있었다. 어찌 되었든 무측천은 역사적으로 16년 동안이나 분명 '대주'의 황제였지 않은가.

중종은 이러지도 저러지도 못한 채 무척 난감했을 것이다. 그래서 아예 '기록을 한 자도 남기지 않고' 모든 평가를 후세에 맡김으로써 역사를 잘못 기록하는 오명을 쓰지 않기로 결정했다는 것이다.

무측천의 무자비는 이처럼 많은 추측의 여지를 남겨주고 있다. 문자가 없는 비문, 아무런 기록을 남기지 않았기에 여기에 새겨져야 할 내용을 추측하게 만드는 흥미진진한 광경을 연출하고 있는 것이다.

Chapter 06

화씨벽의 정체는 무엇일까

화씨벽和氏璧은 중국 역사상 가장 전기적인 색채가 농후한 옥으로 만든 기물이다. '장상화將相和'(사마천의《사기·염파인상여열전》에 나오는 내용을 소재로 한 경극의 제목)에 나오는 〈완벽귀조完璧歸趙〉의 '벽璧'이 바로 화씨벽이다. 중국 국보급 보물이기도 한 이 옥을 둘러싸고 지금까지도 많은 의문이 전해져 내려오고 있다.

전국시대 한비자는《한비자·화씨》에 화씨벽에 대한 이야기를 남기고 있다. 전하는 바에 의하면, 지금으로부터 2천여 년 전인 춘추시기, 초나라에 변화卞和라는 사람이 살았다. 어느 날 산중에서 옥의 원석을 발견한 그는 즉시 이를 초나라 여왕에게 바쳤다. 여왕은 옥장이에게 이것을 감별하도록 했다. 그러나 물건을 알아보지 못한 옥장이가 이를 그저 평범한 돌이라고 하자 여왕은 왕을 기만한

인상여완벽귀조도 藺相如完璧歸趙圖, 오역 吳歷(청나라)

이 그림은 인상여의 '완벽귀조'에 관한 이야기를 담고 있다. 이것은 오역(1632~1718년)의 초기 작품으로 구도가 변화무쌍하며, 매우 정교하고 아름다운 붓놀림이 느껴진다. 그의 자는 어산漁山, 호는 묵정도인墨井道人으로 품격 높은 산수화가로 알려져 있다. 왕시민, 왕감, 왕석곡, 왕원기, 운수평과 함께 '청초육대가清楚六大家'로 불렸다.

죄로 변화의 왼쪽 다리를 잘랐다.

여왕이 죽은 후 변화는 다시 이 돌을 초 무왕에게 바쳤다. 그러나 무왕 역시 이를 평범한 돌이라 여기고 감히 왕에게 거짓말을 했다는 죄목으로 변화의 오른쪽 다리를 잘랐다.

기원전 689년 초 문왕이 즉위했다. 변화는 옥을 들고 초산 산자락 아래에서 꼬박 사흘 밤낮을 울어댔다. 어찌나 울었는지 변화의 눈에서는 피눈물이 흘러내렸다. 그러나 그의 피눈물은 마침내 초 문왕을 감동시켰다.

문왕은 고명한 장인을 불러 원석을 잘라보라고 했다. 잘라본 결과 원석 안에는 아름답고 영롱한 옥이 들어 있었다. 이에 문왕은 이를 갈고 다듬은 다음 여기에 '화씨벽'이란 이름을 하사하고 국보로 삼았다.

현재 남장현 서쪽 약 75km 지점의 순검향 형산 자락에 여러 산으로 둘러싸인 '포박암抱璞岩'이란 절벽이 있다. 전설에 의하면, 변화가 바로 이곳에서 원석을 얻었다고 한다.

화씨벽은 초나라 역대 군왕의 손에 의해 370여 년 동안 전해졌다. 전국시대 칠웅이 할거할 때 모든 제후국들이 이 희대의 보물에 눈독을 들였다. 후에 조나라 혜문왕惠文王이 이를 얻었고, 이 소식을 들은 진秦의 소왕昭王이 진나라에 간 재상 인상여에게 '15개의 성'을 내어줄 테니 옥 석과 바꾸자고 거짓 제안을 했 다. 그러나 인상여는 소왕의 속 셈을 간파하고 옥을 조나라로 몰래 돌려보냈다. 이것이 바로

| 완벽귀조 화상석 畵像石(한나라)

역사적으로 유명한 '완벽귀조', 즉 옥을 완전한 상태로 되찾아 조 나라로 돌아왔다는 이야기이다.

후에 이토록 어마어마한 가치를 지닌 희대의 보물은 여기저기 를 전전하다 전란에 유실되어 현재 그 행방을 알 수가 없다. 그중 에 가장 널리 알려진 이야기는 강력한 진나라가 조나라를 몰락시 켰을 때 진나라 영정이 화씨벽을 손에 넣은 후 장인에게 그 안에 '수명어천, 기수영창受命於天 旣壽永昌'(하늘에서 천명을 받아 영원히 창 성하리라)이라는 여덟 글자를 조충체鳥蟲體 전자篆字로 새겨넣어 옥 새로 삼았다는 설이다.

진시황이 죽은 후 조고趙高가 다시 화씨벽을 이용해 정권을 찬 탈하였고, 유방은 이 화씨벽을 한나라 국새로 삼았다. 유방 이후 옥새는 다시 왕망, 손견, 조조, 사마염의 손을 거쳐, 동진 16국 시 대에는 옥새를 얻고자 하는 싸움이 매우 치열하여 결국 5국이 차 례대로 소유하였다.

남북조, 수와 당을 거쳐 5대 10국 시대에 이르렀을 때에는 후당의 이천욱李天勖이 이를 얻어, 후당의 마지막 황제인 이종가李從珂에게 전했다. 그러나 석경당石敬瑭이 낙양을 공략했을 때 이종가는 옥새를 들고 현무루에 올라 불에 타죽었다. 이렇듯 석경당이 낙양을 공격한 후 화씨벽은 종적을 감추어버렸다고 한다.

그런데 화씨벽은 대체 어떤 신비로움을 가지고 있는 것일까? 진시황이 직접 명하여 화씨벽에 조각을 하고 '국새'로 삼은 것을 보면 엄청난 값어치가 있는 것이 분명하다. 또한 기존에 발굴된 많은 유물을 통해 볼 때 진나라 사람들은 짙은 색의 청옥을 좋아했으니, 화씨벽 역시 청옥일 가능성이 크다. 예를 들면 봉상 남하둔에서 출토된 둥그런 옥 두 점, 진공秦公 대묘大墓와 익문益門 진묘秦廟에서 출토된 각문장형패刻紋璋形佩처럼 진나라의 문화적 특징이 선명한 것들은 모두 짙은 청옥으로 제작되었다.

| 투조쌍봉등용옥새 透雕雙鳳騰龍玉璽(전국시대)

진시황 병마용갱에서 출토된 돌로 된 마구와 새로 발견된 개갑갱鎧甲坑(갑옷이 출토된 갱)의 석갑石甲 등도 모두 청석을 사용하고 있는데, 이 역시 진나라 사람들이 청옥을 귀히 여겼다는 증거의 하나이다. 전문가들은

진나라 옥의 청색에는 매우 깊은 역사·문화적 의미가 담겨 있으며, 여기에는 검은색을 숭상하는 오랜 전통과 속을 잘 드러내지 않는 진나라 민족의 성격이 반영되어 있다고 말한다.

그러나 지질학자 장홍검章鴻劍은 두광정의 《녹이기錄異記》에 기록된 화씨벽의 특징으로 볼 때, 이는 형산지역에서 생산되는 보석 일종인 납장석拉長石일 것이라고 추론하였다. 《녹이기》에는 화씨벽에 대해 "세성歲星(목성)의 조각이 형산에 떨어져 옥이 되었다. 옆에서 보면 푸른빛이요, 정면에서 보면 하얀 빛이다"라고 기록되어 있다. 즉 화씨벽은 정면과 측면의 색깔이 다르다는 것이다.

납장석의 결정체는 주로 판상 또는 판주상의 형태를 띠며, 백색으로 유리 같은 광택이 난다. 일정한 방향을 따라 나 있는 무늬는 아름다운 남빛 또는 자홍빛 때로는 황금빛이 나기도 한다. 그리고 일정한 방향으로 돌리면 푸른빛과 우윳빛 광채가 난다.

하지만 납장석은 옥석 가운데 최고의 상등품이라고 할 수는 없다. 어찌 이런 정도의 옥이 국가의 옥새로 전해질 만큼 큰 매력을 지니게 된 것일까?

한편 화씨벽이 화전옥和闐玉(현재의 신강에서 나는 옥으로 세계 연옥 가운데 으뜸이라는 평가를 받고 있다)이라고 주장하는 사람도 있다. 무엇보다 초색옥俏色玉을 만들 수 있기 때문인데, 중국은 초색 옥기 제작에 오랜 전통을 가지고 있다.

그러나 화씨벽은 이미 사라지고 없어 위의 주장들은 각기 의견일 뿐, 그 옥의 종류가 무엇이었는지는 영원히 풀리지 않는 수수께끼로 남아 있을 것이다.

Chapter 07

칭기즈칸의 능은
왜 말의 등에 있는 것인가

13세기, 몽고 철기군을 이끈 칭기즈칸은 아시아와 유럽대륙을 종횡무진하며 세상을 두려움에 떨게 하였다. 당시 사람들은 그를 '일대천교一代天驕(한시대의 가장 뛰어난 인물)라고 불렀다. 이금곽락기에 있는 칭기즈칸의 능원은 의관총으로, '팔백실八白室'이라 부른다.

팔백실이란 여덟 칸의 하얀색 건축물을 뜻하는 것으로, 몽고 민족의 강한 풍격이 느껴지는 웅장한 건축물을 연상시킨다. 그러나 원래 '팔백실'은 여덟 개의 하얀색 천막으로, 이후 몽고인들이 칭기즈칸에게 제를 올리기 위해 말등 위에 만들어놓은 능원이다. 천막 안에는 칭기즈칸의 초상이 모셔져 있는데 이는 묘지를 상징한다. 이런 능원은 이동뿐만 아니라 제사를 올리기도 편하기 때문에 이곳저곳으로 옮겨다니는 유목민에게 적합하다.

이 '팔백실'은 여러 곳을 옮겨다니다 마지막으로 악이다사(오르도스) 고원의 이금곽락기에 이른다. 이곳에는 그의 옷과 족보 외에 칭기즈칸이 죽기 전 마지막 호흡이 남긴 영혼까지 영탑 안에 모셔져 있다고 한다.

그러나 칭기즈칸의 진짜 유골이 어디에 안치되었는지에 대해서는 누구도 아는 바가 없다.

칭기즈칸 사망 관련기록 가운데 최초의 것은 몽고 정부

원나라 태조 칭기즈칸

칭기즈칸(1162~1227년), 아명은 테무친Temüsjin으로 몽고 걸안부 사람이다. 금 태화太和 6년(1206년) 테무친은 알난하 언덕에서 대형 집회를 열어 몽고 국도國都 대한위大汗位를 세우고, 호를 칭기즈칸이라 했다. 즉위 21년, 서하를 공격하여 이듬해 서하를 멸망시킨 후 육반산六盤山에서 병사했다. 원 세조 지원至元 2년(1265년) 묘호를 태조太祖라고 하였다.

"적들을 추격하여 재물을 빼앗고, 그들의 가족이 울부짖는 것을 보며, 그들의 준마를 타고, 그들의 아내와 자녀를 차지한다." 이렇듯 칭기즈칸은 인생의 최대 기쁨은 정복에 있다고 말했다. 그러나 마오쩌둥은 칭기즈칸에 대해 그저 활을 당겨 커다란 독수리를 쏘는 것밖에 모른다고 폄하했다.

의 역사서인《몽고비사蒙古秘史》(원조元朝 비사라고도 한다)이다. 기록에 의하면, 서하로 출정하기 한 해 전 칭기즈칸은 사냥 중 말에서 떨어져 부상을 입고 심한 고열에 시달렸다고 한다. 당시는 이미 서하 공격 계획이 정해져 있었다.

원래 칭기즈칸은 서하 문제를 평화적으로 해결하려 했지만 서하 장수 아사阿沙의 방자한 태도에 노기를 품고 친히 서하 공격에 나선 상태였다. 이후 칭기즈칸의 부대는 서하를 멸망시켰지만 칭기즈칸은 그 전에 병세가 심각한 상태에 이르러 결국 군영에서 세

칭기즈칸 영장靈帳
칭기즈칸 능의 후전에 상징적인 영장이 모셔져 있다. 정중앙의 황색 영장 안에 3개의 영구가 모셔져 있다.

상을 떠나고 말았다.

칭기즈칸이 죽은 곳은 서하 영주靈州 군영인데 능묘가 악이다사 초원에 있는 것은 그의 생전 소원에 따른 것이라고 한다.

700여 년 전, 서쪽 정벌에 나선 칭기즈칸이 악이다사 초원을 지나가게 되었다. 아름다운 초원, 새들이 지저귀고 사슴이 뛰어노는 광경을 본 칭기즈칸은 말채찍을 떨어뜨린 것도 모른 채 그 분위기에 도취되어 있었다. 그의 부하가 채찍을 주워 칭기즈칸에게 주려 하자, 칭기

상금두회(몽고)
고관들을 위해 제작된 투구로 몽고 기병들이 쓰던 철모나 가죽 모자와 같은 양식이다.

264

즈칸은 이렇게 말했다.

"이곳은 강력한 왕조
가 존재했던 곳, 초목이
울창했던 곳이니 채찍
을 그냥 이곳에 두도록!
그리고 어딜 가든지 채찍
이 놓인 방향으로 내 시신
을 묻어 달라."

| 기병견마옥조騎兵牽馬玉雕(몽고)

불행히도 칭기즈칸은 서하 도성을 공격하기 바로 직전에 사망
했다. 군대의 동요를 막고, 서하의 투항을 받아내기 위해 그는 '장
례를 치르지 말라'는 유언을 남겼다. 이에 소수의 측근들은 칭기
즈칸이 생전에 찬미했던 곳으로 영구를 비밀리에 운반하여 안장
하기로 결정했다.

전하는 말에 따르면, 측근들은 영구를 운반할 때 도중에 만난
모든 사람들을 죽였다고 한다. 그들은 비밀장소에 도착하여 영구
를 깊이 묻고 군마들이 그 위를 마구 밟아 평평하게 다진 다음 풀
을 심어놓았다. 그리고 마지막으로 칭기즈칸의 후손들이 제를 올
리기 위해 칭기즈칸의 묘지를 찾을 수 있도록 어미 낙타 앞에서
새끼 낙타를 죽인 다음 그 피를 묘지 위에 뿌렸다. 이는 낙타가 자
신의 육친을 구분하는 능력을 가졌기 때문인데, 칭기즈칸의 후손
들은 어미 낙타를 끌고 와서 낙타가 슬피 울며 배회하는 곳에서
제를 올렸다고 한다.

칭기즈칸의 능이 '말등'에 있는 것이 고대 몽고족들의 특수한

칭기즈칸 동상

칭기즈칸으로부터 공격을 당한 사람들은 그에게 무한한 공포를 느끼고, 칭기즈칸의 계승자들은 칭기즈칸에게 엄청난 야심을 펼칠 수 있는 원동력을 얻는다. 동시대의 한 사람은 칭기즈칸의 계승자들은 하나같이 '칭기즈칸의 간교함을 그대로 모방'하고 있다고 말한 바 있다.

장례제도 때문이라고 말하는 사람도 있다. 여러 민족들은 발전 초기 '묘는 있되 총家이나 분墳이 없는' 방식을 따르는 경우가 많았다. 예를 들면 남부의 여족, 노족, 합니족, 납호족 등은 근대에 들어서까지도 이와 유사한 풍습을 가지고 있다.

초원의 유목민인 몽고인들에게는 육신을 숭배하는 전통이 없다. 그들은 인간의 육신은 자연에서 왔으니 죽으면 대자연으로 돌아가야 한다고 믿었기 때문에 사람이 죽으면 토장, 수장, 천장 등의 장례를 통해 자연으로 돌려보냈다. 그래서 칭기즈칸의 능묘에도 그의 시신이 없는 것이 당연하다.

《묵달사략》에 의하면 몽고인들은 "무덤에 총家이 없고, 말이 그 위를 짓밟게 해 평지처럼 만드는" 습속이 있다고 한다. 이는 몽고족의 토장을 말하는 것으로, 지면에 봉분이나 비석 같은 표식도 남기지 않는다.

원대 말기 사람인 엽자기葉子奇는 《초목자草木子》에서 몽고 귀족들의 비밀스러운 매장 습속에 대해 기록하고 있다. 이에 따르면, 몽고 귀족들은 사람이 죽으면 고비사막 북쪽 분묘터에 깊이 매장한 후 말떼를 이용해 터를 평평하게 만드는데, 풀이 자라서 무성해진 다음에야 경계를 풀고 안심했다고 한다.

266

다른 한편, 칭기즈칸이 비밀리에 시신을 묻게 한 데는 모종의 목적이 있기 때문이라고 주장하는 이도 있다. 칭기즈칸은 평생을 말 위에서 보낸 사람이다. 그는 생전에 몽고 철기군을 거느리고 아시아와 유럽대륙을 종횡무진하며 위엄을 떨쳤다. 그러나 이로 인해 수많은 민족들에게 원한을 살 수밖에 없었다. 이러한 정치적인 이유나 다른 민족의 복수심에 따른 피해뿐만 아니라 분묘의 수장품 약탈 등을 피하기 위해서라도 능묘를 비밀리에 조성했을 것이다.

기병도

달리는 말에서 몸을 틀어 활을 당기고 있다. 몽고 사수들은 민첩함과 그들의 화기火器로 인해 아시아와 유럽 전쟁터에서 무적의 병사가 되었다.

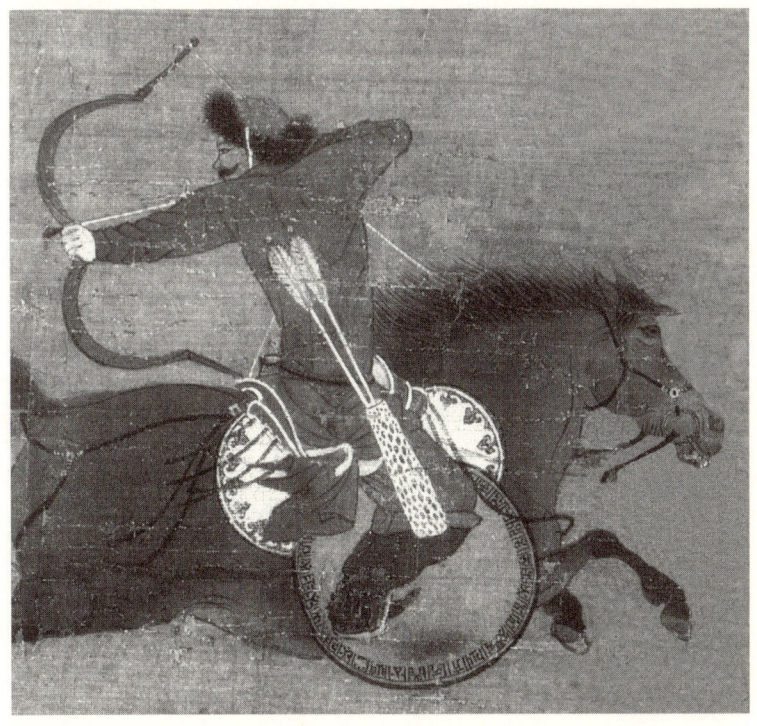

누구나 그렇듯이 칭기즈칸 역시 사후에 그런 액운을 맞이하고 싶지는 않았을 것이다. 몽고인들은 일단 시신이 파헤쳐지면 죽은 자의 영혼이 다시 환생할 수 없다고 생각했다. 이에 그는 자신의 시신이 매장된 곳을 모르게 해 능묘가 파헤쳐지는 일이 없기를 바라고 있었다는 것이다.

그의 묘지에는 아무런 표시가 없기 때문에 영구를 어느 곳에 묻었는지 알 길이 없다. 수백 년 간, 칭기즈칸의 능묘를 찾고자 했던 시도는 모두 실패로 막을 내렸다. 그의 묘가 현 몽고 국경 안에 있다고 말하는 사람도 있고, 그의 능이 중국 내몽고 안에 있다고 주장하는 학자도 있다. 또한 칭기즈칸의 능묘가 깊은 호수 바닥이나 강바닥에 있다고 주장하는 사람도 있다.

얼마 전 중국 신강박물관의 한 고고학자가 신강 북부 알타이산맥 부근에서 인공으로 만든 커다란 산을 발견했는데, 아마도 이것이 칭기즈칸의 능묘가 아닌가 생각된다고 말한 바 있다. 그러나 이러한 주장을 뒷받침할 만한 충분한 증거를 제시하지 못해 그것의 사실 여부는 전혀 확인되지 않고 있다.

Chapter 08

한혈보마는
왜 피처럼 땀을 흘리는가

《사기》에 따르면, 한나라 시절 대완국大宛國(지금의 우즈베키스탄 페르가나 일대) 이사성貳師城 부근에 높은 산 하나가 있는데, 그 산에는 사람들이 도저히 잡을 수 없을 정도로 번개처럼 빨리 달리는 야생마가 있었다고 한다. 이에 대완국 사람들은 봄이면 밤마다 암말들을 산 아래에 방목해 놓았는데, 이렇게 해서 야생마와 암말 사이에서 새끼들이 태어났다. 이 말들은 마치 날개 달린 듯 하루에 천리를 가고, 어깨에서는 마치 피처럼 선홍색 땀이 흘려 내렸으니, 이 말들이 바로 한혈보마汗血寶馬 또는 마천자馬天子이다.

건장하고 체격이 큰 한혈마를 좋아했던 한 무제는 한혈마를 매우 특이한 동물이라고 생각했다. 그는 대완국 사람들이 좋은 말들을 이사성에 감추어둔 채 한나라로 보내지 않고 있다는 사실을 알

도금한 말(한나라)
이것은 섬서성 흥평시에 위치한 한 무제 무릉 1호 무명총無名塚 배장갱에서 출토되었다. 전문가들에 따르면, 이 말이 바로 전설의 한혈보마라고 한다.

게 되었다. 그래서 차령車令 등에게 천냥의 금과 황금으로 만든 말을 가지고 가서 대완국의 왕에게 이사성에 있는 말과 바꾸어 오라고 하였다. 그러나 대완국 왕은 한혈마를 국보로 여겼기 때문에 한나라 사신에게 내주지 않았다.

크게 화가 난 한 무제는 이광리李廣利를 이사 장군으로 봉하고, 태초 원년 속국의 기병 6천 명과 불량배 수만 명을 보내 대완국을 치도록 했다. 그러나 그들은 군량 부족으로 더 이상 공격하지 못하고 돈황에 머무를 수밖에 없었다.

태초 4년 그는 다시 병사 6만을 보내 대완국을 공격하도록 했다. 이에 대완국 귀족들은 자신들의 왕인 무과毋寡를 살해하여 그의 머리를 이광리에게 바치는 한편, 한나라에 우호적인 이를 선출하여 대완국의 왕으로 삼았다. 이후 대완국은 한나라와 우호관계를 맺고 조공朝貢을 맹세하였으며, 수십 마리의 양마와 중등 이하의 암말 3천 필을 한나라로 보냈다. 이후에도 매년 조공으로 두 필의 양마를 한나라에 보냈다.

한대 이후에도 서역의 한혈마에 관한 전설은 천 년 넘게 이어졌다. 그러나 어찌된 영문인지 원나라 이후에는 한혈마에 대한 이야기가 사라져 버렸다. 그 때문에 한혈마가 실제 존재했던 것이 아니라 전설일 뿐이라고 보는 사람들이 많다.

전문가들은 사서에 한혈마가 '하루에 천리를 가고, 밤중에도 800리를 달린다'라고 적혀 있는 것은 그저 전설에 불과하다고 보고 있다. 보통 말들은 아무리 많이 달려야 하루에 200여km 이상을 달릴 수 없다. 속도가 가장 빠른 양마라 해도 1분에 1,000m를 달릴 수 있을 뿐이고, 그것도 훈련장이나 경마장에서 몇 분 정도 달릴 때만 가능할 뿐 시간이 길어지면 더 이상 속도를 낼 수 없다.

중국의 양마 역사 전문가인 사성협謝成俠 교수는 한혈마에 대한 고증을 실시한

마답흉노석각馬踏匈奴石刻(한나라)

한 무제의 평생 업적 가운데 중요한 한 가지는 흉노를 공격하여 서쪽으로 몰아냈다는 것이다. 이는 세계사에 거대한 영향을 끼친 사건이기도 하다. 마답흉노석각은 말 그대로 말굽 아래 흉노를 밟고 있는 석각인데, 한 무제가 흉노 공략을 위해 출정하는 곽거병을 표창하기 위해 세운 기념비이다.

적이 있다. 그는 산지 명칭이나 체형 등 여러 가지 특징을 통해 사서에 적혀 있는 '한혈마'의 원형이 지금의 아합마阿哈馬와 유사하다고 주장했다. 아합마는 체형이 크고 아름다우며, 머리가 좁고 목과 사지가 길고, 피부에 윤택이 나며 털이 섬세하고 매우 날렵하다. 현재 투르키스탄에 2,000여 마리가 남아 있을 뿐이다.

이 말은 하루에 천리까지는 달리지 못하지만 1,000m를 1분 7초의 속도로 달릴 수 있으며, 84일 동안 4,300km를 달린 기록이 있다. 그러나 아합마가 피처럼 땀을 흘린다는 기록은 남아 있지 않다. 말의 땀은 일반적으로 하얀 색이며 거품 형태이다. 따라서

청동으로 만든 말(동한)
한 무제는 특히 진귀한 말에 심취하는 한편, 모든 말의 품종개량에 심혈을 기울였다. 위의 청동 말은 감숙성에서 출토된 것으로 비호처럼 달려가는 말을 형상화한 것이다. 이는 또한 한 무제가 꿈에도 그리던 천마의 형상을 재현한 것이기도 하다.

자연적인 상태에서는 피 같은 땀을 흘릴 수 없다.

그렇다면 사서에 기록된 '한혈'이란 대체 무엇을 말하는 것일까? 이에 대해 여러 가지 설이 있는데, 그중 폐디스토마에 감염된 말이 흘리는 피라고 주장하는 이가 있다. 이에 따르면, 폐디스토마는 피하조직 내부와 근육내 결합조직 안에 다유두사상충이 기생하기 때문에 발병하는 것이다. 하얀색 사상으로, S자형으로 구부러진 모양인 다유두사상충은 주로 말의 피부조직 아래에서 출혈성 작은 결절을 만들어내며, 흡혈파리를 중간 숙주로 삼는다.

이 병은 주로 매년 4월에 발병해 7월에 고조에 달하며 점차 사그라졌다가 이듬해에 다시 재발한다. 여름이 되면 기생충이 알을 낳기 위해 말의 피부를 뚫고 들어간다. 이때 병든 말의 목, 어깨, 앞잔등에 콩알만한 결절이 생기며, 그것이 순식간에 파열되어 흘러내리는 피가 마치 땀방울처럼 보인다는 것이다.

이외에 다음과 같은 의견도 있다. 말이 빠른 속도로 달리면 머리 부분의 온도는 평소처럼 40°C 정도를 유지하지만 체내 혈액 온도

272

는 45℃ 내지 46℃까지 올라간다. 동물 전문가들에 따르면, 한혈마의 털이 매우 가늘고 조밀한 것은 모세혈관이 발달되어 있다는 것을 의미한다. 따라서 빠른 속도로 달릴 때 혈액의 온도가 5℃ 정도 증가함에 따라 소량의 붉은색 혈장이 작은 모공을 통해 밖으로 유출될 가능성이 있다고 한다.

그러나 어떤 이유에서 '한혈'이란 말이 나왔는지에 대해서는 아직까지 정설이 없다.

1969년, 중국 감숙성 무위뢰대武威雷臺에서 청동으로 만든 말이 발굴되었다. 그 청동 말은 제비처럼 생긴 새를 뒷발로 밟고 있어 비약하는 말의 형상을 가장 아름답게 표현했다는 평가를 받았다. 이후 중국의 국보가 된 이 말을 두고 곽말약은 '마답비연馬踏飛燕'

군차출행도 軍車出行圖(동한)
한나라 중급 관리들이 출행할 당시의 모습을 그린 것이다. 그림에서 볼 수 있듯이 한대에는 말을 여러 가지로 활용하였다.

이라고 말한 바 있다. 이 말이 바로 한혈마이다. 이후로 한혈마에 대한 이야기가 더욱 인구에 회자되면서 그를 둘러싼 여러 가지 수수께끼에 관심이 모아지고 있다.

제6부

잃어버린
문명을 찾아서

Chapter 01

북흉노가
이주한 곳은 어디인가

흉노는 중국 북방에 거주해온 아주 오래된 유목민족이다. 용맹무쌍하고 전투에 능한 그들은 평생 말과 함께 생활했기 때문에 '말 위의 민족'으로 불린다. 그들은 거주지가 일정치 않고 말을 타고 어딘가로 내달리기를 좋아하며 전쟁이라면 추호도 마다하지 않았다. 아마도 이는 그들도 어찌할 수 없는 본성인지도 모른다.

중국 고대의 모든 사서에는 빠짐없이 흉노에 대한 이야기가 나온다. 특히 한대와 당대 사서에는 흉노를 격퇴했다거나 맹약을 했다는 내용이 적지 않다. 그만큼 당시에 흉노족과 많은 교류가 있었음을 증명하는 것이다. 이런 이유로 사서는 물론이고 시가에도 한인과 흉노족에 관한 이야기가 많으며, 민간인 사이에 입으로 전해져 내려오는 내용도 많다.

흉노는 중원에 사는 이들과 오랜 기간 경제·문화적으로 관련을 맺어왔다. 한 무제가 대대적으로 흉노 토벌을 감행한 이후 흉노족은 점차 쇠퇴하여 서기 48년에 남북으로 분열하였다. 이후 남흉노는 점차 한족에 동화되었

| 자 문양의 벽걸이(흉노)

고, 북흉노는 막북漠北을 근거지로 삼아 세력을 키워 나갔다.

서기 89년 남흉노와 연합한 동한東漢 정권은 북흉노와 싸워 대승을 거두었다. 다시 몇 년이 흐른 뒤 동한의 군대는 지금의 알타이 산맥 부근에서 북흉노를 격파하여 쫓아냈다. 이후 북흉노는 세력을 잃고 서서히 종적을 감추게 된다.

그처럼 용맹하고 싸움에 능했던 북흉노의 사멸은 많은 이들의 궁금증을 유발하였다. 더군다나 흉노족은 중국 한족과 끊임없는 교류를 통해 결코 끊을 수 없는 관계를 맺어왔다. 그렇기 때문에 그들의 결말에 대한 의문은 1천여 년 동안 미스터리로 남아 더욱더 궁금증을 자아내고 있다. 그들이 서방으로 도망쳤다고 주장하는 사람들도 있지만, 중국 사서에 이에 대한 기록이 전혀 없기 때문에 과연 그들이 어떤 길을 따라, 어디로 갔는지에 대해 아는 이가 드물다.

그들이 다른 민족과 융합하면서 종족의 명맥을 유지하였다고 주장하는 이들도 있다. 국내외 연구결과에 따르면, 한때 강력한

군사력을 지녔던 흉노는 중국 북방에서 중앙 아시아나 유럽 각지에까지 진출하면서 끊임 없이 전쟁을 일삼았고, 거주지를 이곳저 곳으로 옮겼다. 그들은 수세기 동안 거주지를 옮기며 현지사 람들과 함께 생활하면서 통 혼 등을 통해 자연스럽게 다 른 민족과 어울리게 되었다. 그러다 흉노는 대략 6세기경 민족 자체의 독자성을 잃고 점차 다른 민족에 동화되었다. 그렇다면 그 들이 지나갔던 지역의 민족 내부 에 많든 적든 간에 흉노의 '유전 자'가 들어 있다고 말할 수 있을 것이다.

매 형태의 금관 (흉노)

매 모형을 달아놓은 금관으로 왕이 쓰던 것이다. 금관 윗 부분인 관정冠頂과 이마와 맞닿는 부분으로 이루어져 있 다. 반구半球 형태의 관정에는 꽃잎 문양이 새겨져 있으 며, 네 마리의 이리가 양을 잡아먹는 모습이 부조되어 있 다. 맨 꼭대기에는 마치 날개를 펴고 날아오를 것 같은 매 한 마리가 붙어 있는데, 매의 머리와 목은 터키석으로 장식하였고, 꼬리 부분은 움직이게 되어 있다. 이마와 맞 닿는 부분은 새끼줄 형태로 만든 3개의 반원형 금대金帶 로 이루어져 있고, 각각의 금대에는 호랑이, 양, 말 등이 부조되어 있다.

사실 대내외적으로 곤궁에 처하는 등 여러 가지 이유 때문에 흉 노족이 남쪽이나 서쪽(가깝게는 중앙아시아, 멀게는 유럽까지)으로 이주하거나 초원에 그대로 남은 상태에서 통혼, 병탄, 복종 등의 방법으로 다른 민족과 뒤섞였다는 주장은 나름대로 일리가 있다. 그래서 지금도 많은 이들이 이러한 주장을 보편적으로 받아들이 고 있다.

한편 전문가들은 비록 흉노가 민족으로서의 독자성은 상실했지 만 문화적 습속은 계속 유지하고 있었다고 주장한다. 예를 들어

현재 몽고나 러시아, 내몽고, 신강 지역에서
흔히 볼 수 있는 '호가胡笳'라는 악기는 원래
흉노의 것으로 이미 오래전에 각지로 전파
되어 다양한 나라와 민족의 악기로 계승되
고 있다.

흉노의 이주에 관한 사서의 기록은 지극
히 단편적이다. 최근 고고학자들은 섬서성
정변현 모오소毛烏素 사막 남쪽에 자리한 통
만성統萬城이 현재 유일하게 남아 있는 흉노
의 도성 유적지라는 것을 확인한 바 있다.

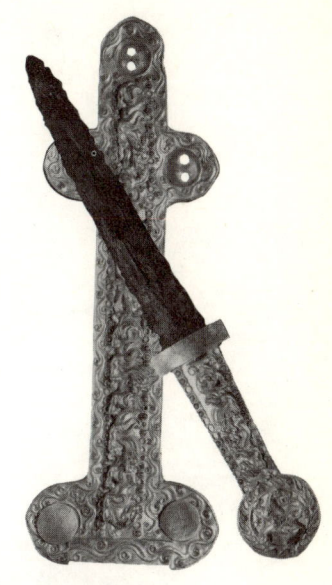

| 단검과 칼집(흉노)

이에 비해 유럽의 경우 흉노의 서방 이동
에 대한 역사기록이 비교적 확실하고 상세
한 편이다. 서기 91년 흉노는 역사적으로 유례없는 민족 대이동을
시작하였다. 북흉노의 서방 이동 후 첫 번째 집결지는 오손烏孫 지
역으로 지금의 이리하伊犂河 상류 부근이었다. 두 번째 집결지는
강거康居로 지금의 시르다리아 강(중앙아시아 최대의 강으로 카자흐
스탄 공화국 남부에 있다) 일대였다. 그리고 세 번째 집결지는 알란
Alans(고대 알란인이 세운 나라로, 고대 중국인들은 엄채奄蔡라고 불렀다)
으로 유럽과 가까운 곳이었다.

북방의 푸른 이리라고 불리던 흉노족은 91년부터 290년까지 근
200년 동안 꿈속의 이상향을 찾아 설원과 사막을 건너며 어렵고
힘든 여정을 이어갔다. 《페르시아사》에는 3세기 말 흉노족이 알
란 지역에 출몰했다는 기록이 나오는데, 이미 이때부터 흉노족의

날카로운 칼날이 유럽의 약소민족을 겨냥하기 시작했다고 말할
수 있다.

서기 4세기에 알란국이 멸망하자 서구 여러 민족들은 경악했
다. 이후로 흉노는 서방세계에서 본격적으로 활동하기 시작한다.
433년 흉노 역사상 가장 위대한 인물인 아틸라Attila(406?~453년)
가 황제의 자리에 올랐다. 지금의 헝가리인 트란실바니아를 본거
로 한 아틸라의 흉노 제국은 흉노 역사상 가장 화려한 전성기를 맞

녹석鹿石(흉노)
몽고 곳곳에 있는 암각화. 사슴을 조각하는 경우가 많아 녹석이
라고 부른다.

았다. 그는 동로마를 위협하여
조공을 바치게 했으며, 게르만
족과 동고트족을 굴복시켰다.
서방 사람들은 전력이 막강한
흉노 철기병 앞에서 감히 대적
하지 못한 채 여지없이 무너졌
다. 당시 유럽인들은 흉노 군
사들을 '하느님의 채찍'이라
고 불렀다.

서구 역사서에는 아틸라에
관하여 매우 상세하게 기록되
어 있다. 그는 젊은 시절부터
용맹하고 호전적이었으며, 전
투에 능했다. 황제 즉위 후 그
는 무력 이외에 총명한 머리로
외교능력을 발휘하여 북방 정

복을 추진하였으며, 때로는 교활하면서도 잔인한 수단까지 강구하였다.

전하는 바에 따르면, 그는 자신이 전신戰神의 칼을 지녔다고 말하며 휘하 장수들을 접견할 때 만약 정면으로 직시하는데도 물러나지 않으면 그의 눈알을 파버렸다고 한다. 그는 특히 사람들이 놀라는 모습을 즐기기라도 하는 양 흉악하게 눈알을 돌리는 습관이 있었다.

하지만 생활 면에서는 본인은 상당히 검소하고 소박하면서도 부하들이 사치를 즐기는 것은 오히려 아무렇지 않게 여겼다. 백성들은 아틸라를 경외하여 그를 만나면 너 나 할 것 없이 환호성을 지르고 절대적인 복종을 표시하였다. 또한 전쟁을 끝내고 귀환할 때면 모든 백성들이 거리로 나와 환영하였고, 연회에서는 그를 위한 송가가 울려 퍼졌다. 심지어 그는 로마인들이 보낸 개인 비서까지 두고 있었다.

아틸라는 그다지 잘생겼던 것 같지는 않다. 기록에 따르면, 왜소한 키에 뚱뚱했으며 어깨는 넓었지만 목은 짧고 굵고 머리는 남들보다 훨씬 컸다. 굵고 뻣뻣한 검은 머리에, 수염이 드문드문 났다. 그리고 납작한 코에 검은 눈동자는 예리하면서도 음흉하게 빛났다고 한다. 물론 이러한 묘사에 과장된 면이 없는 것은 아니지만 동양인의 모습인 것만은 분명하다. 그리고 이것은 300여 년이 넘는 세월이 흘렀지만 흉노족이 다른 민족과 피를 섞어 원래의 신체적 특징까지 잃어버린 것은 아님을 의미한다.

많은 학자들이 제기하고 있듯 현 헝가리인의 조상이 바로 흉노

군권신수君權神授의 내용을 담고 있는 벽걸이(흉노)

러시아 알타이 지역에서 출토되었다. 기원전 5세기에서 기원전 4세기 무렵에 만들어진 흉노족의 예술품
이다. 여자 군주가 손에 석류화가 열린 생명수를 들고 의자에 앉아 있다. 오른쪽의 말을 탄 남자는 곱슬
머리에 코가 매우 높고, 큰 망토를 입은 채 허리에 화살을 차고 있다. 그림은 신이 군권을 하사하는 내용
을 표현한 것이다.

족이다. 그들이 제시하는 증거에 따르면, 우선 헝가리 사람들은
악기의 일종인 초납을 불거나 전지剪紙(색종이를 접어 가위로 무늬를
내어 오려 붙이는 것)를 하는 방식이 중국 섬북陝北 지역과 거의 같
다. 또한 그들이 말할 때 내는 끝소리 역시 섬북 사투리와 비슷하
다. 헝가리 애국시인인 패토피 Petogfi Sandor 는 자신의 시에서 "아득히
먼 옛날의 조상들이여! 그대들은 어떻게 아득히 먼 아시아에서 먼
길을 찾아 다뉴브 강가에 나라를 건설하셨는가?"라고 읊었다. 이

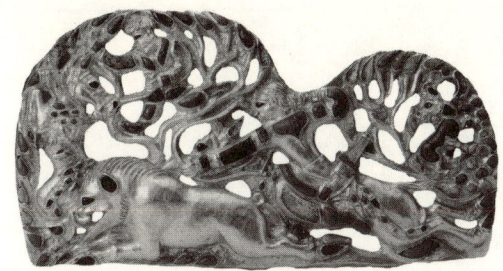

수렵하는 문양을 넣은 금대판金帶板(흉노)

이 금대판은 러시아 시베리아 지역에서 출토된 기원전 3세기경의 흉노족 유물이다. 삼림에서 수렵하는 정황을 묘사하고 있다.

렇듯 헝가리 사람들 역시 자신들이 흉노의 후손과 밀접한 관련이 있다고 생각한다.

물론 이제까지 얘기한 여러 가지 이야기들은 후인들의 추측이거나 희망사항에 불과할지도 모른다. 사람들이 말하는 것처럼 흉노족이 과연 유럽의 여러 민족과 융화하였는지, 또한 그들이 진정 헝가리 사람의 선조인지는 아직 증거가 충분치 않기 때문이다.

Chapter 02
누란 고성은
왜 갑자기 사라진 것일까

　서역 36개국 가운데 하나인 누란樓蘭
은 역사 무대에서 400~500년을 활약하다 서기 4세기 무렵 돌연
사라져버렸다. 과연 어떤 원인으로 말미암아 한때 휘황찬란했던
고성이 갑자기 사라지게 된 것일까? 지금까지 많은 사람들이 나
름대로 견해를 제시해왔지만 정확한 답변은 아직 나오지 않은 채
미스터리로 남아 있다.

　지난 20세기 초 스웨덴의 지리학자 스벤 헤딘Sven Hedin(1865~1952
년)은 동방의 폼페이라 불리는 누란 고성 유적을 발견하여 전세계
지리학자와 역사학자들을 놀라게 했다. 그 이후 100여 년 동안 누
란 고성에는 중국은 물론이고 전세계 탐험가, 사학가, 여행가들의
발걸음이 그치질 않고 있다. 누란의 분묘나 채색 관, 미라 등이 연
이어 발견되기는 했지만 누란 고성에 대한 의문은 가시지 않은 채

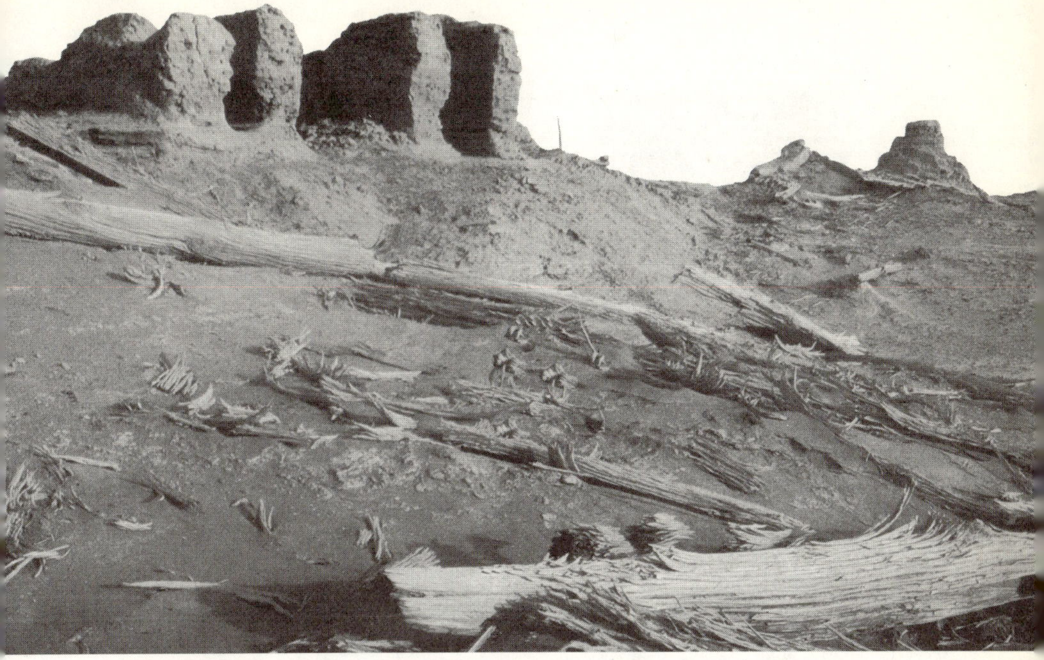

오히려 신비한 색채만 더해갈 뿐이다.

《사기·대완열전》과 《한서·서역전》 기록에 따르면, 기원전 2세기
이전까지 누란 고성은 서역의 유명한 '성곽
의 정원'으로 불렸으며, 전체 인구 1만 4천
여 명, 그리고 3천여 명의 군사를 갖고 있는
막강한 나라였다. 또한 누란 고성은 고대 비

로프노르에서 발견된 미라
누란에서 출토된 미라로 보존 상태
가 뛰어나 고대 인류의 모습을 알
수 있는 진귀한 표본이다. 현재 신
강성 위구르 자치구 박물관에 소장
되어 있다.

단길의 중요 경유지이자 상업활동의 중심지로, 당시 수많은 나라의 사신이나 상인들이 모여들었다. 그 때문에 교통이 발달하고 경제 또한 크게 번창하였다. 그러나 이해할 수 없는 일은 이처럼 번성하던 누란 고성이 어찌하여 돌연 역사서나 지구상에서 흔적조차 묘연하게 사라졌느냐는 것이다.

스벤 헤딘은 1901년 탐험을 하던 중 로프노르Lop Nor(많은 강물이 흘러드는 호수라는 의미) 북쪽에서 누란 고성을 발견하였다. 누란 고성의 거대하고 완전한 형태에 경악한 그는 누란 고성이야말로 "사막에 폼페이성

누란의 여자 미라
3800년의 역사를 지닌 미라로 백인의 특징을 지니고 있으며, 양가죽으로 만든 옷과 신발을 신은 상태로 발굴되었다. 거위깃 장식의 양털 모자를 쓴 이 여자 미라는 약 150cm의 키에 40세 전후로 보인다. 검사 결과 그녀의 폐에서 사막 먼지와 매연이 발견되었는데, 이는 당시 기후의 변화로 말미암아 환경이 날로 열악해지면서 수백m 높이로 쌓여 흘러내리는 모래에 그대로 노출되었다는 것을 뜻한다.

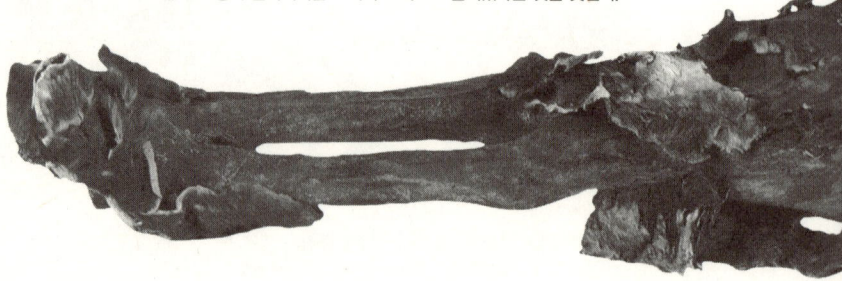

을 재현해놓은 것"이라고 말했다.

　대부분의 학자들은 누란 고성을 한때 비단길 선상에서 번성했던 고대 누란왕국의 가장 중요한 역사 유적지로 보고 있다. 따라서 누란 고성의 발견은 중앙아시아 고대사나 비단길의 역사적 변천, 중국과 서역의 문화교류사 등에 대단히 가치있는 일로 평가받고 있다.

　이후 누란 고성 탐사에 나선 수많은 고고학자들은 누란 고성과 인근 로프노르 지역에서 대량의 유물을 발견하여 또 한 번 세상을 떠들썩하게 했다. 당시 발견된 유물 중에는 신석기 시대의 돌도끼나 목기를 비롯해 도기, 동기, 유리제품 및 고대 동전 등이 포함되어 있었다. 그중에서도 가장 진귀한 유물은 진대晉代의 필사본《전국책》과 한금漢錦(한나라 때 비단)이다.

　전문가들의 고증에 따르면, 이 필사본의 종이는 채륜지(한나라 채륜이 발명한 종이)보다 100～200년 정도 늦기는 해도 유럽의 가

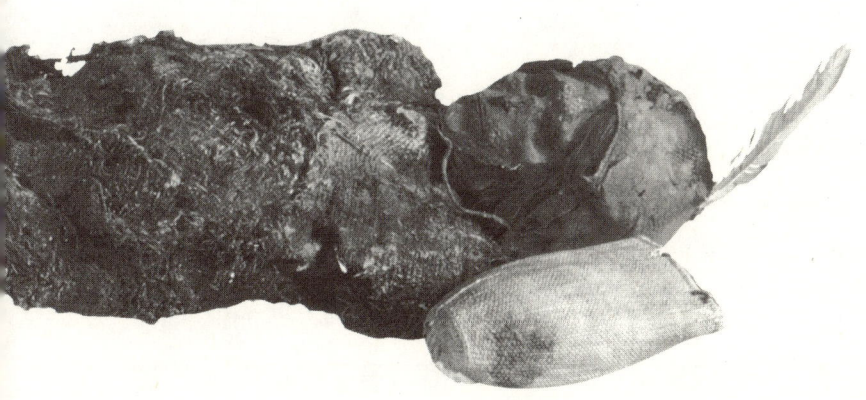

로프노르

누란 유적지에서 옛날 황궁에서 사용되었을 백양목 기둥이 발견되었다. 황폐한 들판 위에 기둥이 우뚝 서 있는 모습은 흔히 볼 수 있는 장면이 아니다.

장 오래된 종이에 비해 600～700년이나 이른 것이라고 한다. 그리고 함께 출토된 비단은 직조가 상당히 정교할 뿐 아니라 아름다운 꽃무늬에 채색 또한 화려했다. 이외의 큰 발견은 보통 '이백문서'라고 부르는 문건으로, 서진 시대의 서역 장사長史였던 이백李柏이 언기왕焉耆王에게 보낸 서신이다.

고고학자들은 유물을 토대로 누란 고성에 관한 일련의 논문을 발표하였다. 그들은 기본적으로 누란이 사막 속에 숨어 있는 보물섬이자 역사적 유물이 대거 소장되어 있는 박물관이며, 동방의 폼페이성이라는 데 의견일치를 보고 있다.

1927년 당시 서북 과학고찰단의 일원으로 스웨덴 학자들과 동행한 고고학자 황문필과 지리학자 진종기는 로프노르 북쪽 지역을 탐사하다 누란 유적지에서 서한西漢이라는 기록이 분명하게 쓰인 한대 목간 70여 장을 발견하였다. 이외에도 그들은 상당한 양의 동기, 철기, 칠기, 목기, 석기, 도기 및 직물류의 파편을 찾아냈다.

1970년대 말 일본 NHK 방송국과 중국 중앙텔레비전이 연합하

누란의 옛 사원

3~4세기경에 건립된 누란의 불탑으로, 지금은 약간의 흔적만 남아 있을 뿐이다. 고증에 따르면, 이곳은 긴 강의 지류에 자리한 작은 섬으로 기후가 온난하여 사람이 살기에 적합했다고 한다.

여 〈비단길〉이라는 영상물을 촬영했다. 당시 관계자들은 3차에 걸쳐 로프노르 지역을 탐사하면서 또다시 위진시대 목간과 문서(그 중에는 고대 인도어에서 파생된 누란의 언어인 법로문法盧文이 조금 포함되어 있다) 및 대량의 옛날 동전과 모직물, 견직물, 피혁제품 등 진귀한 문물을 발견하였다. 나아가 그들은 누란 고성의 지형도를 완성하는 엄청난 쾌거를 이룩하기도 했다. 그들의 측량에 따르면, 누란 고성은 동경 89도 55분 12초, 북위 40도 30분 57초에 위치하고 있다. 고성 전체 면적은 12만m²이며 한 변의 길이가 대략 330m인 정사각형 모양이다.

2천 년 전 누란 고성은 비단길에서 남북과 동서로 이어지는 중요한 교통요지로 상업이 크게 발전하였으며, 당시 중국 대외교류의 주요창구이기도 하다. 그리고 그곳은 찬란한 문화와 정교한 수

영창금 英昌錦(한나라)

남색과 백색, 녹색 등을 교차하면서 구름 문양과 동물 문양을 넣은 아름다운 비단이다. 예서로 '영창'이란 글자가 적혀 있다. 신강성 위구르 자치구 누란 고성에서 출토되었다.

공업이 발달했다.

한편 많은 학자들이 이토록 수백 년 동안 찬란한 문화를 자랑하던 곳이 어떻게 아무런 흔적도 없이 사라져버렸는지에 대해 나름대로 가설을 내놓고 있다.

우선 어떤 학자는 누란의 멸망은 당시 생태환경의 파괴에서 비롯된 것이라고 주장하고 있다. 한때 누란은 사방에 수로가 깔려 있는 오아시스였다. 그곳 사람들은 성대한 '태양묘太陽墓'를 통해 자신들의 권세를 자랑하였는데, 이것이 누란의 멸망을 초래했다고 한다.

'태양묘'는 무덤 주위를 전체 7층에 달하는 원목으로 에워싼 분묘 형태로, 안에서 바깥쪽으로 굵거나 가는 나무말을 차곡차곡 쌓아올렸다. 아울러 둥근 원 밖에는 방사선 형태로 사방에 말뚝을 진열하여 겉에서 보기에 거대한 태양과 같아 온갖 신비한 연상을

여래좌상(한진漢晉)

목판에 조각된 여래좌상이다. 신강성 위구르 자치구 누란 고성에서 출토되었다.

290

자아냈다. 그런데 '태양묘'가 성행하자 자연히 수많은 나무를 벌채하게 되었고, 결국 부지불식간에 아름다운 낙원이 사막 속에 매장되었다는 주장이다.

그런가 하면 누란 왕국의 멸망은 전쟁 때문이라고 얘기하는 이들도 있다. 해상무역 시대가 도래하기 전까지 동서무역은 오로지 길고 험한 비단길을 통해서만 이루어졌다. 그 때문에 비단길 주변의 여러 나라들, 특히 타림분지 남쪽에 있던 오아시스 국가인 선선鄯善은 주변 열강들의 주요 약탈 대상국이 되었다. 끊임없이 전쟁이 벌어지는 와중에 누란 왕국도 멸망했다는 것이다.

또 다른 학자는 누란 고성 인근의 로프노르가 북쪽으로 옮겨지면서 누란성의 수원이 고갈되고 나무들이 고사하여 거주민들이 생존을 위해 다른 수원을 찾아 성을 버렸기 때문이라고 주장하고 있다. 로프노르 호수가 사라지고 광풍에 사막의 모래가 끊임없이 몰아치면서 결국 누란 고성이 사막 속에 파묻히게 되었다는 것이다.

이와 같이 학자들은 각기 나름대로 근거를 제시하며 여러 가지 추론을 내놓았다. 그럼에도 불구하고 찬란한 문화를 자랑하던 누란 고성이 왜 그처럼 짧은 시간에 아무런 흔적도 남기지 않고 사라졌는가에 대해서는 어느 누구도 확실한 의견을 제시하지 못하고 있다. 향후 더욱 심도 있는 고고학적 발굴과 조사를 통해서만이 그에 대한 비밀이 파헤쳐질 수 있을 것으로 보인다.

Chapter 03
삼성퇴 유적지의 수수께끼

미스터리 중에는 어떤 사물에 대한 우리의 인식이 부족해서 생겨나는 경우도 적지 않다. 그러나 삼성퇴三星堆(사천성 성도에서 40km 지점) 유적지가 세상 사람들의 이목을 끄는 천고의 비밀이 된 것은 그런 이유 때문이 아니다.

일반적으로 사람들은 고고학적 발굴이 역사의 수수께끼를 푸는 데 도움이 된다고 생각한다. 그러나 1929년부터 1986년까지 계속된 발굴을 통해 삼성퇴 유적지에 대해 많은 것을 알게 된 한편으로 삼성퇴에 대한 궁금증 역시 더욱 커져만 갔다.

이곳 유적지는 총면적 12km²로 방대한 지역이다. 중심지역의 동, 서, 남쪽 3면은 성벽으로 둘러싸이고, 북쪽으로는 압자하鴨子河가 흐르고 있다. 고성의 전체 면적은 4km² 정도로서, 중원에 자리한 초기 왕조 상商의 도읍지였던 하남성河南省 정주鄭州 상성商城과

292

같다. 3천여 년 전, 이처럼 거대한 규모의 도읍지가 존재했다는 것은 당시 상황으로 볼 때 기이할 만큼 보기 힘든 경우이다. 이는 당시 촉나라가 얼마나 발달하고 강성했는가를 보여주는 좋은 증거이기도 하다.

갈도호葛陶壺, 삼성퇴 문화

삼성퇴에서 출토된 특수한 형태의 도기. 동일한 시기에 중원에서 꽃피웠던 상나라 문화나 북방의 초원 문화, 서북의 원시 문화에서는 전혀 찾아볼 수 없는 촉 문화만의 독특성이 잘 나타나 있다. 높이 63.2cm에 주둥이의 직경이 33.5cm로 상당히 크다.

삼성퇴란 넓은 의미에서 전체 유적지를 뜻하지만 좁은 의미에서는 유적지 안에 있는 황토 둔덕을 가리킨다. 이곳은 북쪽으로 마치 초승달처럼 물굽이가 돌아드는 월량만月亮灣과 유서 깊은 마목하馬牧河를 사이에 두고 남북으로 마주 보고 있다. '삼성반월三星伴月'이란 이름은 바로 여기서 유래한 것으로, 아주 오래 전부터 이 지역의 중요한 명승지였다.

1929년 봄, 연燕씨 성을 가진 이 지역 농민이 자기 집 마당 부근에서 논의 물길을 파다 우연히 고대 촉나라 특색이 강한 옥기와 석기 400여 점을 발견했다. 때마침 항전抗戰(일본의 침략에 맞선 전쟁)으로 인해 수많은 전문가와 학자들이 상대적으로 평온했던 서남지역으로 피난해와 있던 상태였다. 그래서 그들 역시 난데없는 유물 발견에 관심을 보였지만 별 다른 소득은 없었다.

그러던 것이 1986년 7월부터 9월까지 이루어진 발굴은 가히 세상을 놀라게 할 정도였다. 상나라 것으로 보이는 2개의 제사갱祭祀

청동 가면, 삼성퇴 문화

기이한 청동 가면은 고대 촉나라 왕
이 성대한 제사활동을 거행할 때 사
용한 것으로 알려져 있다. 가면에
갈고리 모양의 구름무늬 이마 장식
이 보이며 네모난 머리, 매 같은 귀
에 큰 입이 특징이다. 중원지역 상
대 문화와 마찬가지로 모두 신臣자
형의 눈을 지녔다.

坑에서 출토량에 있어 사상 최대의 보
물들이 발견된 것이다. 금기, 옥기, 석
기, 청동기, 골기骨器, 도자기 등 당시
발굴된 진귀한 유물은 모두 1,200여
점에 달했다. 기억 속에 점차 잊혀져
가고 있던 역사의 수수께끼가 다시 거
대한 흡인력으로 사람들의 이목을 끌
어당기기 시작한 것이다.

그때 발견된 유물 중에 가장 특색
있는 것은 종목인면상縱目人面像이다.
현재 삼성퇴 박물관 가장 높은 곳에
걸려 있는데, 이는 진품을 일정한 비
율로 새롭게 제작한 복제품이다. 종
목인면상은 전체 너비가 1.38m이며,
두 눈은 16cm나 앞으로 튀어나와 있고, 귀가 매우 큰 것이 특징이
다. 그래서 사람들은 이를 두고 '천리안千里眼, 순풍이順風耳'라고
말하기도 한다.

학자들에 따르면, 종목인면상은 전설에 등장하는 촉나라 1대
왕인 잠총蠶叢의 모습을 본뜬 것이라고 한다. 역사서《화양국지華陽
國志》에는 촉나라 사람의 시조 잠총에 대해 "기목종其目縱"이라고
하였다. 눈이 세로로 늘어졌다는 말이니, 이는 눈이 앞으로 튀어
나왔다는 뜻일 것이다. 고대 사람들은 선조의 신체적 특징, 예를
들어 눈이나 귀, 코, 입 등을 과장함으로써 선조가 지닌 초인적인

능력을 표현하고자 했다. 잠총의
모습 역시 그러한 과장된 표현의
하나로 볼 수 있다.

종목인면상의 이마 정중앙에는
의도적으로 파낸 것 같은 네모난
구멍이 있다. 이 구멍의 용도에 대
해서 학자들마다 의견을 달리하는
데, 어쩌면 다른 청동 가면의 유사
한 양식에서 그 답을 찾을 수 있을
지도 모르겠다. 가면 중에는 양쪽
측면에 각기 2개의 네모난 구멍이
뚫려 있는 경우가 적지 않다. 추측
하건대 이는 거대한 종목인면상을
고정시키기 위해 만들어놓은 것일
가능성이 높다. 자신들이 모시는
신의 상징으로 기둥이나 토대 위에
고정시키기 위해서이다. 따라서 종
목인면상의 네모난 구멍도 무언가
를 고정시키기 위한 것일 수 있다.

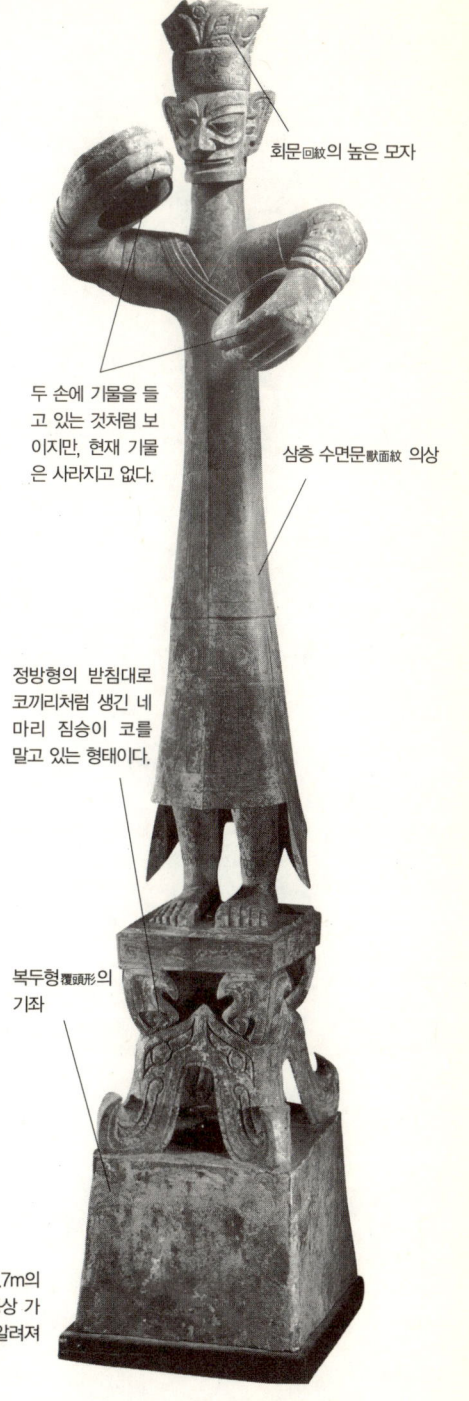

회문回紋의 높은 모자

두 손에 기물을 들
고 있는 것처럼 보
이지만, 현재 기물
은 사라지고 없다.

삼층 수면문獸面紋 의상

정방형의 받침대로
코끼리처럼 생긴 네
마리 짐승이 코를
말고 있는 형태이다.

복두형覆頭形의
기좌

| 청동 입인상, 삼성퇴 문화
삼성퇴 청동기의 대표작으로 서 있는 사람의 모습이다. 1.7m의
높이에 받침대는 0.9m이다. 현재까지 발견된 삼성퇴 청동상 가
운데 가장 큰 것이다. 무사巫師의 형상을 표현한 것으로 알려져
있다.

청동 신수神樹, 삼성퇴 문화

신수는 불사수不死樹라고 부르기도 한다. 현재까지 발견된 것 중 세계에서 가장 큰 청동기 유물이다. 거대한 크기에 나무 가득 기이한 동물이 달려 있는 모습은 그 옛날 천신과 통하는 길을 상징하고 있는 듯하다.

이 밖에 발굴자들이 신수神樹라고 이름을 붙인 유물도 발견되었다. 높이 3.95m의 제1호 신수는 윗부분이 파손된 상태인데, 현재까지 발견된 청동기 가운데 가장 큰 유물이다. 신수는 기저 부분과 나무, 그리고 나뭇가지에 매달린 용龍 등 세 부분으로 나눌 수 있다. 받침대 역할을 하는 기저 부분은 아치 형태로, 삼면이 텅 비어 있다. 이는 신령스러운 산을 의미하는 것으로 그 위에 하늘로 통하는 신수가 반듯하게 서 있다.

나무줄기는 3단으로 나뉘는데 각 단마다 3개의 나뭇가지가 달려 있고, 가지 위에 칼처럼 생긴 잎과 큰 과일이 달려 있다. 위쪽을 향하고 있는 과일 위에는 하늘로 날아오를 것 같은 새가 서 있다. 그리고 나뭇가지 위에는 괴이한 형태의 용이 달려 있다. 용의 머리는 아래로 향하고, 몸은 새끼줄처럼 꼬고 있다. 이는 물속에 산다는 전설 속의 '일두쌍신一頭雙身'의 교룡을 표현한 것으로 알려져 있다. 앞발은 나무 기단을 움켜잡고 있으며, 뒷발은 사람의 손 모양이고, 몸에는 칼 모양의 날개가 달려 있다.

삼성퇴에서 출토된 청동기 유물은 크고 작은 것이 골고루 섞여

있다. 그 가운데 비교적 큰 유물로 많은 이들
의 주목을 끄는 청동기는 바로 삼성퇴 제2호
제사갱에서 발견된 청동 태양륜이다. 모두 6
점이 발견되었는데, 그 가운데 가장 큰 것은
직경이 85cm이다. 중심의 동그라미는 태양
을 의미하며, 바깥쪽 둥근 테두리는 햇무리
를 표현한 것이다. 5개의 햇살 형태가 태양과
햇무리를 연결하고 있다. 청동 태양륜은 두
번에 걸쳐 나누어 주조되었다. 먼저 햇무리와
5개의 햇살 형태를 다섯 부분으로 나누어 주

청동 태양륜
태양의 모습을 본뜬 이 기물은 삼성퇴
문화의 태양 숭배사상을 보여주고 있다.
가운데 있는 것이 태양이며, 방사형으로
뻗어 있는 5개의 형태는 햇살을 본뜬
것이다. 바깥쪽의 큰 원은 중심의 태양
과 햇살을 고정시키는 역할을 하며 햇
무리를 표현한 것이다.

조한 다음 중간의 작은 원 모양에 끼우고, 마지막에 각 부분을 연
결하는 방식이다.

　태양 및 태양신 숭배는 초기 인류의 공통적인 문화적 심리이다.
세계 각지의 암벽화나 유물 중에는 태양과 관련된 도안이나 문양
이 유별나게 많다. 그러나 이를 청동기로 제작하여 직접 표현한
경우는 삼성퇴에서 출토된 6점 이외에 거의 찾아볼 수 없다. 이는
삼성퇴 유적지에 있던 고촉국이 원시 종교의식이 지배하던 사회
이자, 특히 태양신을 주신으로 하는 정령 숭배의 시대였음을 보여
주는 좋은 증거라 할 수 있다.

　제2호 제사갱에서 출토된 청동 대조두大鳥頭는 높이가 40.3cm
이다. 출토 당시 부리의 갈라진 틈과 눈동자 주위에 붉은색 광물
이 묻어 있었다. 대조두의 가장 큰 특징은 역시 갈고리 형태의 부
리라고 할 수 있다. 날카롭고 매서운 모습이 당장이라도 날개를

제사갱, 삼성퇴 문화
삼성퇴 제1호 제사갱으로 길이가 4.4m이다.

펴고 날아오르려는 수컷 매를 연상시킨다.

　고대 전설에 나오는 고촉국의 역대 왕은 백관柏灌, 조부鳥鳧, 두우杜宇 등인데, 이들 모두는 새의 이름을 지녔다. 이로 미루어볼 때 고촉국을 건설한 부족은 새와 깊은 관련이 있음을 짐작할 수 있다.《설문해자》에 따르면, '부鳧'는 우리가 흔히 볼 수 있는 물새의 일종인 가마우지를 말한다. 많은 학자들의 지적대로 삼성퇴는 어부왕魚鳧王과 관련이 깊다.

청동 대조두는 가마우지와 비슷한 형태로, 목 부분에 있는 3개의 둥근 구멍으로 미루어 신령스러운 사당이나 건물에 고정시켜 촉왕 어부의 상징물로 사용한 것으로 볼 수 있다.

　　삼성퇴 유물들은 그 옛날의 문화나 문물에 대한 명쾌한 답안 대신 무한한 추측과 궁금증을 더해주고 있다. 과연 수천 년 전 그 신비한 토지에서 어떤 문명이 꽃을 피웠으며, 어떻게 그처럼 거대한 청동기를 제작할 수 있었는지에 대해서는 아직까지 밝혀진 게 전혀 없기 때문이다. 온갖 비밀과 수수께끼로 가득한 그곳에서 더욱 많은 발굴과 함께 연구가 이루어져 하루빨리 중국 문화의 비밀이 벗겨지기를 바랄 뿐이다.

Chapter 04

목야 전쟁터는 어느 곳인가

기원전 11세기경에 일어난 목야牧野 대전은 주나라 무왕이 상나라를 멸망시킨 결정적인 전투이다.

제15대 문왕 시절 주는 이미 상나라 서쪽의 강대한 이웃 나라로 성장해 있었다. 당시 상은 주왕紂王이 통치하고 있었는데, 황음하고 잔악하기가 이를 데 없는 주왕은 주색에 빠진 채 정사는 돌보지 않으면서도 전쟁을 일으키길 좋아했다. 이에 온 나라 백성이 고통에 신음하여 결국 통치기반마저 흔들리기 시작했다.

주의 문왕은 상주商紂(주왕)에 의해 구금되었다가 겨우 석방되어 자신의 나라로 돌아왔다. 그때부터 그는 강상姜尙(이름은 상, 자는 자아子牙, 일명 태공망, 강태공이라고 한다) 등의 도움으로 정치적인 안정을 꾀하는 한편, 군사세력을 확대하여 비밀리에 상을 멸망시킬 준비를 했다. 그 결과 문왕이 사망할 즈음 이미 "천하의 3분의

2가 주周로 귀속되었다"고 할 정도로 세
력이 강력해졌다.

　문왕 사망 후 그의 아들 희발姬發이 즉
위하니, 그가 바로 역사적으로 유명한 무
왕이다. 무왕 9년, 희발이 맹진에서 회동
한 제후들에게 자신과 함께 상을 정벌하
자고 요청하자 따르는 제후가 800명이 넘
었다.

　반면 상나라는 통치집단 내부에 분열이
생기기 시작했다. 상주는 간신들의 말만

소뼈에 새겨진갑골문·중인협전衆人協田(상나라)
상왕이 '여러 사람'에게 '협전'하라고 명했다
는 내용이다. 여기서 '협전'이란 여러 사람들
이 함께 농경하는 것을 말한다.

믿고 숙부인 비간比干을 죽였으며, 자신의 폭정에 대해 간언하던
기자箕子(비간, 미자와 함께 당대 3대 현인으로 꼽히는 사람)를 구금했
다. 그리고 이복 형 미자微子는 상을 떠나 자신의 봉지인 미微로 돌
아가버렸다. 이렇듯 주왕은 더 이상 나라를 통치할 수 없는 지경
에 이르러 상나라의 운명은 붕괴 직전이었다.

　이에 주의 무왕은 상나라를 정벌할 시기가 무르익었음을 알고
300대의 전차와 근위병 3천 명, 갑사甲士 4만 5천 명을 이끌고 용
庸, 촉, 강羌, 노盧, 팽彭, 복濮 등 여러 부족과 연합하여 출정하였다.
대군을 이끈 무왕은 맹진에서 황하를 건넌 후 상나라 수도인 조가
朝歌에서 70리 떨어진 목야(지금의 하남성 기현 서남쪽)에 도착했다.
당시 상나라의 주력부대는 동남 지역에서 전투를 벌이고 있었기
때문에 회군할 수가 없었다. 다급해진 주왕은 노예와 포로들을 무
장시켜 목야 전쟁터로 몰고 나갔다.

비간

비간은 상나라 마지막 왕인 주왕의 숙부이다. 그는 당시 3대 현인으로 알려진 기자箕子와 미자微子 등이 주왕의 폭정을 견디지 못하고 도피하거나 구금되는 현실을 바라보면서 크게 통탄하였다. 그는 자신이 신하로서 잘못을 보고 간언하지 않는다면 결코 충성이 아니고, 죽음이 두려워 진언하지 않는다면 용기가 아니라고 생각했다. 그래서 죽음을 무릅쓰고 주왕 앞에서 밤낮을 가리지 않고 충언을 올렸다. 그러자 주왕은 "성인의 심장은 구멍이 7개라고 하던데 그 말이 사실인지 확인하겠다"고 하면서 그를 죽여 심장을 꺼내 보았다고 한다.

비록 70만 대군이라고는 하나 상의 군대는 오합지졸로 구성된데다 원래 주왕을 원망하던 이들이 태반이어서 사기가 높을 리 없었다. 심지어 창을 거꾸로 잡고 적군을 인도하여 주왕을 공격하는 사람들도 있었다. 결국 주왕은 대세가 이미 기울었다는 것을 알고 녹대鹿臺에서 스스로 목숨을 끊고 말았다. 이튿날 상나라 백성들은 조가 교외로 몰려나와 무왕을 영접하고 무왕은 군신들의 호위를 받으며 상나라 수도로 입성하였다. 이것이 바로 역사적으로 유명한 목야 대전의 결말이다.

목야 대전에 관한 기록은 고대의 많은 책에서 찾아볼 수 있다. 그중 《시경·대아·대명大明》 제7장과 8장은 목야 대전의 장대한 스케일을 노래하고 있다. 그렇지만 이처럼 대규모 전투가 벌어졌던 곳이 어디인지에 대해서는 학자들마다, 그리고 문헌마다 의견을 달리한다.

우선 공안국孔安國이 《상서·목서牧誓》에서 말한 것에 따르면, "목야는 주紂(조가를 말한다)의 근교 30리 지명이다"라고 한다. 즉 상나라 도읍지에서 30리 떨어진 곳이라는 말이다. 반면 허신은 사전 《설문해자》에서 "목坶은 조가 남쪽 70리에 있다"고 했으며, 《주서周書》에는 "무왕과 주가 목야坶野에서 전쟁을 했다"라고만 기록되어 있다. 허신이 얘기한 '목坶'은 목牧을 뜻하는 것으로 당시 두 글자는 통용되었다. 그리고 《통전·주군州郡》에는 "목야의 땅은 주도紂都(조가를 말한다) 근교의 30리 떨어진 곳이다"라고 기록되어 있다.

이처럼 여러 문헌에서 목야의 위치에 대해 얘기하고는 있지만 사실 구체적으로 어디인지 정확하게 집어준 것은 아니다. 그 때문에 학자들마다 제시하는 목야의 위치가 다른 것이다.

범문란이 주편한 《중국통사간편》에 따르면, "목야는 하남성 급현 汲縣이

주나라 무왕

이름은 희발, 문왕의 아들이다. 즉위 후 선친의 뜻을 이어받아 강상, 주공, 여공, 필공 등의 도움으로 상나라 정벌을 준비하였다. 목야 대전에서 승리하고 주왕이 스스로 목숨을 끊자 마침내 상을 멸망시키고 주 왕조를 세웠다. 그는 상을 멸망시킨 지 2년 만에 병사하였다.

다." 곽말약이 주편한 《중국사고 中國史稿》에서는 목야가 지금의 하남성 기현淇縣 남쪽에 있다고 하면서 조가에서 70리 떨어진 곳이라고 부언하고 있다.

한편 전백찬이 주편한 《중국사강요》는 목야가 지금의 하남성 급현 북쪽이라고 한다. 그렇다면 대략 세 가지, 즉 급현, 급현 북쪽, 기현 남쪽으로 조가에서 70리 떨어진 곳 등으로 요약할 수 있다.

하지만 이 세 가지 외에 전혀 다른 주장을 하는 학자들도 있다. 손작운孫作雲은 〈상주시대 목야 대전의 '목야'는 어디인가?〉라는 글에서 목야는 광의와 협의의 두 가지로 나뉜다고 주장한다. 그에 따르면, 광의의 '목야'는 하남지역 황하 이북으로 휘현輝縣까지를

소둔촌 유적을 복원한 건축물

은허는 하남성 안양시 서북쪽으로 2km 떨어진 소둔촌을 중심으로 원하洹河 양쪽 기슭을 포함한 지역을 말한다. 동서 길이가 대략 6km이며, 남북 너비는 4km에 달한다. 기원전 14세기 중반경 이곳으로 천도하여 북몽北蒙 또는 은殷으로 칭했다. 주가 은을 멸망시킨 후 오랜 세월 방치되어 황폐해져서 은허殷墟라고 부르는 것이다.

말한다. 상대에 이 지역에서는 목축을 했기 때문에 '목야' 라고 불렀다는 것이 그의 설명이다. 그리고 협의의 '목야' 는 지금의 하남성 신향新鄕에서 급현에 이르는 지역을 말한다. 지금도 하남성 신향 북쪽에는 '목야촌' 이라는 마을이 있는데, 현재 하남 사범대학이 자리하고 있다. 이는 고대 목야라는 지명의 흔적이다.

또한 범육范毓은 손작운의 설명과는 달리 목야촌은 옛날 목읍牧邑으로 "무왕이 주왕을 정벌하기에 앞서 군사들에게 맹세를 다짐 받던 곳으로, 목야는 목읍의 교외로 지금의 신향 북쪽에 위치한 기현 부근의 비교적 넓은 지역"이라고 하였다. 이는 다시 말해 목야 대전이 목야촌에서 일어난 것이 아니라 목야촌 북쪽의 기현 부근에서 일어났다는 뜻이다.

반면 '목야'는 구체적인 지명이 아니라 광범위한 지역을 두루 칭하는 보통명사라고 주장하는 학자들이 있다. 그들의 주장에 따르면, '목야'는 상나라 도읍지 주변을 두루 칭하는 명사라고 한다.

그들 중 하나인 대부代夫는 〈상교목야변商郊牧野辨〉이라는 글에서 이와 관련된 예증을 제시하고 있다. 그는 《이아·석지釋地》의 "읍 밖을 교郊, 교 밖을 목牧, 목 밖을 야野라고 한다"는 풀이를 인용하면서, 《상서·목서》에는 무왕이 "조지어상교목야朝至於商郊牧野"

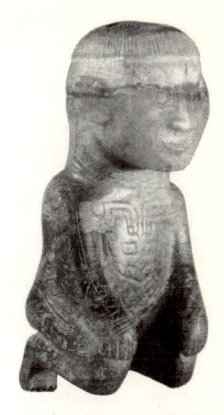

(아침에 상나라의 교외인 목야에 이르렀다)라고 하였는데, 여기에 나오는 '교', '목', '야'는 구체적인 지명이 아니라 멀거나 가까운 교외지역을 칭하는 것이기 때문에 마땅히 "아침에 상나라의 교, 목, 야에 이르렀다"고 해석해야 옳다고 주장했다. 송인하 역시 자신의 《상서상해尚書詳解》에서 "목야는 교외를 총칭하는 말이다"라고 쓴 바 있다.

학자들마다 주장을 뒷받침할 만한 증거를 제시하고는 있지만 그것 모두는 문헌기록이나 민간전설에 근거한 추론에 불과하다. 하지만 목야가 정확히 어디가 됐든 방탕한 상나라 주왕이 더 이상 버티지 못하고 스스로 목숨을 끊음으로써 백성들이 그의 전횡에서 벗어날 수 있었던 전투가 일어났던 곳이라는 사실만은 오래도록 기억될 것이다.

Chapter 05

부상은
식물 이름인가, 나라 이름인가

부상扶桑은 주근모란朱根牡丹으로 부르기도 하는데, 옛 문헌에 따르면 동해의 해가 뜨는 곳에 서식하는 꽃나무로 잎이 뽕나무처럼 생겼다고 한다. 때로 같은 뿌리에서 나오는 두 나무가 마치 서로 의지하는 것 같다고 하여 부상이라는 이름이 붙었다. 무궁화처럼 생긴 부상의 붉은 꽃은 아침이면 피고 저녁이면 진다고 해서 일급日及이라 부르기도 한다.

그런데 부상이 꽃나무 이름이 아니라 나라 이름이라고 주장하는 사람도 있다. 즉 일본 또는 멕시코를 가리키는 단어라는 주장이다. 나아가 나무와 나라 사이에 모종의 관련이 있다고 주장하는 사람들도 있다.

사실 '부상'이란 말은 굴원의 《이소》 중 "내 말을 함지에서 물 먹이고, 부상에 고삐를 매었다"라는 대목에서 처음 등장한다. 한

306

대 사람 왕일王逸은 '부상'에 대해 나무 이름이라고 주를 다는 한편, 지극히 신기하며 "부상의 신목神木은 해가 뜨는 곳이다"라고 기록했다. 고대의 전설을 그대로 수용하여 부상을 신화 속의 태양이 솟는 나무이름과 연관 지은 것이다.

전설에 따르면, 태양은 동방의 큰 나무인 부상에서 솟아오르는데, 부상에는 몇 개의 태양과 태양조太陽鳥 몇 마리가 서식한다고 한다. 이후 부상과 동방이 서로 연결되어 또 다시 여러 이야기가 만들어짐으로써 부상에 대한 다양한 설이 나돌게 된 것이다.

부상나무가 그려진 화상전畵像塼(한나라)
부상나무가 중국 고대의 신목이라는 생각은 하대夏代에 생겨나서 상대에 크게 확산되었다. 특히 서남지역의 삼성퇴 문화나 전滇 문화 및 월越 문화에서 부상나무를 자주 볼 수 있다.

과연 부상은 무엇이란 말인가? 이에 대해서는 전설에 나오는 신목이라고 주장하는 사람이 가장 많다.

《산해경·해외동경》에 따르면, "아래에 탕곡湯谷이 있는데, 탕곡 위에 부상이 있다. 그곳은 10개의 해가 목욕하는 곳으로 바로 흑치黑齒 북쪽에 있다." 또한 〈대황동경〉에 보면 다음과 같은 문장이 나온다. "……위에 부목이 있는데 높이가 300리이며, 그 잎은 겨자와 같다. 그곳에 있는 골짜기를 온원곡溫源谷이라고 부른다. 탕곡 위에 부목이 있으며, 1개의 태양이 막 도착하면 다른 1개의 태양이 막 떠오른다. 모든 해가 까마귀를 싣고 있다……." 이렇듯

부상나무가 그려진 화상전(한나라)
신목 부상의 비호 아래 온갖 짐승과 인류가 조화롭게 생활하는 내용을 표현했다.

《산해경》의 〈해외동경〉이나 〈대황동경〉에서 얘기하는 곳은 같은 장소로, 명칭은 탕곡, 조양곡朝陽谷, 온원곡, 대학大壑 등 여러 가지 이다.

그리고 실제로 멕시코에는 이런 지명을 가진 곳이 있다. 명칭에서 알 수 있듯이 탕곡, 온원 등은 모두 '뜨거운 물'과 연관이 있다. 모두 화산지대에 자리하고 있기 때문이다. 한편 부상을 부목扶木이라고 부르기도 하는데, 반드시 뽕나무라고 말할 수는 없다. 그래서 부상이 멕시코라고 주장하는 이들은 그것이 멕시코에 널리 서식하고 있는 용설란이라는 식물이라고 주장하기도 한다.《본초강목》을 엮은 이시진李時珍 또한 부상을 목근의 별종으로 주근朱槿이라고 부른다고 했다. 그러나 부상 문화와 연결시켜본다면 용설란보다는 일반적으로 향나무로 불리는 노송나무가 더 어울린다.

부상과 태양의 관계는 태양을 관측하면서 시작되었을 것으로 보인다. "구일거하지九日居下枝, 일일거상지一日居上枝(구일은 아랫가지에 머물고, 하루는 윗가지에 머문다)." 이는 10일(천간天干)에 걸쳐 차례대로 움직인다는 뜻으로 희화羲和가 10개의 태양을 낳았다는 전설과 부합된다. "일일방지一日方至, 일일방출一日方出(1개의 태양이 저물면 1개의 태양이 떠오른다)." 이는 태양이 동쪽(탕곡, 부상)에서 떠올라 서쪽(우곡禺谷, 약목若木)으로 진다는 것으로 태양이 밤에 돌아와 목욕을 하면, 또 다른 태양이 떠오른다는 뜻이다.

태양이 "새에 실려서 간다"고 한 것이나 '우곡' 등의 개념은 모두 염제족 문화와 통하는 데가 있다. 앙소 문화에 속하는 도기에는 태양 속에 새가 그려져 있는 도안이 적지 않다. 특히 주작朱雀이나 주조朱鳥 들은 모두 염제족 문화에 속하는 것들이다.

《회남자》에는 "태양 안에 새가 있다"는 말이 나오고, 《대황북경》에는 "과부夸父(《산해경·해외북경》에 나오는 전설상 인물로 태양을 따라가다 목이 말라 죽었다)가 해를 쫓아가려다 힘이 모자라 우곡에서 멈추고 말았다"는 구절이 나온다. 과부는 태양 숭배의 가장 전형적인 상징이다. 사서에서는 이를 염제(사람의 몸과 소의 머리를 한 전설상의 인물로 신농神農을 말한다. 신농씨는 화덕을 가져 염제라 불렸으며 사람들에게 농경과 의약, 음악 등을 가르쳤다)의 업적으로 기록하고 있는데, 우곡의 이름은 '우禺'(원숭이), 즉 과부 토템에서 유래한 것이다. 따라서 염제 유망楡罔(염제의 성은 강姜, 이름은 유망)부터 시작된 것이 아니라 이전부터 이미 존재하고 있었을 가능성이 높다.

《회남자》 기록에 따르면, "약목은 서쪽에 세워져 있고, 끝에 10

개의 태양이 달려 있으며, 그 화려한 빛이 아래로 땅을 비춘다."
약목은 해가 떨어지는 곳이기 때문에 10개의 해가 모두 아래에 있
다. 따라서 부상은 상고시대에 이미 중국 문화의 일부가 되었다고
말할 수 있다.

한편 부상이 일본을 가리키는 것이라고 주장하는 사람도 있다.
예를 들어 권위 있는 사전으로 꼽히는《사해辭海》에 나오는 '부상'
에 대해 해석하면서, 그 방향이 일본에 해당된다는 것이다. 일부
고서에 보면, 왜倭(일본)가 자신을 '일출처천자日出處天子'라 하고,
중국 황제를 '일몰처천자日沒處天子'라고 칭하는 구절이 나온다. 이
렇듯 동방에서 해가 솟기 때문에 자연스럽게 동쪽에 있다는 부상
이 일본을 지칭하는 것이라고 본 것이다.

그러나 고고학적 증거를 토대로 부상이 멕시코를 가리키는 것
이라는 주장도 만만치 않다. 18, 19세기 아메리카 대륙에서 발굴
된 여러 가지 문물 가운데 비각碑刻이나 상형문자가 그려진 도기,
동전 등은 중국의 고대 문물과 놀라울 정도로 유사하다. 그래서
1871년에 한 프랑스 학자는《양서梁書》의 기록을 토대로 부상국은
북아메리카의 멕시코이며, 콜럼버스보다 중국인이 훨씬 일찍 신
대륙을 발견했다고 주장했다.

1872년 웨이닝이라는 학자가 이러한 주장에 동의하면서 부상
은 멕시코이며, 부상목은 바로 고대 멕시코인들이 말하는 용설란
이라고 했다. 또한 멕시코의 여러 비각이나 석상 중에는 중국 남
경의 명릉明陵에서 볼 수 있는 커다란 석상과 유사한 것이 많다.
특히 높이 약 2.4m에 중량이 8t이나 되는 거북이 모양의 석상에는

후예사일도后羿射日圖**, 전국시대**

1978년 수주시隨州市 증후 을묘乙墓에서 출토된 칠기에 그려진 그림이다. 높고 낮은 두 그루의 부상나무 가지에 각기 태양이 1개씩 달려 있다. 높은 나무에는 새 두 마리가 앉아 있고, 낮은 나무에는 두 마리의 짐승이 앉아 있다. 그 가운데 한 마리는 사람 얼굴을 하고 있다. 두 나무 사이에 사람이 활로 새를 쏘고 있는 모습이 그려져 있는데,《산해경·해외동경》의 기록에 근거해볼 때 후예가 해를 쏘는 모습인 듯하다.

상형문자가 새겨져 있기도 하다. 고고학자들은 이에 대해 중국 고대 문화의 영향 때문이라고 분석하고 있다.

구소련 과학원에서 출판한《아메리카 인디언》이라는 책에 보면 고대 멕시코나 페루 등지에서는 금, 은, 동, 납 등의 합금인 청동은 만들 수 있었으나 철을 만든 흔적은 전혀 찾아볼 수 없다고 한다. 이 역시《양서》의 기록과 완전히 일치한다. (최근에 한국에서 출간된 개빈 맨지스의《1421, 중국, 세계를 발견하다》라는 책 역시 이와 유사한 주장을 제기하고 있다) 그러나 아직까지 멕시코가 전설에 나오는 부상국인지 여부는 확정적이지 않다.

이외에 일본이 전설의 부상국이 아닌 게 분명하다고 주장하는 이들도 있다. 그들은 중국 고대 문헌에서 일본에 대한 정식 명칭이 '왜국'이라는 점을 근거로 제시한다. 《산해경》이나 《해내북경》에 보면, "왜국은 동방의 큰 바다 안에 있다"고 했고, 다른 사서의 〈동이열전〉에서도 '왜국'과 '부상국'을 서로 다른 나라로 구분하고 있다.

다음으로 지리적으로 볼 때 부상국은 "대한국大漢國에서 동쪽으로 2만여 리 떨어진 곳에 있다"는 기록대로 중국에서 상당히 멀리 떨어진 곳에 자리한다고 볼 수 있다. 그렇다면 부상국은 분명 일본보다 훨씬 먼 곳이다.

이상 부상에 관해 여러 가지 주장을 살펴보았지만 누구의 주장이 정확한 것인지는 쉽게 결론을 내릴 수가 없다. 그 때문에 전문가들은 이것의 의미를 밝혀내기 위해 오늘도 연구하고 있을 것이다. 부상이란 나라 이름인가, 아니면 식물 이름인가. 언젠가 명확히 밝혀지기를 기대하는 손꼽히는 수수께끼 중의 하나이다.

Chapter 06
로프노르는 움직이는 호수인가

　　유명한 로프노르(나포박羅布泊) 지역
은 고대 중국, 동서양 문화를 교류했던 '실크로드'의 주요도로로,
고대 중국 역사에서 나름의 명성을 누리고 있다.《한서》에는 이곳
을 "300리에 달하는 포창해蒲昌海"라고 하며, 사라져버린 고대 누
란 왕국이 있었던 곳이라 적고 있다. 이곳은 타림분지 동쪽에 위
치한 호수로 과거에 기이한 일이 많이 발생하여 '신비의 땅'으로
불린다.

　　로프노르는 원래 신강 남부 최대의 담수호였다. 타림분지에서
흘러오는 '여러 개의 물줄기'가 모이는 곳으로, 서쪽으로 타림강
을 비롯해 공작하, 차이신하, 동쪽으로 감숙의 소륵하 등이 흘러
들어온다. 그래서 이곳을 몽골어로 '많은 물이 모이는 호수'라는
뜻에서 로프노르Lop Nor라고 부르는 것이다. 그러나 이후 타림강의

물길이 여러 번 바뀌고 기후가 변화하면서 로프노르의 수량도 끊임없이 변하였고, 호수 면적이 넓어지거나 줄어드는 일이 반복되었다.

당시 상업활동을 위해 비단길을 이용하는 상인단이나 여행객들은 반드시 이 험난한 지역을 통과해야 했다. 그런데 배고픔이나 심한 더위를 이기지 못한 채 이 망망한 사막 위에서 죽음을 맞이한 사람이 많았기 때문에 로프노르를 '죽음의 땅'이라 부르기도 한다.

당나라 시절 유명한 현장법사가 불경을 얻기 위해 인도로 향했을 때 감숙 돈황에 이르렀는데, 당시 현장을 따르던 몇몇 사람은 로프노르의 이야기를 듣고는 중도에 여행을 포기하고 돌아가버렸

로프노르

로프노르 일대는 남쪽으로 사막과 경계하고 있기 때문에 대륙성기후에 강수량이 적다. 또한 지각변동과 이상기후로 모래바람에 오랫동안 침식되어 토구를 형성한 결과 괴이한 암석들이 즐비한 야단雅丹(위구르 언어로 깎아지른 듯한 작은 언덕이라는 뜻이며, 주로 사막의 풍식지형을 말한다) 지형을 이루고 있다.

다. 홀로 남게 된 현장은
누군가에게 얻은 늙은 말
에 의지한 채 인도를 향
해 발걸음을 옮겼다. 막
막하기만 한 사막에서 끝
내 길을 잃어버린 현장은
소금만 가득한 호수를
맴돌 뿐 도무지 출로를
찾을 수 없었다. 절체절
명의 위기에 처한 현장

누란 고성의 노인 묘
고대 선선국鄯善國 옛터의 누란국·로프노르 서쪽의 공작하孔雀河 남쪽 언
덕에 자리하고 있다. 누란 고성 유적지는 1900년에 처음 발굴하기 시작하
였으며 지금도 수많은 국내외 학자들이 이곳을 방문하고 있다.

은 그저 죽음을 기다릴 수밖에 없었다. 그때 늙은 말이 샘물이 있는
곳으로 그를 인도하여 겨우 목숨을 건지게 되었다.

이후에도 수많은 이들이 비단길을 따라 막막한 사막길을 걸었
고, 그중에 적지 않은 사람이 로프노르에서 목숨을 잃었다. 근대에
들어와서도 로프노르에서 죽음을 맞이한 탐험가들이 적지 않다.

1981년 6월, 중국의 저명한 과학자이자 중국과학원 신장 분원
의 부원장인 팽가목彭加木이 일행과 함께 로프노르 탐사에 나섰다.
도중에 물이 떨어지자 그는 혼자서 샘물을 찾아 나섰다가 그만 목
숨을 잃고 말았다. 이후 유명한 탐험가 여춘순余純順 역시 로프노르
로 들어갔다가 끝내 나오지 못했다. 두 사람 모두 어디에서 실종
된 건지 아직까지 밝혀지지 않고 있다.

1900년, 스웨덴 탐험가 스벤 헤딘은 사막 남부를 거쳐 로프노
르로 향했다. 도중에 조수 3명과 낙타 일곱 마리가 죽고, 본인 역

호양목胡楊木 나뭇가지

로프노르 일대의 호양목(백양나무 일종) 나뭇가지. 호양목은 생명이 '3천 년'이라는 이야기가 있을 만큼 황량한 사막에서도 천 년의 세월을 살고, 죽어 쓰러진 후에도 천 년 동안 썩지 않는다.

시 몇 차례나 죽을 고비를 넘겼다. 마침내 화전和田 호반에 이르러서야 겨우 주변 농민의 도움으로 생명의 위기에서 벗어날 수 있었다. 구사일생으로 살아난 그는 고국으로 돌아가 《아시아를 지나며 Through Asia》를 통해 험난했던 로프노르 답사경험을 기록하였다.

1년 후, 그는 로프노르가 위치와 모양이 달라지는 '움직이는 호수'라고 발표하여 세상을 깜짝 놀라게 했다. 그 후로 로프노르가 정말 움직이는지에 관한 논쟁이 끊이지 않고 있다. 스벤 헤딘은 로프노르가 일정한 시간에 맞춰 타림분지 호수 구간을 이동한다면서 당시 객랍화순호喀拉和順湖로 불리는 호수가 바로 남쪽으로 이동한 로프노르라고 주장했다.

그는 로프노르가 이동하게 된 가장 큰 원인은 기후의 변화로 인한 주기적인 디플레이션(취식을 말하는 것으로 이는 바람이 모래 등을 흡취하는 형식의 침식작용이다)이라고 말했다. 반면 미국인 헌팅턴 Huntington은 1906년 기후의 건습에 따라 호수의 크기가 확대되거나 축소된 것이라고 설명했으며, 1931년 중국 학자 진종기陳宗器는 그 원인을 '교체설'로 보았다. 그 후 1953년과 1955년 구소련의 두 학자가 연이어 로프노르가 이동하고 있다는 사실을 증명하는 논

316

문을 발표하고 1992년 중국학자 해국금奚國金 역시 로프노르가 움직이는 호수라고 주장했다.

비록 학자들마다 주장하는 이론이 조금씩 다르긴 하지만 모두 '로프노르가 움직이는 호수'라는 점만은 일치한다. 그로 인해 로프노르가 이동한다는 주장은 거의 정설이 되었다.

그러나 1980년대, 중국 과학자들은 각기 다른 측면에서 로프노르가 움직이는 호수가 아니라는 사실을 증명해냈다. 중국과학원의 로프노르 탐사팀은 로프노르 지역에 대한 종합적인 지질답사를 통해 로프노르가 이동하는 호수가 아니라는 직접적인 증거를 제시하였다. 답사 팀장인 방소민은 이렇게 말했다.

"만약 로프노르가 움직이고 있고 호수의 물이 말랐다면, 그 지역의 침적물 역시 기간에 따른 단절이 보일 것이다. 그러나 시추해본 결과 그런 현상을 전혀 발견할 수 없었다. 침적물을 근거로

호양목숲
타림분지 양쪽으로 원시 호양목숲이 한도 끝도 없이 이어져 있다. 호양목 삼림은 어머니의 강인 타림강을 보호하고 있을 뿐만 아니라 타림분지 북쪽 가장자리에 위치한 오아시스를 보호하는 역할도 한다.

추론해볼 때, 로프노르는 절대 이동하는 호수가 될 수 없다."

　당시 답사팀은 로프노르가 타림분지의 최저점이자 물길이 모이는 곳임을 증명하였다. 따라서 호수의 역류 가능성이 전혀 없을 뿐더러 단기간에 호수 밑바닥 지형이 변화할 수 없다는 것이 밝혀졌다. 또한 로프노르가 타림분지에서 물이 모이는 중심지역이라는 사실도 다시 한 번 증명되었다. 따라서 이동설은 비현실적인 추론일 뿐이며, 타림분지에서 일어난 현상은 로프노르 인근의 다른 호수를 지리적으로 착각한 것으로, 진짜 로프노르가 이동한 것은 아니라고 주장했다.

　그 옛날 많은 물길이 모여들던 로프노르. 그러던 것이 1964년에는 완전히 말라 없어져 오늘날 이곳은 염탄鹽灘으로 덮인 지각이 2만 480km²에 이르는 사막으로 변한 상태다. 이 호수가 이동하면서 사라진 것인지, 아니면 단지 지금도 진행 중인 풍식작용과 염분으로 덮히는 현상 때문에 호수가 없어진 것인지는 로프노르만이 알 수 있을 것이다.

Chapter 07

백두산 천지에는
괴물이 살고 있을까

　　　　　　　　백두산 천지는 '천연의 비밀을 안고,
만고의 영험한 기운을 품고 있는 곳'으로 유명하다. 이곳은 아름
다운 풍경뿐만 아니라 풀리지 않는 여러 가지 수수께끼로 전 세계
여행객들을 끌어들이고 있다. 그중에서도 '백두산 천지 괴물'의
이야기가 가장 유명하다.

　천지에 살고 있다는 괴물에 관한 기록은 매우 오래전부터 전해
내려오고 있다. 그중 최초의 기록은 《봉천통지奉天通志》에 나온다.
대략 100여 년 전, 4명의 사냥꾼이 천지 오대로 사냥을 나가 지반
봉 아래에 이르렀을 때다. 못에서 황금색 괴물이 솟아올랐는데,
머리가 아주 크고 뿔이 나 있었으며 긴 목에 수염이 빽빽이 돋아
있었다. 사람들은 잔뜩 겁에 질린 채 줄행랑을 쳤다. 그들이 산마
루 중간쯤 올라갔을 때 갑자기 천둥소리와 같은 굉음이 들리더니

괴물이 사라지고 보이지 않았다. 사냥꾼들은 자신들이 본 괴물이 분명 용일 것이라고 생각했다. 후에 《백두산강강지략》에는 이보다 좀더 상세한 기록이 나와 있다.

19세기 초 기록에서부터 1960~1970년대 이후, 특히 최근 십수 년간 많은 여행객들이 천지에서 괴물을 봤다고 주장하고 있다. 지금까지 괴물을 봤다는 장소는 30~40곳에 이르며, 목격자는 수천 명에 달한다.

괴물의 실체에 대한 목격자들의 대답은 가지각색이다. 곰이나 개를 닮았다는 사람도 있고, 화산폭발에 의한 부석이라는 사람도

백두산 천지
예부터 동북 지역의 신산으로 알려진 백두산은 중국과 북한 경계지역에 위치한다. 송화강과 압록강은 모두 백두산 천지에서 발원한다.

있다. 또한 '괴물' 따윈 존재하지 않으며 광학작용 때문에 물속에 형성된 환영이라는 주장도 존재한다.

목격자 중에는 괴물의 동영상이나 사진을 찍은 사람도 있지만 거리가 너무 멀어 정확한 실체를 알아볼 수 없어 천지 괴물이 어떤 동물인지에 대해서는 아직 명확한 결론을 내리지 못하고 있는 실정이다.

천지 괴물을 본 사람들 중에 천지 괴물과 가장 '인연'이 깊은 사람은 모두 7~8차례나 봤다는 길림성 기상국의 퇴직 간부인 주봉영周鳳巖이다. 직업상 매년 7월 말부터 8월 하순까지 기상소에서 근무하는 그는 1960년대 괴물을 처음 목격한 인물이기도 하다.

"처음 괴물을 본 것은 1962년 8월 중순 어느 날이었어요. 수정처럼 맑은 천지를 감상하고 있을 때 갑자기 천지 동북쪽에서 2개의 '인人'자 모양 물결이 일었습니다. 물결 앞에 검은 점 2개가 보였고요. 가지고 있던 6배 망원경으로 바라보니 놀랍게도 두 마리의 괴물이 보였어요. 머리는 개 모양으로 흑갈색이었습니다. 앞에 있던 2개의 검은 점이 앞으로 이동하더니 잠시 후 앞의 것이 물속으로 들어가고, 조금 후 뒤의 것도 물속으로 들어갔어요. 그 2개의 물체 뒤로 남아 있던 '인'자 모양의 물결은 수십 미터에 달했습니다. 아주 빠르게 헤엄쳐갔다는 것을 알 수 있었죠. 그 후에도 몇 차례나 괴물을 봤어요. 모두 천지 동북쪽이었습니다."

1980년 8월 22일, 주봉영은 동료 정보시, 중국작가협회 부주석 뇌가 등과 함께 백두산 천지에 갔다가 또다시 괴물을 목격했다. 8월 23일, 그날은 주봉영이 괴물을 마지막으로 본 날이자 가장 근

| 백두산 천지

거리에서 본 날이기도 했다. 과거 수차례의 목격을 통해 주봉영은 자기가 본 것이 결코 화산폭발에 의한 부석이나 검은 곰이 아니라고 말한다. 곰은 수영을 할 줄 모르며, 설사 수영을 한다 해도 먼 곳까지는 헤엄칠 수 없기 때문이다. 또한 헤엄치는 속도도 곰이라 하기에는 너무 빨랐다. 그는 그것이 뭐라고 정확하게 말하기 힘든 '괴물' 이 틀림없다고 주장한다.

가장 최근에 괴물이 모습을 드러낸 것은 2003년 8월 23일이다. 당시 현장에 있던 40여 명의 여행객들이 괴물을 목격했다.

많은 사람들이 백두산 천지 괴물이 '영국의 네스 호 괴물' 과 같다고 말한다. 1680년대 영국 스코틀랜드 북부 네스 호에 목이 길고, 머리가 뱀 같은 괴물이 나타나 세계적인 관심을 끈 적이 있다. 사람들은 이 괴물에게 '네스Nessie' 라는 이름을 붙여주었다. 그로부터 네스 호 괴물은 세계적으로 이름을 날리게 되었고, UFO, 설인, 버뮤다 삼각지대와 함께 세계 4대 수수께끼가 되었다.

322

전세계 과학자들은 네스 호 괴물은 아마도 6500만 년 전 전세계에 분포되어 있던 파충류 장경룡plesiosaur의 후예일 것이라 추측하고, '캐드보로사우루스Caborosaurus'라는 학명을 지어주기도 했다.

그러나 천지 괴물이 네스 호 괴물 같은 수중 괴물과 관련 있는지에 대해서는 아직 분명치 않다. 어떤 이는 천지가 화산분출의 핵심지역이기 때문에 공룡의 후예가 존재할 리 없다고 말하기도 하고, 어떤 사람들은 천지 괴물의 정체가 수달이나 검은 곰이라고 주장한다.

괴물을 본 목격자가 많다고는 하나 모두들 멀리서 형태나 그림자를 본 것뿐이어서 믿을 만한 과학적 근거를 제시한다거나 살아 있는 그대로 또는 이미 사망한 괴물 표본을 제시한 것도 아니기 때문에 그 어떤 결론도 내릴 수가 없다.

많은 이들이 '괴물'의 존재에 의아해하며 사실이 아니라고 부정하고 있지만 네스 호의 괴물로 인해 영국 네스 호가 세계적인 관광지가 되었듯이, 백두산 천지 괴물 역시 많은 관광객들을 끌어당기고 있다. 사람들은 여러 가지 환상을 꿈꾸며 백두산 천지를 찾아와 '천지 괴물'의 흔적을 좇고 있는 것이다.

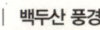
| 백두산 풍경

Chapter 08

알선동에는 누가 살았는가

　　동북東北 대흥안령 산림 내지에 악
륜춘鄂輪春(Orochon, 민족 이름으로 산에 사는 사람이란 뜻) 자치기自治
旗 정부 소재지인 아리하진阿里河鎭이라는 조용하고 작은 도시가 있
다. 해발이 약 1천m에 달하는 이곳은 끊임없이 이어진 소나무로
둘러싸여 있다. 자작나무숲이 우거진 산허리에는 삼각형 모양의
동굴이 있는데, 이곳이 바로 악륜춘 사람들이 말하는 알선의 동
굴, 즉 알선동이다.

　아주 오래 전 알선동 일대는 최고의 사냥터였다. 어느 해인가
이곳에 만개라는 마귀가 찾아와 사냥꾼 여러 명을 동굴에 가두고
하나씩 먹어치웠다. 사냥꾼들은 하늘의 알선에게 이 마귀를 쫓아
내줄 것을 요청했다. 알선은 마귀와 지혜와 용기를 겨루기로 결심
했다.

324

우선 팔힘 겨루기에서 마귀는 동굴을 막아둔 커다란 돌을 들어올려 감하로 내동댕이쳤다. 알선이 그 돌을 가볍게 들어 강 맞은편 산 쪽으로 던져버리자 그 돌은 그대로 산꼭대기에 똑바로 세워졌다. 활쏘기 시합에서 먼저 쏜 마귀는 세 발 모두 명중하지 못했지만 알선은

알선동 태평진군 4년(443년) 석각 탁본
19행에 202자로 된 이 석각은 동굴 내 서쪽 판판하게 다듬은 석벽 위에 새겨져 있다. 동굴 입구에서 15m 정도 떨어져 있으며, 석벽 위의 글자는 아직도 식별이 가능하다. 예서체로, 소박하고 힘이 넘치는 이 석각의 내용은 《위서(魏書)》의 기록과 기본적으로 동일하다. 알선동은 중국 북부 변경 소수민족 지역의 고증 가능한 문헌이 존재하는 최초의 고대 민족 유적지로, 그 자체가 매우 진귀한 유물이다.

한 발에 암석 한가운데를 명중했다. 알선의 활솜씨와 팔 힘에 놀란 마귀는 그대로 바다를 향해 달아나버렸다.

알선은 마귀가 다시 돌아와 사람들을 해치지 않도록 밤낮으로 바다 곁에서 마을을 지키다 석상이 되었다. 악륜춘 사람들은 이런 알선을 기념하기 위해 그가 내려와 마귀를 막은 동굴을 알선동이라 불렀다.

지면으로부터 20m쯤 되는 곳에 삼각형으로 된 동굴 입구가 있

'의이금(猗㐌金)' 사수문금식패 四獸紋金飾牌
식패는 서진시대 초원 위 예술품에 속한다. 뒷부분에 '의이금'이란 글자가 새겨져 있다. 이것은 탁발 선비 시조 역미(力微)의 후손인 의이의 유물이다.

알선동 유적지

알선동의 입구는 서향이며, 동굴 깊이는 92m, 높이는 27m로, 3개의 공간이 이어져 있다. 알선동 안에서 북위 '태평진군 4년(443년)' 당시의 석각이 발견되었다. 이 석각에는 북위 3대 황제 탁발도가 중서시랑 이창을 파견해 이곳에서 제를 올린 내용이 새겨져 있다. 석각의 내용은 알선동이 바로 《위서》에 기록된 북위 시조가 거주했던 '석실' 터이며, 이 일대가 탁발 선비의 발상지임을 증명하고 있다.

다. 동굴 외관의 가파른 지세와는 달리 동굴 안은 매우 넓고 평평하며, 높이는 5층 건물 정도이고 동굴 바닥은 길이가 약 100m에 이른다. 그리고 동굴 중앙에는 다각형의 커다란 돌이 놓여 있는데, 표면이 판판해서 마치 돌로 된 탁자 같다. 동굴 벽면은 사방 불에 그을린 흔적이 있다.

그런데 이곳에서 수많은 석기가 발견되자 고고학자들이 알선동에 어떤 사람들이 살고 있었는지 연구함으로써 다음과 같은 사실이 밝혀졌다.

원래 알선동에 거주하던 사람들은 선비족의 북부 계파로, 스스로를 진취적 기상이 뛰어나다는 뜻의 '탁발拓跋'이라는 이름으로 불렀다. 이들은 아주 오랫동안 대산大山 바깥세상에서 일어나는 일들을 알지 못했다. 이들이 동굴에서 1년 내내 꺼질 줄 모르는 모닥불가에 모여 군집생활을 하고 있을 때 "동굴 안은 몇 개월이지만 세상 밖은 이미 천년이 흘렀다."

398년경 이들 탁발부족 가운데 개척정신이 탁월한 탁발규拓跋珪(371~407년, 도무제)라는 수령이 탄생했다. 탁발규는 더 이상 동굴 안에서만 생활하려 하지 않고 과감히 부족을 이끌고 동굴 밖으로 나와 이후 중원을 통치하는 북위 왕조의 기틀을 마련했다. 탁발 선비족이 북위 왕조를 건설한 후 황하 이북 거대한 지역에 태평성세의 날이 찾아왔다.

북위 3대 황제가 된 탁발도拓跋燾(태무제)는 선비족과 유목민의 특성을 고루 갖춘 매우 호전적인 사람이었다. 그는 424년 즉위 초부터 북중국 통일의 거대한 야망을 실현시키기 위해 주변의 적대 세력을 하나씩 정복해 나갔다. 그 후 439년 마침내 그는 북중국 전체의 지배자가 되었다.

야망을 이룬 그는 이제 조상에게 제를 올리고 싶었다. 그는 중서시랑인 이창으로 하여금 천리 길을 걸어 고향(알선)으로 돌아가

| 알선동 유적지

"말고기와 소, 그리고 양으로 선조에게 제를 올리고 황천의 영령에게 고하라"는 명을 내렸다. 중서시랑은 사명을 저버리지 않고 4천여 리를 헤맨 끝에 대흥안령의 원시림 속에서 알선동을 찾아 천지와 조상의 신령에게 제를 올렸다. 이어 장인으로 하여금 동굴 암벽에 210개의 한자로 축문을 새기도록 했다. 오늘 날 알선동 동굴 벽에서 볼 수 있는 문자는 바로 그가 남겨놓은 흔적으로, 2천 년 동안 잠들어 있던 역사가 다시 한 번 우리 앞에 모습을 드러낸 것이다.

제7부

기묘한 풍속의
유래를 찾아서

Chapter 01

단오절의 기원

음력 5월 5일 단오절은 중국에서도 매우 중요한 전통명절 가운데 하나로서 다양한 활동을 통해 단오를 경축한다.

"5월 5일은 단양端陽(단오), 문에 쑥을 꽂으니 향기가 마당에 가득해요. 종자粽子를 먹고, 설탕을 뿌리네. 용주를 타고 강에 나가니 기쁨이 넘쳐요."

위처럼 중국 민요에는 단오절의 여러 가지 풍경이 잘 묘사되어 있다. 집집마다 종자(찹쌀 반죽 속에 대추, 버섯, 고기 등을 넣고 대나무잎에 쪄낸 음식)를 만들고, 창포와 쑥을 문에 걸어두고, 삽주와 구릿대로 향을 내며, 아이들에게 웅황雄黃을 발라준다. 특히 용 머리 모양의 목선인 용주龍舟를 타고 벌이는 성대한 경기에서는 선수들이 북소리에 맞춰 있는 힘을 다해 배를 젓고, 강 언덕의 사람들이 소리 높여 응원하는 모습이 장관이다.

그런데 이러한 단오절의 기원에 대해서 여러 설이 분분한데, 그중 대표적인 것이 '굴원 기념설', '황소의 난에 관한 설', '악월 악일의 사악한 기운을 없애기 위한 설', '용의 명절설' 등이다.

그중에서도 '굴원 기념설'은 가장 널리 알려진 이야기이다. 전국시대 초나라의 대부였던 굴원屈原은 고결한 사상으로 오로지 조국을 위해 충성을 다했다. 당시 초나라는 진秦에 대패하여 국력이 쇠진했는데 초나라 회왕懷王마저 진나라로 압송되어 1년 후 타국에서 죽음을 맞이했다.

울분에 가득 찬 굴원은 초 경양왕頃襄王에게 온 힘을 다해 나라를 다스릴 것과 현인을 가까이하고, 소인을 멀리하며, 군대를 양성하여 힘을 기를 것을

굴원

굴원(기원전 343?~기원전 278?년)의 이름은 평平, 자는 행行이다. 전국시대 말기 초나라 사람이다. 박식하고 기억력이 좋으며, 천문, 지리, 역법, 문학, 예술 등에 정통했다. 내정개혁과 능력 있는 현자의 등용을 주장하고, 부국강민富國强民의 정책을 제정하였다. 초기에는 왕의 신임을 얻었지만 그의 재능을 질시한 재상이 그를 모함하자, 화가 난 경양왕은 그날로 굴원을 멀리하였다. 이에 굴원은 뜻을 펼 수 없었다. 이후 278년 진나라 대장군 백기가 초나라를 공격하여 동정, 오호, 강남 등을 계속 함락시킨 후 수도인 영郢까지 점령하자 절망한 굴원은 멱라강에 투신하였다.

권유하였다. 그러나 굴원의 간언을 못마땅하게 여긴 재상 자란子蘭과 근상靳尙 등이 경양왕 앞에서 굴원을 모함했다. 경양왕은 그들의 말만 믿고 굴원을 호남성 장사로 귀양을 보냈다.

장사에 도착한 굴원은 늘 멱라汨羅 강가를 배회하였다. 그러던 어느 날 더 이상 이승에서 나라와 백성을 구원할 희망이 없다고

용주 시합도(청나라)

청나라 궁정회화 《십이월전과+二月全科》의 5월 용주
시합도. 굴원이 강에 투신한 후, 초나라 사람들은 용
주를 강에 띄우고, 종자를 먹으며 그를 기념했다고
한다. 이런 풍습은 후에 전국으로 전해졌는데 중원
을 차지한 청나라 황제 옹정제도 예외가 아니었다.

느낀 그는 자신의 죽고자 하는 뜻을 〈회사懷沙〉라는 시로 남긴 후 돌을 껴안고 멱라강으로 뛰어들었다.

이 소식을 들은 초나라 사람들이 강으로 달려가 그의 시신을 찾았지만 끝내 시신을 구하지 못했다. 그래서 그들은 물고기가 굴원의 시신을 뜯어 먹지 않도록 징과 북을 울리면서 용주를 저어가며 굴원의 시신이 온전하기를 기원했다. 이것이 바로 용주 시합과 종자 만들기의 유래라고 한다. 이에 사람들은 단오절을 '시인절'이라 부르기도 한다.

그러나 단오절과 관련된 여러 풍속들은 굴원의 전설보다 더 유구한 역사를 가지고 있다. 이에 학자들은 단오절의 또 다른 기원이 있을 것이라고 추측한다.

'황소黃巢의 난에 관한 설'이 또 다른 기원을 말해주고 있다. 당나라 희종僖宗 연간, 모반을 일으킨 황소가 가는 곳마다 닥치는 대로 사람을 죽이자 백성들은 너도나도 피난길에 올랐다. 어느 해 5월, 황소의 군사들이 하남지역을 공격한 후 정주성 밖에서 쉬고 있을 때였다. 황소가 말을 탄 채 성 밖으로 나가 지형을 살피던 중

등짐을 멘 부녀자가 아
이의 손을 잡은 채 잔뜩
당황한 모습으로 길을
재촉하는 것을 발견했
다. 이를 이상하게 여긴
황소는 그녀에게 자초
지종을 물어보았다.

굴자사 屈子祠
굴자사는 호남성 멱라현 멱라성 서북쪽 옥사산玉笥山에 위치한다. 현재의 건
물은 청나라 건륭 21년(1756년)에 재건된 것이다. 사당 뒤에 봉우리가 평평한
1개의 둔덕이 있는데 이를 속칭 소단騷壇이라 한다. 전하는 바에 의하면, 굴원
이 처음 유배되었을 때 자신의 결백을 주장하기 위해 장편 서사시 〈이소離騷〉
를 이곳에서 썼다고 한다.

　그러자 여인은 황소
군대에 대한 소식을
전해주며 어서 빨리
이곳을 피하라고 일러
주었다. 이에 황소는
그녀에게 걱정하지 말

고 집으로 돌아가 창포와 쑥을 문에 꽂아두면 병사들이 해치지 않
을 것이라 말했다. 여인이 다시 집으로 돌아가 사람들에게 이 이
야기를 해주자, 집집마다 창포와 쑥을 걸어두었다.

　5월 5일, 신의를 중하게 여긴 황소는 성을 공략하고도 백성만은
해치지 않았다. 이 일을 기념하기 위해 매년 단오절이 되면 창포
와 쑥을 걸어두고 단오제를 지냈다는 것이다.

　'악월惡月 악일惡日의 사악한 기운을 없애기 위한 설'을 주장하
는 사람들은 단오절이 악일에 대한 금기에서 비롯되었다고 한다.
옛 사람들은 일반적으로 5월 5일을 악일이라 생각했다. 《사기》에
의하면, 맹상군孟嘗君 전문田文이 바로 5월 5일에 태어났다고 한다.

그의 어머니는 이날 출생한 아이는 아버지에게 화를 가져온다고 생각하여 식솔을 시켜 그를 들판에 버리도록 했다. 동한의《풍속통의風俗通義》에도 역시 "5월 5일에 아이를 낳으면, 사내아이는 아버지를 해하고, 계집아이는 어머니를 해한다"고 적혀 있다. 송나라 휘종徽宗 조길趙佶은 어려서부터 궁 밖에 맡겨져 성장했다. 바로 5월 5일에 출생했기 때문이다.

또한 단오는 음력 5월이라, 여름 역병이 유행하는 시기라 하여 속칭 '악월惡月'이라 하니,《대대례大戴禮》에 보면 다음과 같은 말이 나온다.

목욕이란 바로 독기를 제거하기 위한 것이다. 이에 지금까지 단오절이 되면 창포와 쑥잎으로 귀신을 쫓아내고, 삽주와 구릿대의 향기를 쐬고, 웅황주를 마셔 역병을 피한다. 이것이 순리에 맞는 일이다.

'용의 명절설'은 문일다聞─多 선생이 내놓은 것이다. 그가 저술한《단오고端午考》와《단오의 역사교육》을 보면 단오절의 가장 중요한 활동이 바로 용주 시합과 종자를 먹는 것인데, 이 두 가지 모두 용과 관계가 있다고 한다. 나아가 그는 오균吳均이 쓴《속제해기續齊諧記》의 내용을 그 증거로 제시했다.

굴원이 죽은 후 초나라 사람들은 늘 쌀을 담은 대나무통을 강물에 던져 굴원을 위한 제를 올렸다. 그러던 어느 날 강에서 자칭 굴원이란 사람이 나타나 사람들이 강에 뿌리는 것을 항시 교룡이 먹어버리므로, 이를 나뭇잎에 싼 다음 실로 묶어 강에 던져달라고 부탁했다는 것이다. 용주 시합은 고대 오, 월 지역과 관계가 깊은데 당시 오, 월의 백성들은 단발에 문신을 새겨 '용의 자손' 처럼 꾸미는 습속이 있었다고 한다.

이 밖에도 '오자서 기념설', '조아 기념설', '하지절설' 등 여러 가지 설이 있지만 모두 이렇다 할 증거는 없고 민간에서 입으로 전해져 내려오고 있을 뿐이다.

Chapter 02
열두 띠는 언제 만들어진 걸까

열두 띠는 열두 가지 동물로 해를 기록하는 것으로, 열두 동물은 쥐, 소, 호랑이, 토끼, 용, 뱀, 말, 양, 원숭이, 닭, 개, 돼지를 말한다. 이는 또한 각기 12간지를 나타내는 자子, 축丑, 인寅, 묘卯, 진辰, 사巳, 오午, 미未, 신申, 유酉, 술戌, 해亥에 맞춰 해를 기록하니, 자서子鼠, 축우丑牛, 인호寅虎 등의 순서로 매년 열두 해마다 한 번씩 돌아간다.

그런데 이런 열두 띠가 언제 생겨난 것이고 이 동물들은 어떻게 선정된 것이며, 그 순서는 어떻게 배열된 것인지에 대해서는 지금까지도 풀리지 않는 수수께끼로 남아 있다.

우선 열두 띠와 관련한 전설을 살펴보자. 아주 오래전 사람들은 세월이란 개념이 없이 생활했다. 이에 옥황상제는 사람들이 해와 달, 계절을 분별하기 쉽도록 한 해를 상징할 열두 동물을 선정하기로 결정하고 12년을 한 주기로 삼았다. 옥황상제는 새해 첫날, 동물들이 각자 자기 집에서 출발하여 하늘로 모이도록 했다. 하늘나라의 문을 1등으로 넘는 동물에게 열두 띠의 맨 첫 자리를 주고, 나머지는 순서대로 배열하기로 약속했다.

부지런한 소는 아침 일찍 일어나 하늘로 향했다. 하늘의 문이 열려 있는 모습이 눈에 들어올 무렵, 뜻밖에 쥐 한 마리가 그의 귀 쪽에서 뛰쳐나와 하늘 문지방을 넘어 1등을 차지했다. 솔직하고 우직한 소는 2등에 만족할 수밖에 없었다. 그 뒤 호랑이, 토끼, 용 등의 동물이 잇따라 들어왔고, 아침을 알려야 하는 닭과 집을 지켜야 하는 개가 늦게 도착하여 각기 10위와 11위가 되었다. 한편 게으르기 짝이 없는 돼지는 잠에 취해 열두 번째 꼴찌로 하늘에 도착했다. 이렇게 해서 마침내 열두 띠가 만들어졌다고 한다.

물론 이러한 전설은 사람들이 만들어낸 것이다. 그러나 시간적으로 볼 때 열두 띠로 해를 세는 방법은 남북조시대에 이미 성행했다. 《북사北史·우문호법宇文護法》에는 우문호의 어머니가 그에게 남긴 한 통의 편지가 기록되어 있는데, 그 가운데 다음과 같은 말이 있다. "예전에 무천진武川鎭에서 너희 형제를 낳았는데, 큰 애는 쥐띠, 둘째는 토끼띠, 너는 뱀띠이다." 이 내용으로 볼 때 당시에도 열두 띠가 존재했음을 알 수 있다.

그러나 열두 띠의 기원에 대해서는 '유목민족설', '원시부락 토템설', '동물의 외적 습성설' 등 아직도 의견이 분분하다.

'유목민족설'에 의하면 열두 띠는 소수민족에서 나온 것이라고 한다. 《당서唐書》에 이르길 "힐알사국黠戛斯國은 열두 동물로 해를 기록하니 인寅에 해당하면 호년虎年이라 부르는 식이었다." 이에 많은 이들은 중원지역 사람들이 소수민족과 왕래하면서 해를 기록하는 두 가지 방법이 서로 장단점을 보완해 열두 띠가 완성된 것으로 생각하고 있다.

'원시부락 토템설'에 의하면 열두 띠는 한 원시사회 씨족들의 토템 숭배에서 비롯되었다고 한다. 일부 사학자들은 생산수준이 낮은 원시시대에 자신들의 힘이 부족하다고 느낀 사람들이 생활과 밀접한 관계가 있는 동물에 대해서는 의지하게 되고(말, 양, 소, 닭, 개 등), 자신의 안전을 해치는 동물에 대해서는 공포심이 생겼으며(호랑이, 뱀 등), 인류의 능력을 뛰어넘는 동물들의 감각기관(개의 후각 등)을 중시하게 되면서 동물에 대한 숭배의식이 생겨났다고 한다. 또한 용 같은 전기적인 생물을 상상으로 창조해내고, 이들의 형상을 일종의 토템으로 숭배하였다. 그 결과 오랜 세월이 흐르면서 이런 토템을 해를 기록하는 데 적용하여 열두 띠가 생겨났다고 한다.

열두 띠 도용(당나라)

'동물의 외적 습성설'은 열두 띠의 내력과 순서를 동물의 외형과 연결시킨다. 홍손洪巽은 《양곡만록陽谷漫錄》에서 열두 띠의 순서는 그들의 발톱수가 홀수인가, 짝수인가에 따라 결정되었다고 한다. 예를 들어 자시子時 첫 번째에 해당하는 쥐는 발가락이 5개인 데 반해, 소는 4개로 짝수 중 두 번째이다.

| 간지 열두 띠 태극도

또한 동물의 특징에 근거한 것이라고 주장하는 사람도 있다. 엽세걸葉世杰은 《초목자草木子》에서 술가術家는 열두 띠로 12진을 배열하는데, 각기 띠마다 부족한 부분이 있다고 했다. 예를 들어 쥐는 어금니가 없고, 소는 앞니가 없으며, 호랑이는 비장이 없고, 토끼는 입술이 없다. 또한 용은 귀가 없고, 뱀은 다리가 없으며, 말은 쓸개가 없고, 원숭이는 볼기가 없고, 닭은 신장이 없고, 개는 위가 없고, 돼지는 근육이 없다. 그러나 사람은 전혀 부족한 것이 없다.

마군馬君 묘지명(수나라)

하남성 낙양에서 출토되었다. 수 개황開皇 20
년(600년) 11월에 제작된 것으로 25행에, 각
행마다 25자로 이루어져 있다. 묘지 덮개에
는 3행의 전서체로 "고탕변장군 마군 묘지故
蕩邊將軍 馬君 墓地"라고 적혀 있다. 사방에 천간
지지가 새겨져 있고, 네 측면에 열두 띠와 오
행이 새겨져 있다. 이는 수나라 당시 이미 열
두 띠가 천간 지지, 팔괘 오행과 연결되어 중
국 문화의 중요한 부분이 되어 있었음을 말
해주는 것이다.

이 밖에 다른 설도 있는데 열두 띠가 고
대 인도 천축에서 전해졌다든가, 황제가
동물의 습성에 따라 선별했다는 것이다.

이렇듯 비록 열두 띠에 대한 정확한 기
원은 알 수 없지만 그렇다고 해서 열두 띠
가 가진 매력이나 흥미가 떨어지는 것은
결코 아니다.

Chapter 03

북인의 현관은
왜 낭떠러지에 걸려 있는가

                중국 사천성 남부에 자리한 공현 경
내에는 독자적으로 생활하는 소수민족, 북인僰人이 살고 있었다.
그들은 춘추시대부터 명대 만력 연간까지 거의 2천 년에 걸쳐 그
곳을 삶의 터전으로 삼아 농사를 지으며 살아왔다. 춘추시대에는
'북인야인僰人野人', 한대에는 '전북滇北, 북동僰僮'으로 불렸으며, 명
대에는 '도장족都掌族'이라고 불렀다. 그러나 명대 만력 원년에 있
었던 '북한 대전僰漢大戰'(북인과 한족의 전쟁) 이후 그들은 지상에서
수백 미터에 달하는 천길 낭떠러지에 265개의 목관을 남겨둔 채
아무도 모르게 종적을 감추고 말았다. 이외에 그들은 어떤 정보나
소식도 남기지 않았다.

  공중에 매달린 '북인의 현관懸棺'은 견고한 나무에 조각을 한 것
으로 전체 무게가 천근이 넘는다. 외형은 주로 배 모양과 장방형

| 사천 홍현㷹崤 낭떠러지에 매달려 있는 현관의 모습

두 종류이다. 천연적인 곳이든 아니면 인공으로 깎은 곳이든지 간에 가장 험준한 낭떠러지에 관목을 올려놓았는데, 바깥에 그대로 노출된 것도 있고 절벽 안쪽으로 구멍을 뚫어 나무 걸개를 만들고 그 위에 올려놓은 것도 있다. 매달린 관은 지면에서 수십m 또는 100여m 정도 높은 곳에 자리하고 있기 때문에 사람들은 그저 바라볼 수 있을 뿐 가까이 다가서기가 어렵다.

현관은 이렇듯 수백 년 동안 공중에 매달린 채 비바람에 노출되어 썩기도 했지만 아직까지도 외형을 유지하고 있다. 그리고 현관이 매달린 낭떠러지에는 형형색색의 벽화가 남아 있다. 비록 조악한 구석도 있고 구도가 간단하기는 해도 내용이 풍부하고 형상이 사실처럼 생생하다.

현재 현관이 집중적으로 매달려 있는 곳은 의빈 지구의 공현 낙표향 마당파와 조영향의 소마만 두 곳이다. 그 가운데 마당파는 북인구㷹人溝라고 부르기도 하는데, 사천성 공현성에서 60km 떨어진 곳에 있다. 남북으로 좁고 긴 협곡이 자리하고 동서 양쪽은 기이한 봉우리가 솟구쳐 있다. 험준하고 가파른 협곡과 낭떠러지 사이에는 160여 개의 현관이 지면으로부터 25m에서 50m, 가장 높은 곳은 100m 높이의 산중턱에 매달려 있다.

342

마당파에서 10km 정도 떨어진 소마만에는 역시 가파른 석회암 낭떠러지에 48개의 현관이 분포되어 있다. 아래로 강물이 넘실대며 흐르고 있어 사람들은 배 위에서 기이한 형태의 현관을 관람할 수 있다.

그런데 북인은 왜 목관을 천길 낭떠러지에 올려놓은 것일까? 전문가들에 의하면 고대 북인들은 현관을 높은 낭떠러지에 올려놓아야 일월의 정기를 머금을 수 있는 것으로 여겼다고 한다.

그러나 과학적인 측면에서는 견해가 다르다. 고대 서남지구의 소수민족은 오랜 세월 높은 산과 큰 강 사이에서 살면서 자연스럽게 산수에 대해 숭고한 감정을 지니게 되었다. 그래서 높은 산에서 아래로 강물을 굽어볼 수 있는 곳에 장지를 마련하여 죽은 이

| 사천 홍현 낭떠러지에 있는 현관의 모습

의상
사천 홍현 현관에서 출토된 옷으로 당시 현지 사
람들이 입었던 의복의 특징을 이해하는 데 도움을
준다.

의 영혼이 산수에 기탁할 수
있도록 하였다. 목관을 높은
곳에 올려놓으면 강물이 범
람해도 떠내려가는 일이 없
을 뿐만 아니라 다른 민족이
나 짐승이 훼손하는 것도 방
지할 수 있을 것이다.

현관이 놓여 있는 곳 아래
는 아득한 골짜기로 쉽게 올

라가거나 내려올 수가 없다. 그런데 어떻게 그 높은 낭떠러지에 현
관을 올려놓았을까? 이에 관해 여러 가지 추측이 있는데, 그중 가
장 대표적인 것이 잔도설棧道說과 조장설吊裝說이다. 이외에도 홍수
때문이라는 홍수설, 터널을 통해 올라갔다는 수도설隧道說, 심지어
누군가 하늘 밖에서 만들었다는 설도 있다. 이렇듯 여러 가지 설이
난무하는 것은 현관의 신비하고 기이한 분위기 때문이다.

잔도설은 잔도(험한 벼랑 같은 곳에 낸 길)를 만들어 낭떠러지에
있는 동굴에 현관을 넣었다는 것이다. 오늘날 건물을 지을 때 비
계를 설치하는 것처럼 옛날에는 잔도를 만들어 낭떠러지 위로 올
라간 후 동굴에 관을 집어넣었을 것이다. 아니면 산 정상에서부터
잔도를 만들어 내려와 동굴에 넣었을 수도 있다. 현관이 매달린
양쪽 협곡 위 낭떠러지에 아직까지 남아 있는 잔도의 목재들이 이
런 주장을 뒷받침한다. 이는 현관을 위에 안치한 후 향후 안전을
위해 잔도를 제거한 흔적이라고 할 수 있다.

그렇다고 모든 문제가 해결된 것은 아니다. 현관이 놓여 있는 낭떠러지는 대부분 홀로 우뚝 서 있는 봉우리이다. 또한 깎아지른 듯한 낭떠러지에다 견고한 암석이기 때문에 수백m 높이에 가설물을 설치하는 것이 결코 용이하지 않다. 특히 기술력이 크게 낙후한 소수민족 지구에서 잔도를 놓아 현관을 옮긴다는 것은 현재로서도 쉽지 않은 일이다. 그래서 나온 것이 조장설이다.

　조장설은 밧줄을 매달아 목관을 옮겼다는 것인데, 천근이나 나가는 무거운 물건을 어떻게 낭떠러지 위로 올려 매달 수 있는가가 관건이다. 1973년 9월에 발생한 현관 절도사건이 이에 대한 실마

| 사천 홍현의 낭떠러지에 매달린 현관의 모습

리를 제공했다. 당시 공안부가 밝힌 사건의 전말에 따르면, 범인들은 철사다리를 준비해 산 정상의 큰 나무 뿌리에 한쪽을 묶은 후 한 사람은 망을 보고 다른 한 사람이 사다리를 타고 내려가 낭떠러지에 잔도를 설치한 뒤 현관을 빼서 달아났다고 한다.

혹자는 이에 착안하여 북인들이 이러한 방법으로 하되 순서를 달리하여 현관을 매달았을 것이라고 주장하고 있다. 이에 따르면, 먼저 현관을 안장할 만한 동굴을 찾은 다음 동굴 앞에 약간의 잔도를 설치한 후 봉우리 위에서 직접 제작한 현관에 시신을 넣어 아래로 내려보내 동굴 안으로 집어넣었다는 것이다.

그러나 봉우리 정상에서 골짜기 아래까지는 평균 100~200m 인데다 당시 기술력으로 볼 때 철사다리의 장력이 그다지 세지 않았을 것이므로 조장설 또한 그다지 신빙성이 없어 보인다. 설사 도르래와 같은 장치의 도움을 받으며 수백 명이 힘을 합친다 해도 낭떠러지 중간쯤까지 끌어 올려 다시 동굴 안으로 집어넣는 것이 결코 쉽지 않았을 것이기 때문이다.

구름 자욱한 낭떠러지에 매달려 있는 현관은 말없이 신비한 색채에 휘감겨 있다. 중국의 오랜 문화사 중에서도 특이하고 기이한 이 유물에는 지난 세월의 기억이 차곡차곡 쌓여 있다.

Chapter 04

춘련 풍습은 언제부터 시작되었나

중국에서는 음력 정월 초하루인 춘
절이면 너 나 할 것 없이 춘련을 붙인다. 왕안석은 〈원일元日〉이라
는 시에서 "낡은 도부桃符(신상이 그려진 복숭아나무 판)를 떼어내고
새로운 도부로 바꿔 새봄을 맞이한다"라고 읊은 바 있다. 춘련은
붙이는 장소에 따라 그 이름을 달리하는데, '문대', '춘첩', '대
련', '대자'라고 부르기도 한다. 묵은 해를 보내면서 집집마다 대
문이나 기둥에 춘련을 붙이고 문 위의 가로로 댄 나무 위에 '횡비
橫批'(춘련과 한 조가 되는 가로로 쓴 글자)를 붙이기도 한다.

춘련은 집에서 가장 중요한 장소에 붙이기 때문에 글자체는 물
론이고 대우對偶를 맞추고 간결하면서도 정교한 글자로 시대 배경
이나 아름다운 소망 등을 적어넣는 독특한 문학형식이기도 하다.
도부에서 변화·발전한 것이어서 '도판桃板'이라고 부르기도 한다.

전설에 따르면 황제 시절에 도삭산度朔山에 귀국鬼國이 있었는데, 그 안에 사방 3천 리를 뒤덮고 있는 거대한 복숭아나무가 있었다. 황제의 신관인 신도神荼와 울루鬱壘가 매년 섣달그믐이 되면 그 나무 아래에서 여러 귀신들을 심문하여 못된 짓을 한 귀신은 꽁꽁 묶어 호랑이 먹이로 내던졌다고 한다. 그래서 옛날 사람들은 복숭아나무를 오목五木의 정수로 여기고 온갖 귀신을 쫓아내는 효능이 있다고 여겼다.

복숭아나무로 귀신을 몰아내는 풍습은 대략 한대부터 생겨났다. 사람들은 복숭아나무로 사람의 형태를 만들거나 인장, 부적 등에 활용하여 벽사의 도구로 썼다. 최초의 문신상門神像 역시 복숭아나무로 깎아 만든 것이다. 이후 복숭아나무 목판이나 나뭇가지에 신도와 울루의 그림을 그려서 대문에 걸어놓고 이를 '도부'라고 불렀다. 그러다가 보다 쉽게 복숭아나무 목판에 길상吉祥의 글을 적어서 새해를 맞이하였으며, 이것이 점차 발전하여 춘련이 된 것이다. 그러나 문자 형식으로 이루어진 춘련이 언제부터 시작되었는지에 대해서는 중설이 분분하다.

일반적으로 춘련은 명나라 초대 황제 주원장朱元璋(1328~1398년)의 제창으로 시작되었다는 설이 우세하다. 당연히 춘절에 춘련을 붙이는 민속 역시 명나라 때 시작되었다고 보는 것이다. 사서의 기록에 따르면, '대련천자對聯天子'로 호칭되던 주원장은 대련을 몹시 좋아했다고 한다. 그는 자신이 직접 붓을 들고 대련을 썼을 뿐만 아니라 신하들에게도 대련 쓰기를 격려하기도 했다.

청나라 진운첨陳雲瞻은 〈잠운루잡화簪雲樓雜話〉에서 "춘련은 명 태

조부터 시작되었다"고 하면서 다
음과 같은 이야기를 전하고 있다.

어느 해 섣달그믐, 주원장은 공경
대부는 물론이고 평민들도 가가호
호 대문에 대련을 붙여 천하 모든
백성이 함께 새해를 경하하라는 어
지를 내렸다. 이튿날 주원장은 민
간 복장을 하고 출궁하여 주변을
돌아보았다. 그런데 대문에 아무것
도 붙이지 않은 집이 있었다. 그는
짐짓 길 가는 나그네인 척하면서
집주인에게 어찌하여 성지聖旨를
위반했느냐고 물었다. 그러자 주인
이 고민스럽다는 듯이 얼굴을 찌푸
리며 탄식하듯 이렇게 말했다.

세조도 歲朝圖(원나라)
'세조'는 한 해가 시작되는 첫날의 아침을
말한다. 그림은 산촌 민가에서 명절을 보내
는 정경을 묘사하고 있다. 정자 사이로 한
사람이 춘련을 쓰고 있고, 그 옆으로 어린
아이 2명이 춘련을 손에 잡고 있다. 이제
막 붙이려는 듯하다.

"우리 집안은 대대로 돼지 잡는 일을 생업으로 삼고 있습니다. 저는 배
운 것이 없어 아예 일자무식이지요. 다른 사람에게 대신 써달라고 해도
백정이라고 천시하여 도와주질 않습니다. 그러니 방법이 없지요."
그의 말을 들은 주원장은 껄껄 웃으며 주인에게 말했다.
"지필묵을 가져오시오. 내가 대신 대련을 써주리다. 당신 신분에도 걸
맞고 대우며 평측平仄도 맞게 말이오."
주원장은 이렇게 말하고 대련을 써주었다. 그러자 주위에 있던 이들이

그 글을 보고 탄성을 내질렀다.

"두 손으로 생사의 갈림길을 가르고, 한 칼에 옳고 그름의 뿌리를 자른다."

나중에 온 사람 가운데 주원장의 얼굴을 알아본 이가 있어 당시 일이 전해지게 되었다.

이후 문인들 역시 대련을 재미있게 쓰는 것을 즐거움으로 여기게 되어 일시에 춘련이 크게 유행했다고 한다.

그러나 전문가들은 춘련이 주원장 시절부터 시작되었다는 설은 정확한 것이 아니라고 주장한다. 무엇보다 역사적 기록에 따르면, 춘련은 이미 1천여 년 전부터 독특한 문학형식으로 자리 잡았기 때문이다. 춘련은 대략 오대십국부터 시작된 것으로 주원장 시절에는 단지 흥성했을 따름이라는 주장이다.

《송사·촉세가蜀世家》에 따르면, 중국 최초의 춘련은 촉의 마지막 군주인 맹창孟昶이 쓴 것으로 보인다. 그는 학사에게 명하여 쓰게 한 도부桃符가 마음에 들지 않자 자신이 직접 "신년납여경新年納餘慶, 가절호장춘嘉節號長春"(새해에 선대의 남은 은택을 받으니 아름다운 명절 항상 봄날이 계속되리라)이라고 썼다. 이후 그가 쓴 글이 크게 유행하면서 춘련이 시작되었다는 것이다.

송대에는 새해를 맞이하여 춘련을 쓰는 것이 상당히 보편적으로 이루어졌다. 《송사·오행지》나 《몽양록》, 《계신잡식》 등의 옛 문헌에 보면 이에 관한 기록이 나온다. 왕안석이 앞서 인용한 〈원일〉에서 "집집마다 밝은 해 떠오르니, 낡은 도부 떼어내고 새로운

도부로 바꿔 새봄을 맞이한다"라
고 읊은 것을 보면, 그 당시 춘련
이 얼마나 성행했는지 알 수 있
다. 청나라 건륭, 가경, 도광제
시절에는 대련이 성당의 율시처
럼 크게 성행하였으며, 인구에
회자하는 아름답고 뛰어난 대련
시구가 많이 나왔다.

민가의 영벽 影壁

영벽은 조벽 照壁이라고 부르기도 하며, 중국
전통민가의 정문 안에 있는 건축물로 가족
의 영예와 지위를 대표한다. 영벽은 일반적
으로 횡비와 좌우 대련, 그리고 중간의 백수
도 百壽圖 등으로 구성되어 있다.

　비록 춘련의 정확한 내력은 밝
혀지지 않았지만 새로운 해를 맞
이하면서 사람들이 기대하고 소
망하는 마음은 수많은 대련 구절에 그대로 남아 있다.

Chapter 05

문신의 유래

"붉은 말을 탄 문신門神이 큰 칼을 차고 대문에 붙어 집을 지키니 크고 작은 잡귀가 집안으로 들어오지 못하네."

중국에서는 매년 섣달그믐이 되면 집집마다 두 장의 문신을 대문 좌우에 붙여놓는다. 대부분이 무시무시하고 흉측한 얼굴을 하고 있는데, 중국인들은 그들이 사악한 잡귀가 집에 들어오는 것을 막아줄 뿐만 아니라 집안의 평안을 유지해준다고 믿고 있다. 그래서 문신은 일반 백성들의 생활과 밀접하게 연관되어 민간신앙의 중요한 숭배대상 가운데 하나가 되었다.

그런데 이런 문신이 언제 생겨난 것이고, 그 원형이 무엇인지에 대해서는 아직 정설이 없는 가운데 다음 두 가지 설이 유력하다.

첫 번째는 문신이 '도인桃人'에서 유래되었다는 것이다. 중국인

들은 옛날부터 복숭아나무가 '신수'이
자 '선목仙木'으로 잡귀나 잡신을 물리
치는 벽사의 나무라고 여겼다. 그래서
복숭아나무로 만든 칼은 잡귀를 몰아
내고 복숭아나무로 만든 부적을 지니
고 있으면 사악한 기운을 막을 수 있다
고 생각했다.

| 진경 문신

《전술典術》에 보면, "복숭아나무는
오목 중의 정수로 사악한 기운을 억누
른다. 복숭아나무의 정령은 귀문鬼門에
서 온갖 잡귀를 제어하기 때문에 지금도 도인을 만들어 문에 붙여
서 사악한 기운을 막으니, 복숭아나무가 선목이기 때문이다."

전하는 바에 따르면, 최초의 도인은 2명의 신선, 신도와 울루의
화신이라고 한다. 그들은 상고시대에 황제를 도와 귀국을 관리하
던 신관들이었다. 그들이 사는 산 위에 사방 3천 리를 뒤덮을 만
큼 무성한 신수가 있다. 그 신수의 동북쪽에 귀문이 자리하고 있
는데, 대문 좌우로 신도와 울루가 서 있으며, 나무 아래 흉악하게
생긴 흰 호랑이 한 마리가 있다. 나무 위에는 금계金鷄가 서 있는
데, 매일 해가 동쪽으로 떠오를 때면 제일 먼저 햇살을 받아 크게
울어댄다.

그 소리가 천하에 울려 퍼지면 다른 닭들도 한꺼번에 울어대기
시작하여 밤사이 사람들이 사는 곳에서 떠돌던 잡귀와 잡신들이
귀문으로 되돌아온다. 신도와 울루는 양쪽에 서서 돌아오는 귀신

고소번화도 姑蘇繁華圖(청나라)

성세자생도盛世滋生圖라 부르기도 하는 이 고소번화도는 건륭 24년(1759년) 소주 사람 서양徐揚의 작품이다.
소주 번대藩臺(포정사布政使의 별칭)의 아문을 그린 것인데, 아문의 대문에 2명의 신상神像이 붙어 있다.

들을 점검한다. 그리고 매해 섣달그믐이 되면 복숭아나무 아래에
서 귀신들을 심판해 사람들에게 나쁜 짓을 한 잡귀와 잡신은 그
즉시 호랑이 먹이로 던져버린다. 그래서 귀신들은 신도와 울루를
가장 두려워하며 그들이 그려진 그림이나 형상만 보아도 그 즉시
도망가버린다. 그 후 사람들은 복숭아나무로 신도와 울루의 형상
을 조각하여 악귀를 쫓는 데 사용하였다.

황금빛 닭인 금계는 새벽을 알리는 정령이고, 흰 호랑이는 모든
동물의 왕이기 때문에 밤에만 활동하는 잡귀들은 그들을 두려워
한다. 그래서 금계를 그려놓고, 문에 호랑이를 그려 잡귀들이 두
려워 감히 집 안으로 들어오지 못하도록 한 것이다. 《월령광의月令

廣義·정월령正月令》은 이러한 주장을 뒷받침하고 있다.

"황제 시절 신도와 울루 두 형제가 복숭아나무 아래에서 잡귀들을 제어하였다. 사람들은 복숭아나무 판대기에 그들의 모습을 그려 문에 걸어놓고 그들의 이름을 아래에 적어놓았다."

춘절에 새로운 도인을 걸어놓는 풍습은 한나라 때 시작되었다. 섣달그믐이 되면 관아의 대문 양쪽에 새끼줄로 도인을 매달고 문에 호랑이를 그려 흉악한 악귀들이 침범하지 못하도록 하였다. 이후 복숭아나무로 사람 형태를 만들던 것이 점차 종이에 그리는 것으로 발전하여 지금의 문신화가 탄생한 것이다. 판목에 문신화를 새겨넣는 풍습은 북송 시절 변경에서 시작되었다.

두 번째 설은 《삼교원류수신대전三教源流搜神大全》이란 도교 관련서의 기록에 근거하고 있다. 당 태종 이세민은 당나라를 세운 후 새로이 궁전을 지어 그곳에 들어갔다. 그런데 무슨 일인지 매일 한밤중이면 침실 밖에서 기왓장 구르는 소리가 들리더니 잠시 후에는 귀신 울음소리가 들려왔다. 이튿날 당 태종은 스님과 법사들

옹정제 행락도(청나라)
청나라 때 궁정화가는 옹정제의 1년 생활을 자세하게 그렸다. 10여 년간 황제 자리에 있었던 옹정제는 거의 평생을 북경에서 생활하였는데, 그림에 나오는 원명원은 그가 즐겨 가던 별궁이다. 그림에서도 당시 민간에 크게 유행하던 문신의 모습을 볼 수 있다.

을 초청하여 염불을 외고 향을 태우면
서 원통하게 죽은 귀신을 달래는 법회
를 거행하였다. 그러나 그 다음 날 밤
에도 여전히 귀신들이 떠들고 울어대
어 도무지 불안해서 견딜 수 없었다.
결국 그는 여러 군신들에게 이러한 사
실을 얘기하며 대처방안을 마련토록
하였다. 그러자 대장군 진경秦瓊이 앞으
로 나서서 이렇게 말했다.

"신은 평생 전쟁터에서 적군 죽이기
를 오이 자르듯 하였고, 시신 수습하기를 개미 모으듯 하였습니
다. 이러한 신이 무엇이 두렵겠습니까? 제가 위지공尉遲公과 함께
무장을 하고 궁문을 지켜 잡귀들을 몰아내겠습니다."

이세민이 이를 허락하자 그날 밤 진경과 위지공은 활과 화살로
무장하고 옥도끼와 쇠로 만든 채찍을 든 채 당 태종의 침실문을
지켰다. 과연 그날 밤에는 아무런 소리도 들리지 않았다. 당 태종
은 두 사람이 매일 밤 침실을 지키는 공로를 치하하고 그들의 전
신상을 그려 궁문에 붙여놓도록 하였다. 그러자 그토록 소란을 피
우던 잡귀 잡신들이 소리 소문 없이 사라져버렸다. 이 사건이 민
간에 퍼지자 일반 백성도 너 나 할 것 없이 진경과 위지공의 전신
상을 그려 대문에 붙여놓았다. 《서유기》에는 그들과 관련하여 다
음과 같은 글이 씌어 있다.

"그들은 본래 영웅호걸로 전대에 공훈을 세운 신하들이었으나

356

평생 궁문을 지키는 문위門尉로 칭해졌다. 그러나 만고의 문신으로 추앙받게 되었다."

　문신으로 사용되는 그들의 모습은 좌상, 입상을 비롯해 걷는 모습, 말을 타고 있는 모습 등 매우 다양하다. 이후에는 조자룡, 마초, 설인귀, 맹량, 초찬, 양연소, 목계영, 악비 등 10여 명의 장수들이 무문신武門神으로 등장하였다. 더불어 문관들은 문문신文門神이 되어 일품 조복을 입고 상아로 만든 홀이나 박쥐와 말, 보병寶瓶, 안장 등 상서로운 물건을 든 모습으로 나타난다.

　문신의 유래와 관련해 위와 같은 이야기가 전해지고는 있지만 그중 어떤 것이 정확하다고 얘기할 수는 없다. 그러나 문신이 생겨난 이래로 오늘날까지도 섣달그믐이면 집집마다 문신을 붙이는 풍습은 계속되고 있다.

Chapter 06
제야에 화약을 터뜨리는 이유는

매번 춘절이 되면 중국에선 폭죽을 터뜨리며 새해를 축하하곤 한다. 왕안석의 〈원일〉이라는 시에도 이러한 풍습에 관한 구절이 나온다.

"폭죽소리에 한 해가 저물고 봄날 따사로운 바람 도소주屠蘇酒에 깃든다."

전설에 의하면, 아주 오랜 옛날 사람들이 '연年'이라고 부르는 흉악한 괴수가 살았다. 날카로운 이빨과 발톱에 성질이 포악한 연은 깊은 바다에 살다가 음력 12월 30일 저녁이 되면 육지로 나와 사람을 잡아먹고 민가를 부수었다. 백성들은 그날 밤이 되면 노약자와 여자들을 깊은 산 속으로 피신시키고 청장년들만 남아 칼이나 호미 등을 들고 마을을 지켰다.

그러던 어느 해 그믐날 사람들이 모두 피난 준비를 하며 양식을

싸고 있을 때 허름한 옷차림의 노인이 한 집에 들러 마실 물을 청했다. 노인은 머리는 하얗게 샜지만 동안이었으며, 아주 정정할 뿐만 아니라 기개 또한 남달라 보였다. 집주인은 노인에게 연에 관한 이야기를 해주며 빨리 마을사람들과 함께 피난을 가라고 하였다. 그러자 노인이 빙그레 미소 지으며 이렇게 말했다.

"걱정하지 마시오. 내가 그 못된 괴수를 쫓아버리리다."

그의 말에 집주인은 물론이고 그 말을 전해 들은 마을사람들까지 나서서 노인을 말렸다. 그러나 노인은 마을사람들의 제지에 아랑곳하지 않고 폐가로 들어가더니 문을 걸어 잠근 채 나오지 않았다. 마침내 날이 어두워지자 사람들은 어쩔 수 없이 각자의 집 안으로 들어갔다. 한밤중이 되자 드디어 연이 마을에 나타났다. 연은 사람 냄새를 찾아 킁킁거리며 칠흑같이 어두운 마을을 돌아다녔다. 집에 숨어 있는 사람들은 연의 발자국 소리에 간이 콩알만 해졌다.

그때 갑자기 폐가에 등불이 켜지자 그것을 본 연이 달려들었다.

설경 행락도(청나라)

정사에 바빴던 건륭제가 춘절 기간 식구들과 모처럼 한가한 시간을 맞이하고 있다. 한 황자가 편포를 터뜨리고 있는 모습이 보인다.

| 폭죽 터뜨리는 그림(청나라)

연이 문을 부수고 집 안으로 들어가기가 무섭게 큰 불빛과 함께 무언가 터지는 소리가 들려왔다. 연은 난데없는 소리에 놀라 주춤하더니 연이어 터지는 불꽃에 마치 상처라도 입은 양 소리를 내지르며 도망쳐버렸다.

잠시 후 사람들이 나와 보니 붉은 옷을 입은 노인이 마당에 서서 큰 소리로 웃더니 돌연 사라졌다. 노인이 잠시 머물던 폐가 문에는 붉은 종이가 붙어 있고, 마당에서는 아직 타다만 대나무에서 '픽픽' 소리가 났으며, 집 안에서는 몇 개의 붉은 초에서 불꽃이 타오르고 있었다. 다음 날 피난 갔던 마을사람들이 돌아와 그 일에 대해 듣고는 모두들 의아하게 생각했다.

얼마 후 노인에게 물을 주었던 집주인의 꿈에 노인이 나타나 말하길, 자신은 하늘의 자미성인데 사람들이 연에게 괴롭힘당하는 것을 보고 도와주기 위해 왔던 것이라고 하면서 연을 잡아다가 쇠사슬로 묶어 돌기둥에 묶어놓았으니 안심하라고 했다.

이런 이야기가 전해지자 마을사람들은 기뻐하며 이 일을 기념하기 위해 매해 섣달그믐이 되면 집집마다 붉은 종이를 붙이고 붉은 옷을 입었으며, 붉은 등을 달고 북과 징을 치고 폭죽을 터뜨렸다고 한다.

이와는 달리 폭죽은 원래 요괴를 물리치는 데서 시작되었다고 주장하는 사람들도 있는데, 이는 여러 책에서 상세하게 소개된 바 있다. 그중에서도 가장 상세한 것은 서한시대 동방삭이 쓴 《신이경神異經 · 서황경西荒經》이다.

서쪽 깊은 산에 사람처럼 생긴 도깨비가 살고 있었다. 그것은 흉측한 얼굴에 키가 작고 항상 한쪽 어깨를 내놓은 채로 작은 물고기나 게를 먹고 살았다. 사람을 만나도 두려워하거나 도망치지 않았으며, 오히려 사람들이 모두 잠이 든 한밤중에 몰래 불씨를 훔쳐다가 고기와 게를 구워먹고 집에 사람이 없을 때 소금을 훔쳐다 먹기도 했다. 그리고 워낙 빨라서 도저히 쫓아갈 수 없었으며, 사람들에게 학질을 전염시키기도 했다. 사람들은 울음소리가 기이한 그 도깨비를 산조라고 불렀다. 그러던 어느 날 사냥꾼이 대나무에 불을 붙였는데 갑자기 큰 소리와 함께 폭발하자 옆에 있던 산조가 벌벌 떨면서 도망쳐버렸다고 한다.

설경 행락도(청나라)
춘절 기간 어린 아이들이 노는 모습을 그렸다. 눈사람을 만들기도 하고 술래잡기도 하며 폭죽을 터뜨리는 모습도 보인다.

사학자들은 동방삭이 말한 산조는 단지 동물의 하나일 뿐 이런 이야기는 후대 사람들이 와전한 것에 불과하다고 말하고 있다. 그러나 폭죽이 요괴를 물리치는 효능을 지닌 것으로 사람들에게 인식된 것만은 분명하다.

행락도(청나라)

구중궁궐에 사는 사람들은 맡은 일이 각기 다르다. 황제는 정무에 바쁘고, 황후를 비롯한 여인들 또한 맡은 바 직무가 있어 여유롭지 못하다. 그러나 때로 한가로울 때면 황실의 여인들은 그네를 타거나 정원을 거닐고, 황자들은 폭죽을 터뜨리거나 다양한 놀이를 하며 즐긴다.

《시경·소아·정료庭燎》에는 "정료가 빛난다"는 말이 나온다. 여기서 '정료'란 대나무 장대를 사용하여 만든 일종의 횃불이다. 대나무를 태우면 대나무 속의 공기가 팽창하면서 큰 소리를 내며 폭발한다. 이를 이용하여 후대 사람들이 폭죽으로 사용하게 된 것이다. 《형초세시기》는 "정월 초하루는 삼원지일三元之日(한 해, 한 달, 하루의 첫날)이니, 《춘추春秋》에서는 이를 단일端日(음력 정월 초하루)이라고 부른다. 새벽닭이 울면 일어나서 가장 먼저 마당에서 폭죽을 터뜨려 산에 사는 요괴와 악귀를 몰아낸다"라고 기록되어 있다.

여기에서 볼 수 있듯이 고대에 폭죽, 즉 대나무를 불에 태운 이유는 전염병이나 사악한 기운을 몰아내는 데 효능이 있는 것으로 생각했기 때문이다. 이렇듯 미신적인 색채를 띤 폭죽 터뜨리기 풍습은 오늘날까지 이어지고 있다.

위의 얘기와는 달리 비교적 과학적인 해석도 있다. 당나라 초기 전란이 끊이질 않아 사방에 죽은 시체가 즐비하였으며, 민간에 전염병이 창궐하였다. 당시 이전李田이란 사람은 어느 날 문득 대나무를 태워 연기를 내면 온갖 나쁜 기운을 몰아낼 수 있을지도 모른다는 생각이 들었다. 그래서 마당에서 대나무통 안에 황을 집어넣고 불을 지피자 천지가 진동하는 소리와 함께 짙은 연기가 피어올랐다. 이후 그의 집 사람들은 전염병에 걸리지 않고 무사했다. 이러한 사실을 전해 들은 사람들이 그대로 따라하자 창궐하던 전염병이 깨끗이 사라져버렸다. 이것이 바로 폭죽의 유래라는 것이다.

후대에 들어와 도교에서 연단을 만들면서 초석과 유황, 목탄 등을 일정한 비율로 혼합하여 화약을 만들었는데, 사람들이 이를 죽통에 넣고 터뜨리면서 진정한 의미의 '폭장爆杖'이 생겨났다. 그러던 것이 송대에 이르러 종이가 보편적으로 사용되자 민간에서는 종이에 폭약을 넣고 가느다란 삼노끈으로 묶어 만든 '편포編炮'가 유행하기 시작했다. 편포는 폭발음이 매우 크고 종이부스러기가 사방에 날리면서 화약냄새가 진동을 한다. 그 소리가 마치 채찍 때리는 소리와 같다고 해서 '편포鞭炮'라고 부르기도 한다. 편포가 나오자 이를 토대로 다양한 화포와 연화煙花가 등장하였다.

《통속편배우通俗編排優》에는, 옛날의 폭죽은 모두 진짜 대나무에 불을 붙여 터뜨렸기 때문에 당대 시인들은 이를 폭간爆竿이라고 불렀으며, 후대 사람들은 종이를 말아 만들었기 때문에 폭죽이라고 불렀다고 기록되어 있다.

이외에 폭죽의 의미도 서서히 바뀌기 시작했다. 처음에는 사악한 요괴나 기운을 몰아내기 위한 것이었지만 점차 명절을 즐기고 축하하는 의미로 변했다. 그래서 왕안석이 시에서 "폭죽소리에 한 해가 저문다"라고 읊었던 것이다. 이제 폭죽은 이렇듯 새로운 한 해를 축하하는 도구가 되었다.

명·청대에 이르자 의례를 중시하는 중국인들은 폭죽에 나름의 규정을 마련했다. 특히 터뜨리는 시간에 따라 '문을 닫으며 터뜨리는 폭죽'과 '문을 열며 터뜨리는 폭죽'으로 구분하였다. '문을 닫으며 터뜨리는 폭죽'은 섣달그믐날 저녁 돌아가신 부모나 조상들에게 제를 지낸 후 한가족이 모두 모였을 때 사용하는 것으로, 일반적으로 1~3개의 편포를 터뜨렸다. 지난해 좋지 않았던 일을 모두 떨쳐버린다는 의미가 담겨 있는 것이다.

다음 날 아침이 되면 집에 있는 문이란 문은 모두 열고 새해 인사를 나눌 때 '문을 열며 터뜨리는 폭죽'을 사용했다. 이를 '개재문開財門'이라고 부르기도 하는데, 일반적으로 1개의 편포를 터뜨린다. 이것에는 새해에는 붉은 불꽃이 활활 타오르듯이 번성하라는 뜻이 담겨 있다. 만약 폭죽을 터뜨리지 않고 문 밖을 나가면 불길하다고 생각했기 때문이다.